QUAND LA JUSTICE
CRÉE L'INSÉCURITÉ

DU MÊME AUTEUR

Pourquoi punir ? L'approche utilitariste de la sanction pénale,
  Paris, L'Harmattan, 2006.

Xavier Bébin

QUAND LA JUSTICE CRÉE L'INSÉCURITÉ

Pluriel

Couverture : Rémi Pépin

ISBN : 978-2-818-50500-7
Dépôt légal : février 2016
Librairie Arthème Fayard/Pluriel, 2016.

© Librairie Arthème Fayard, 2013

Préface

Comme nous aurions aimé que ce livre ne soit plus d'actualité ! Que, depuis sa sortie en 2013, l'état de notre Justice se soit amélioré. Que les chiffres de la criminalité soient moins préoccupants. Que les citoyens se sentent mieux protégés, et les victimes mieux considérées.

Mais il n'en est rien.

En préparant cette édition de poche, je m'attendais à devoir réécrire certains passages, actualiser certains chiffres, ou signaler les propositions de réforme devenues sans objet. Cela n'a pas été nécessaire.

Car notre système pénal n'a pas connu le moindre progrès sous les quatre années du ministère de Christiane Taubira.

La seule réforme significative, votée en 2014, a dégradé un peu plus l'autorité et la crédibilité de notre appareil judiciaire. La suppression des peines plancher affaiblit la réponse pénale vis-à-vis des multirécidivistes. Le nouveau système de « sortie sous contrainte » conduit à libérer les détenus de façon encore plus prématurée. Quant à la « contrainte pénale », nouvelle peine introduite par la loi, elle a été boudée par les juges et n'aura pas le moindre impact, positif ou négatif[1].

Les Français sont donc loin d'être réconciliés avec leur système pénal. Dans un sondage publié en octobre 2015[2], 85 % d'entre eux estiment que la Justice n'est « pas assez sévère avec les délinquants ». Plus inquiétant : entre 2011 et 2014, la proportion de Français favorables à la peine de mort est passée de 35 à 50 %[3]. Le peuple gronde.

Je me suis longtemps demandé ce qui empêchait une partie de nos élites politiques, médiatiques et judiciaires de promouvoir une politique pénale raisonnable. Je crois aujourd'hui que le problème est psychologique avant d'être politique.

Envoyer des êtres humains en prison, c'est faire souffrir. Et l'idée de causer de la souffrance n'est agréable pour personne. C'est pourquoi il est si tentant de pencher vers des solutions alternatives, fussent-elles irréalistes.

Si la répression ne fonctionnait pas, si la prison était « l'école du crime », ne nous épargnerions-nous pas des dilemmes dérangeants ? N'aurions-nous pas meilleure conscience si la réhabilitation des délinquants était la seule solution viable contre la criminalité ? Ou, mieux encore, s'il suffisait de supprimer (en imaginant que ce soit faisable) les causes profondes supposées de la criminalité, la pauvreté et le chômage ?

C'est ainsi que, plutôt que de réfléchir honnêtement à des solutions réalistes (et donc nécessairement impar-

---

1. Pour une analyse de la réforme pénale, voir mon article publié dans *Causeur*, « Prison : opération porte ouverte », octobre 2013 (disponible sur le site Internet de l'Institut pour la Justice).
2. Sondage Elabe pour BFM-TV, 14 octobre 2015.
3. Baromètre de la confiance politique, CEVIPOF/OpinionWay, 26 février 2015.

faites, avec des effets collatéraux dommageables), on en vient à privilégier les solutions qui rassurent notre conscience.

Cette posture est connue : on l'appelle aujourd'hui « camp du Bien », « angélisme », « pensée bisounours », « politique des bons sentiments ». C'est la tentation, somme toute compréhensible, de fonder ses choix politiques sur le confort psychologique qu'ils produisent en nous plutôt que sur les conséquences réelles qu'ils risquent de produire.

Sa caractéristique essentielle est le refus des choix, des arbitrages. On refuse d'arbitrer entre sécurité publique et libertés individuelles, et on crée un monde imaginaire dans lequel ces deux objectifs peuvent être réconciliés sans difficulté. Contre la sagesse antique (« si tu veux la paix, prépare la guerre »), le camp du Bien rêve d'un monde où l'on peut avoir la paix sans financer des armées. Où l'on peut faire régner la sécurité sans prisons.

Les positions angélistes ont l'immense avantage médiatique de pouvoir se parer, à moindre frais, d'une vertu incontestable. Le pacifiste peut toujours être accusé d'irréalisme, personne ne peut douter qu'il souhaite le bien commun et l'harmonie des peuples. À l'inverse, celui qui promeut la constitution d'une armée solide sera toujours suspecté de nationalisme belliqueux. Le même soupçon frappe ceux qui, comme l'Institut pour la Justice, proposent la construction de nouvelles places de prisons.

La pureté de leurs intentions est toujours remise en question : n'y a-t-il pas au fond, chez ceux qui prétendent qu'il n'y a pas d'autre solution viable pour assurer la sécurité, un désir secret de faire souffrir ? Ils s'exposent ainsi aux pires accusations : ce seraient des

« sécuritaires », guidés par la haine et leurs « bas instincts » plutôt que par le respect de la personne humaine.

En réalité, les « réalistes » ont, eux aussi, un cœur et de bons sentiments. Ils ressentent, comme les autres, la violence que revêt l'incarcération d'un être humain. Ils se sont demandé si d'autres solutions n'étaient pas imaginables. Mais plutôt que de se précipiter sur la réponse simple et harmonieuse qui garantira leur confort psychologique, ils préfèrent trouver des solutions viables et équilibrées.

Les angélistes tiennent aujourd'hui le haut du pavé, mais ils ont un talon d'Achille. La crédibilité de leur raisonnement et de leurs solutions repose entièrement sur une vision très particulière de la nature humaine[1]. Pour eux, l'être humain est parfaitement malléable et perfectible. Il serait possible de changer sa nature, de le rendre profondément meilleur. C'est pourquoi ils imaginent toujours qu'il suffirait d'éduquer, d'accompagner, de transmettre, de sensibiliser pour parvenir à une société harmonieuse.

Mais cette vision utopique de la nature humaine est aujourd'hui radicalement contredite par une masse impressionnante de données scientifiques, issues notamment de l'anthropologie cognitive, de la psychologie évolutionniste, de la génétique comportementale ou des neurosciences[2]. À mesure que ces connaissances se diffuseront, les arguments du « camp du Bien » apparaî-

---

1. Voir Thomas Sowell, *A Conflict of Visions : Ideological Origins of Political Struggles*, Basic Books, revised edition, 2007.
2. Voir l'ouvrage de synthèse du professeur de psychologie de l'Université d'Harvard Steven Pinker, *Comprendre la nature humaine*, Odile Jacob, 2005. Toute personne intéressée par les politiques publiques (pénales ou autres) doit lire ce livre de référence.

tront de plus en plus pour ce qu'ils sont : totalement déconnectés des réalités, et dangereux lorsqu'ils sont mis en application.

Si l'on tient réellement à servir l'intérêt public, il faut regarder la nature humaine en face. Pas celle que nous aimerions avoir ; celle qui est. Telle est la condition pour que la Justice cesse de créer l'insécurité.

Ils ont dit, à propos de ce livre :

« Le grand livre qu'attendaient tous ceux que la justice passionne. Il pourfend, avec talent et pertinence, un certain nombre d'idées reçues touchant au "compassionnellement correct" et propose, pour demain, une vision et des pratiques novatrices. »

Philippe Bilger, ancien avocat général
à la cour d'appel de Paris

« Un réquisitoire clinique et implacable contre les dogmes qui ont dévoyé notre système judiciaire. »

Thibault de Montbrial,
avocat au barreau de Paris

« M. Xavier Bébin démontre magistralement la perversion de notre système pénal, oublieux de son rôle de protection de la société et indifférent aux victimes. Ce livre salutaire prouve que l'humanisme n'est pas là où l'on voudrait nous le faire croire. »

Jean-Claude Magendie,
ancien président de la cour d'appel de Paris

« En matière criminelle, on est trop souvent interpellé par les incantations, les imprécations ou les lamentations. Le débat mérite mieux. On peut partager ou critiquer les analyses de Xavier Bébin. Mais il faut lire ce livre pour construire enfin le dispositif équilibré entre prévention, dissuasion et sanction adaptée que méritent les citoyens. »

Alain Bauer, professeur de criminologie
au Conservatoire national des arts et métiers,
New York et Beijing

« Tout est vrai dans cet ouvrage remarquable qui nous ramène du fantasmagorique au pragmatique, de l'angélisme au trivial, du dogmatisme idéologique à la pratique du réel. »

Michel Bénézech, psychiatre, légiste, expert judiciaire honoraire et professeur associé des universités

« À partir d'exemples concrets, dans un style vif et accessible, cet excellent livre décrit les dérives d'un système judiciaire à bout de souffle. »

Olivier Foll, ancien directeur
de la police judiciaire de Paris

« Un ouvrage courageux, qui défend de façon rigoureuse une politique pénale du bon sens, loin des idéologies abstraites et préconçues. »

Jean Pradel, professeur émérite des universités,
ancien juge d'instruction

« Un plaidoyer étayé par des exemples frappants et une solide connaissance de la criminologie. »

Maurice Cusson, criminologue,
professeur émérite à l'école de criminologie
de l'université de Montréal

Remerciements

Je voudrais exprimer ma reconnaissance à tous ceux qui ont accepté de relire tout ou partie du manuscrit et d'y apporter leurs commentaires critiques : les magistrats Philippe Bilger, Jean-Claude Magendie et Jean de Maillard, les avocats Stéphane Maitre et Thibault de Montbrial, le professeur Jean Pradel, les criminologues Alain Bauer, Maurice Cusson et Christophe Soullez, le conseiller d'État Christophe Eoche-Duval, les psychiatres Michel Bénézech, Alexandre Baratta et Olivier Halleguen, et mon éditeur Fabrice d'Almeida.

Je tiens aussi à remercier l'équipe de l'Institut pour la Justice, passée et présente, pour son soutien sans faille : Vincent, Françoise, Laurence, Marie-Alix, Axelle, Alexandre et Éric. Un grand merci, enfin, à mes parents, et à Jean-François et Ambre pour leur précieuse contribution.

Je dédie ce livre à toutes les personnes qui ont été frappées par le crime, et en particulier à Joël, Corinne, Sylvia, Michèle, Wardia, Corinne, Gérard, Jean-Philippe, Michèle, Aïcha, Guy, Charlotte et Morgane. Puisse ce livre être une pierre à l'édifice d'une Justice plus attentive à leur sort.

Introduction

C'était en pleine campagne présidentielle. L'affaire, si elle avait été rendue publique, aurait provoqué un scandale retentissant. Un criminel en fuite, nommé Philippe Tolila, avait été arrêté par la police.

L'homme est un violeur en série, actif depuis l'âge de quatorze ans et condamné à de nombreuses reprises. Dans les années 1980, il était allé jusqu'à commettre onze viols en moins de trois ans, sur la Côte d'Azur, à Biarritz et en région parisienne. Son mode opératoire était bien rodé. Chaque fois, il escaladait le balcon de ses victimes, s'introduisait dans leur domicile et les violait sous la menace d'une arme à feu ou d'un couteau. Pour ces crimes, commis en récidive, il avait été condamné à la perpétuité en 1990.

Très vite, pourtant, la Justice a envisagé de lui accorder une libération conditionnelle. De 2001 à 2010, Philippe Tolila a ainsi fait l'objet de six expertises psychiatriques. Toutes, sans exception, étaient très pessimistes quant à son risque de récidive. Toutes relevaient une personnalité de type « pervers », voire « sadique ».

Mais voilà qu'en 2011 une nouvelle expertise s'est révélée un peu plus optimiste. Résultat : la Justice, contre toute prudence, a autorisé sa remise en liberté.

Il n'a pas fallu attendre longtemps : quatre mois plus tard, Philippe Tolila était arrêté et incarcéré pour viol sous la menace d'un couteau. Cette fois, il n'a même pas eu besoin d'escalader un balcon, car la victime, une femme vulnérable, résidait dans le foyer dans lequel Tolila avait été placé. La Justice avait sciemment fait entrer le loup dans la bergerie.

Cette affaire a beau ne jamais être parue dans la presse, elle semble familière. Tout le monde a en tête le nom de criminels – Pierre Bodein, Patrice Evrard, Guy Georges, Tony Meilhon – qui ont pu récidiver grâce aux failles de notre Justice.

Mais l'on imagine trop souvent que ces affaires dramatiques sont des « dysfonctionnements » malheureux ou des défaillances ponctuelles. Personne, ou presque, ne réalise qu'elles sont en réalité le produit du fonctionnement habituel d'un système judiciaire qui a perdu de vue sa mission de protection des citoyens. Au point que notre Justice pénale a aujourd'hui une lourde responsabilité dans la montée des violences et de l'insécurité. Mais il est impossible de le percevoir sans se plonger dans les réalités judiciaires au quotidien.

Lorsque j'étais étudiant, je croyais ceux qui disaient que notre arsenal « répressif » était largement suffisant. Je me disais que le crime avait toujours existé, et que le risque zéro n'existait pas. Je trouvais qu'il y avait quelque chose de populiste dans le fait d'accuser les juges de laxisme. Je craignais que la prison ne fût une école du crime, et je n'étais pas certain qu'une plus grande fermeté de notre système judiciaire apporterait plus de sécurité. Je me méfiais des réactions passionnelles de l'opinion sur ces questions. Et j'ignorais tout du sort des victimes.

Depuis, les apports de la criminologie anglo-saxonne et canadienne ont changé ma vision. Les analyses statistiques montrent, en effet, qu'une autre politique pénale est nécessaire pour combattre l'insécurité.

Sait-on, par exemple, qu'une toute petite minorité de criminels « suractifs » est responsable de la majorité des crimes et délits commis dans la société ? Ce phénomène, selon lequel 5 % des délinquants causent plus de 50 % des vols et des violences, a été observé et démontré dans tous les pays où il a été sérieusement étudié.

Sait-on aussi que la dissuasion – la fameuse peur du gendarme – est tout sauf un concept illusoire ? Lorsque les policiers municipaux se sont mis en grève à Montréal en 1969, des délinquants se sont massivement rendus au centre-ville pour dévaliser les commerces, avec pour conséquence la multiplication par quatre du nombre de vols habituellement commis. Avec la fin de la grève, la situation est redevenue normale.

Mais trop d'idées préconçues et de préjugés empêchent une réflexion claire sur ces sujets pourtant fondamentaux.

Pourquoi parle-t-on régulièrement du « tout carcéral » pour qualifier la situation française, alors que le nombre de places de prison par habitant y est inférieur de près de moitié à celui de l'Union européenne ? Alors que, par ailleurs, le nombre de criminels et délinquants entrant chaque année en prison représente moins de 10 % de ceux qui ont été arrêtés et déférés devant la Justice, et 2 % seulement de la totalité des infractions portées à la connaissance des autorités ?

Pourquoi se méfie-t-on des discours compassionnels à l'égard des victimes de crimes, alors qu'il existe des raisons objectives de s'émouvoir de leur sort ? Leurs droits dans la procédure judiciaire peuvent être violés sans conséquence juridique. Les traitements psychologiques qu'elles doivent suivre sont entièrement à leur charge. Et pour être indemnisées de leur préjudice, elles doivent accomplir un véritable parcours du combattant.

Comment expliquer que, à chaque drame de la récidive, on se rassure en brandissant un taux de récidive pour crime sexuel aux alentours de 2 %, alors que les études criminologiques internationales de référence pointent un taux de récidive sexuelle de 25 % ? et que certaines catégories de criminels sexuels ont un risque de récidive qui dépasse les 70 %.

De même, les discours sur la « prison école du crime » étonnent. Si c'était le cas, les États-Unis auraient dû connaître une explosion de la criminalité, eux qui ont choisi d'accroître leur population carcérale dans des proportions aussi inouïes qu'excessives. Or, la criminalité violente et les atteintes aux biens ont été divisées par deux aux États-Unis depuis le début des années 1990.

Aujourd'hui, plus que jamais, il est nécessaire de réformer la Justice en profondeur, pour qu'elle protège mieux les citoyens et fasse reculer la criminalité. Cette conviction est le fruit d'une expérience de plusieurs années à la tête de l'Institut pour la Justice, une association citoyenne, un « think tank » destiné à analyser les dysfonctionnements judiciaires, à élaborer des propositions de réforme et à convaincre nos élus de les adopter.

Mais j'ai pu mesurer à quel point il est difficile de faire changer les choses sur ce sujet sensible. Car il existe, dans le monde judiciaire et dans les médias, une pensée unique, un « dogmatisme pénal » qu'il est presque impossible de contredire sans se rendre coupable d'une forme de blasphème. De ce point de vue, une ligne de fracture sépare les responsables politiques qui adhèrent sans retenue au dogmatisme pénal et ceux qui s'en sont éloignés, généralement parce qu'ils ont été confrontés à la réalité du terrain.

Cette ligne de fracture ne sépare pas la droite de la gauche : elle se situe à l'intérieur même de la droite et de la gauche. On la retrouve au sein même du gouvernement nommé en mai 2012. Le ministre de l'Intérieur d'alors, Manuel Valls, explique dans son livre Sécurité, écrit lorsqu'il était encore maire d'Évry, en 2011, que « la réponse de la Justice est souvent décalée », avec pour conséquence « un sentiment total d'impunité et de toute-puissance chez les délinquants », ce qui impliquait selon lui la « nécessité de créer de nouvelles places de prison ». La ministre de la Justice, Christiane Taubira, elle, estime qu'il faut mettre fin au supposé « tout carcéral » et réduire le nombre de détenus.

Le dogmatisme pénal est puissant parce qu'il jouit d'un certain prestige intellectuel et moral. En conséquence, ceux qui ne le partagent pas sont facilement taxés d'ignorance ou suspectés de volonté de vengeance.

Pourtant, c'est l'inverse qui est vrai. L'ignorance criminologique est du côté de ceux qui estiment que la Justice française est trop « répressive » vis-à-vis des délinquants. Et le manque d'humanisme est le fait de ceux qui, parce qu'ils accordent une considération exclusive au sort des condamnés, finissent par en oublier totalement les victimes et les citoyens qui souffrent de l'insécurité. C'est la raison pour laquelle j'ai écrit ce livre, afin de décrire une réalité qui est souvent passée sous silence, montrer les failles des discours complaisants et proposer une voie plus équilibrée.

. Pour sortir du dogmatisme pénal, qui fait tant de mal aux citoyens victimes de l'insécurité, il faut regarder la réalité criminelle et judiciaire en face, démonter une à une les idées reçues, et remettre en cause les principes implicites qui les alimentent.

Il est temps de changer l'organisation et l'état d'esprit de la magistrature, afin d'améliorer les décisions de justice et permettre aux juges de retrouver la considération et le respect dus à leur fonction éminente. Et il faut refuser que la politique pénale soit confisquée, contre tout principe démocratique, au profit d'une élite de juristes dont les préoccupations et les intérêts ne sont pas en phase avec ceux de la majorité des Français. En un mot, rendons leur Justice aux citoyens.

Première partie
DES RÉALITÉS INSOUPÇONNÉES

Les faits parlent d'eux-mêmes. À une condition, toutefois : qu'ils soient portés à la connaissance du plus grand nombre. Or, la réalité de notre Justice pénale est totalement méconnue de la plupart des citoyens.

Qui, en France, sait que les violeurs, comme les cambrioleurs, ont moins d'une chance sur dix de se faire arrêter par la police ? Qui sait que les criminels récidivistes sont presque toujours remis en liberté des années avant la fin de leur peine, sans suivi sérieux ? Qui pourrait s'imaginer que notre système judiciaire laisse sciemment des violeurs s'installer à quelques centaines de mètres de leur première victime ?

Explorons ces réalités trop souvent ignorées ou négligées dans les débats publics : l'étendue de l'impunité, le manque de précaution vis-à-vis des criminels dangereux, et l'abandon des victimes.

Chapitre premier

L'impunité est devenue la règle

Pour ceux qui ne s'intéressent pas de près au système pénal, l'idée qu'il pourrait y avoir une large impunité chez les criminels et les délinquants peut sembler exagérée. N'entend-on pas dire que le « taux de réponse pénale » avoisine les 90 %, ce qui signifierait que 90 % des délinquants reçoivent bien une sanction judiciaire ?

La réalité est tout autre. D'abord parce que l'immense majorité des crimes et délits – 80 % au moins – n'est jamais examinée par la Justice. Soit parce que la victime n'a pas porté plainte, soit parce que la police n'a pas réussi à en trouver l'auteur. Et ensuite parce que les délinquants identifiés et présentés à la Justice ne sont le plus souvent condamnés qu'à des sanctions symboliques. L'impunité touche même les condamnés à de la prison ferme, lorsque leur peine reste purement et simplement inexécutée.

L'impunité invisible : le « chiffre noir » de la criminalité

Chaque année, la Justice, dans son annuaire statistique, recense environ 4 millions d'infractions « juridiquement constituées » (4 171 011 en 2010[1]). Il ne s'agit pas des petites infractions sanctionnées par des contraventions de police, qui atteignent un chiffre d'environ 20 millions. Il s'agit bien de 4 millions de crimes, de délits, ainsi que de « contraventions de cinquième classe », ces dernières pouvant concerner des violences ayant entraîné jusqu'à huit jours d'incapacité totale de travail.

Mais ces 4 millions d'infractions ne sont que la face émergée de l'iceberg de la criminalité. Car la plupart des crimes et délits commis ne donnent jamais lieu à la moindre plainte et restent inconnus de la police et de ses statistiques.

Le cas du viol est emblématique. D'après les enquêtes internationales, les victimes de viol ne portent plainte que dans 5 à 25 % des cas. Pourquoi une proportion si faible ? Pour toute une série de raisons spécifiques à ce crime, dont des sentiments de honte, voire de culpabilité de la victime, la crainte de ne pas être crue, ou encore, dans le cas des violences intrafamiliales, la réticence à accabler un proche.

La peur des représailles peut aussi jouer un rôle inhibiteur. Le violeur en série qui a sévi près de Paris en décembre 2011 menaçait ses victimes de revenir les tuer

---

1. Ce chiffre ainsi que tous les chiffres de ce chapitre sur le nombre d'infractions recensées par la Justice et leur réponse judiciaire sont extraits de l'*Annuaire statistique de la Justice*, 2010.

si elles prévenaient la police[1]. Ce type de menaces est également courant dans d'autres types d'agressions violentes, comme les « saucissonnages » à domicile. Dans ce cas, c'est la violence et la détermination que la victime lit dans les yeux de son agresseur qui vont être décisives dans son choix de porter plainte ou non.

Parfois, la victime d'une agression, sexuelle ou autre, renonce à porter plainte de crainte de subir un harcèlement répété de la part d'une bande qui habite à proximité. Un exemple – parmi cent autres – de ce harcèlement a été rapporté par la presse. À Perpignan, un homme agressé au poing américain et à la barre de fer a été menacé sans répit par une bande après avoir déposé plainte. Les agresseurs voulaient le pousser à la retirer. « Nos voisins eux-mêmes nous le demandent, pour en finir avec cette histoire qui empoisonne la vie de l'immeuble. Boîte à lettres fracassée, courrier volé, je suis aujourd'hui obligée de convenir de rendez-vous avec la postière pour récupérer mes lettres[2] », avait raconté sa compagne. C'est ainsi que dans des quartiers difficiles, l'impunité est nourrie par l'omerta autour des crimes et délits commis par une fraction d'individus.

Pour la masse des délits commis, le motif le plus fréquent du non-dépôt de plainte reste l'inutilité supposée de la démarche. Pourquoi porter plainte pour s'être fait voler 100 euros, alors que cela représente du temps perdu au commissariat et que les chances d'arrêter l'auteur et de récupérer la somme volée sont infimes ? Lorsque le préjudice est limité, que l'assurance ne le couvre pas ou que la perspective de retrouver le cou-

---

1. *Métro*, 29 février 2012, « Le violeur en série vivait entre l'Essonne et la Belgique ».
2. *Le Figaro Magazine*, 31 juillet 2010, « Insécurité : "C'était intenable, nous sommes partis" ».

pable est illusoire, le dépôt de plainte est faible. Même lorsque l'auteur est identifié, la victime peut renoncer à porter plainte si elle anticipe l'absence totale de poursuites. L'exemple le plus frappant est celui des vigiles de grands magasins ou de supermarchés : dans la plupart des cas, ils se contentent de récupérer les objets volés et laissent partir les auteurs du délit.

Il existe donc toute une face invisible de la délinquance, faute de dépôt de plainte. Mais grâce aux « enquêtes de victimation », réalisées par l'INSEE et l'Observatoire national de la délinquance et des réponses pénales, ce « chiffre noir de la délinquance » commence à être cerné. Parce qu'elles sont menées directement auprès de 25 500 ménages français, ces enquêtes permettent d'évaluer le nombre de victimes d'infractions et de savoir si elles ont porté plainte.

Elles dévoilent que la plupart des crimes et délits font l'objet de taux de plainte inférieurs à 50 %[1]. Les vols avec violence ne sont rapportés à la police que dans la moitié des cas. Les violences physiques et sexuelles dans moins de 25 % des cas. Et les actes de vandalisme sur le domicile dans moins d'un cas sur dix. Les vols de voitures, quasiment toujours déclarés, et les cambriolages, qui le sont à 75 %, font figure d'exception.

Au total, les enquêtes réalisées directement auprès des citoyens montrent que les crimes et délits dont ils sont victimes dépassent les dix millions, au moins deux fois plus que les 4 millions répertoriés par la Justice. Toutes les 24 heures, on compte ainsi

---

1. Voir le récapitulatif sur les « taux de plainte » dans le bulletin mensuel de l'Observatoire national de la délinquance et de la réponse pénale (ONDRP) daté d'août 2012.

11 000 vols, 1 780 agressions et 264 viols et tentatives de viols[1]. Et l'on ne parle ici que des crimes et délits causant des victimes directes. Dans le cas des trafics de drogue ou des fraudes, qui sont rarement détectés, aucun sondage ne permet de connaître leur véritable niveau.

Deux plaintes sur trois classées sans suite

Une fois l'infraction connue par la police ou la gendarmerie, il s'agit d'en trouver l'auteur. Les forces de l'ordre y parviennent dans un peu plus d'un tiers des cas. Sur 4 millions d'infractions, seules 1,4 million sont jugées « poursuivables », parce qu'un auteur a été identifié. Les autres sont classées sans suite.

Le taux d'élucidation, qui indique la proportion d'affaires résolues, s'élève donc à 37 % en moyenne. Mais il varie énormément selon les infractions[2]. Il est au plus bas pour les cambriolages (13 %) et au plus haut pour les homicides (87 %). Mais il faut garder en tête que ce taux est calculé à partir des plaintes déposées, et non à partir de la réalité des crimes et délits commis. Ainsi, le taux d'élucidation du viol paraît globalement satisfaisant (73 %), mais le nombre de viols réellement élucidés est beaucoup plus faible si l'on se rappelle que seules 5 à 25 % des victimes portent plainte. Cela signifie qu'un viol ne donne lieu à des poursuites judiciaires que dans 10 % des cas environ.

---

1. Rapport 2012 de l'Observatoire national de la délinquance et des réponses pénales. Voir aussi Laurent Obertone, *La France orange mécanique*, Paris, RING, 2013.
2. Sur les taux d'élucidation, voir le rapport annuel de l'ONDRP daté de 2011.

Dans le cas des cambriolages, c'est l'inverse : lorsque des objets ont été volés, le taux de plainte est élevé (75 %), mais le taux d'élucidation est faible (13 %). Toutefois, le résultat est le même, avec un taux d'élucidation réel des cambriolages inférieur à 10 %. Ce qui signifie que moins d'un cambriolage sur dix fait l'objet de poursuites judiciaires.

L'impunité est donc la règle, en matière de viol, de cambriolage et de bien d'autres infractions. Mais s'il en est ainsi, la minorité de criminels et délinquants arrêtés et traduits devant les tribunaux ne serait-elle pas, d'une certaine manière, « malchanceuse » ? Non, ce sont bien souvent, au contraire, les malfaiteurs les plus actifs.

Car une des réalités criminologiques les mieux établies, valable pour les cambriolages, les agressions, les braquages ou même les viols, est qu'une petite minorité d'individus est responsable de la majorité des crimes et délits commis[1]. Il existe ainsi un petit nombre de cambrioleurs « professionnels » qui réalisent plusieurs dizaines, voire plusieurs centaines de méfaits par an. Le taux d'élucidation réel étant inférieur à 10 %, celui qui commet un cambriolage unique a environ une chance sur dix d'être arrêté. Mais celui qui en commet plusieurs dizaines a toutes les chances de se retrouver un jour ou l'autre devant la Justice.

Cette règle vaut pour la plupart des crimes et délits. Ce qui signifie, et c'est un élément qui passe souvent inaperçu, que les individus identifiés par la police et déférés devant la Justice sont beaucoup plus souvent des individus ayant déjà commis plusieurs infractions non élucidées que des individus ayant commis une seule et unique infraction et ayant eu la « malchance » d'avoir été arrêtés dès celle-ci.

---

1. Voir le chapitre 5 pour les références criminologiques détaillées de ce phénomène.

Lorsque la Justice a affaire à un individu « bien connu des services de police », le nombre d'infractions qui lui est attribué a toutes les chances d'être nettement en dessous de la réalité. Et s'il n'est condamné qu'à une sanction symbolique, il sortira immanquablement du tribunal avec un sentiment d'impunité.

Pourtant, notre système pénal permet d'échapper à une véritable sanction à tous les niveaux. Parmi les 1,4 million d'infractions élucidées, 12 % sont encore « classées sans suite » par le procureur de la République. C'est le cas lorsqu'il estime que les preuves ne sont pas suffisantes, que le trouble causé par l'infraction a disparu ou, tout simplement, que la gravité des faits ne justifie pas de mobiliser la Justice.

Mais les plaintes classées sans suite peuvent concerner des infractions relativement graves. Un exemple « banal » de plainte restée sans suite a été révélé au grand jour lorsque l'auteur de l'infraction s'est fait connaître de la France entière pour des crimes effroyables. Il s'agissait de Mohamed Merah.

Une mère de famille a exposé dans la presse[1] ce que M. Merah avait fait subir à sa famille deux ans plus tôt : « Il a conduit mon fils à son domicile. [...] Puis il lui a imposé de regarder des vidéos d'al-Qaida [des scènes insoutenables dans lesquelles des femmes sont exécutées d'une balle dans la tête et des hommes égorgés]. Mon fils m'a appelée. On a finalement pu le récupérer. Il est resté enfermé là-bas de 17 heures à minuit... » La mère a alors déposé plainte, ce qui a provoqué la colère de M. Merah : « Il est venu devant chez nous. Il m'a menacée et frappée. [...] Il disait aussi que lui et ses amis viendraient prendre mon fils et qu'il ne me resterait plus que mes

---

1. *Le Télégramme*, 21 mars 2012, « Une mère en colère témoigne ».

yeux pour pleurer. » Le surlendemain, il s'en est effectivement pris à son fils : « Il l'a frappé, et ma fille est intervenue. Il l'a rouée de coups. Il y avait beaucoup de monde, mais personne n'a bougé. » La femme précise qu'elle a « tout gardé » : « La robe de sa fille tachée de sang et déchirée, le dépôt de plainte, les lettres de relance, des photos et les certificats médicaux… » L'avocat de cette mère de famille, maître Mouton, confirme qu'une « plainte très circonstanciée » a été déposée le 25 juin 2010. La mère de famille a relancé les autorités à de nombreuses reprises. Sans aucune suite. « Pourquoi, malgré tous mes signalements, Mohamed Merah n'a-t-il pas été arrêté ? Nous l'avons encore vu la semaine dernière. Il nous narguait. J'ai tout raconté à de nombreuses reprises à la police et à la préfecture. […] C'est incompréhensible et révoltant. »

Cet exemple est confondant, mais il n'est pas exceptionnel. Si les médias en ont parlé, ce n'est pas parce que l'affaire en elle-même était rare : c'est uniquement parce que son auteur s'est fait connaître, pour d'autres faits, de tous les Français.

Des sanctions purement symboliques

Lorsque le parquet donne suite aux 1,4 million de plaintes élucidées, une « réponse pénale » a effectivement lieu. C'est ainsi qu'est calculé le taux de réponse pénale, dont la Justice s'enorgueillit qu'il atteigne les 88 %.

Cela ne signifie pas pour autant que tous les auteurs de délits sont traduits devant un tribunal. Loin de là. En fait, la moitié d'entre eux bénéficient de ce que le jargon judiciaire appelle des « alternatives aux poursuites ». L'exemple type de ces « alternatives aux poursuites » est le « rappel à la loi ». L'auteur du délit reçoit, en guise de « condamnation », un simple avertissement verbal. Aucune amende, aucune participation aux frais de justice et, bien sûr, aucune inscription au casier judiciaire. Un simple avertissement. Un cas détonnant est celui de ce SDF arrêté pour vol d'un chéquier et détention d'un pistolet à grenaille qu'il avait également volé[1]. Un simple sermon peut-il arrêter un déséquilibré ou un marginal à la dérive ? Plus rarement, ce sont de véritables violences qui débouchent sur un rappel à la loi, comme dans cette affaire, rapportée par la presse, où un homme a subi une entaille dans la nuque, réalisée avec un couteau[2].

Autant dire que, lorsque les auteurs d'infractions sont effectivement « poursuivis » et traduits devant un tribunal – ils ne sont plus que 640 000 –, c'est que l'affaire est sérieuse. Il existe bien sûr des exceptions et des anomalies, comme ce maire d'une commune du Nord qui s'est retrouvé devant le tribunal correctionnel simplement pour avoir donné une gifle à un adolescent qui venait de l'insulter. Mais dans le fonctionnement routinier du système pénal, lorsqu'une plainte a été enregistrée, élucidée et que le procureur décide de poursuivre son auteur devant les tribunaux, c'est que l'infraction est grave et que l'auteur est déjà connu de la police.

Pourtant, même dans ces cas-là, les tribunaux prononcent en majorité des peines « symboliques », c'est-à-dire des sanctions dépourvues d'effet concret pour le coupable. À l'inverse, les sanctions réelles – prison, amende et travail d'intérêt général – sont minoritaires.

---

1. *L'Indépendant*, 30 juin 2012, « Un "rappel à la loi" pour celui qui voulait braquer La Poste ».

2. *Le Midi libre*, 11 mars 2012, « Une entaille de 14 cm et un rappel à la loi pour son agresseur présumé ».

Chez les mineurs, les peines symboliques sont de plusieurs natures. Sur les 50 000 condamnations prononcées, on compte 15 000 admonestations et 13 000 sursis. On trouve même 5 000 « remises aux parents », parfois prononcées en l'absence des parents ! On se représente l'étendue de l'impunité que cela peut susciter lorsque l'on garde à l'esprit que le nombre total de mineurs mis en cause et présentés à la Justice s'élève à 170 000, et que ce nombre ne représente qu'une fraction de toutes les infractions commises par les mineurs, la majorité d'entre elles n'ayant pas fait l'objet d'une plainte ou n'ayant pas été élucidée[1].

Chez les majeurs, la principale sanction symbolique est le « sursis », que ce soit la peine d'emprisonnement avec sursis ou la peine d'amende avec sursis. Parmi les 600 000 condamnations pour délit, près de 200 000 sont de simples sursis. Certes, pour un élu de la République, qui n'a jamais eu affaire à la Justice et dont la carrière dépend en grande partie de sa réputation, la prison avec sursis est une peine infamante. Mais pour la masse des délinquants, le sursis est le plus souvent considéré comme une simple « relaxe ».

Prenons le cas des voleurs de câbles sur les voies de la SNCF. Ils ont sans doute moins d'une chance sur cent de se faire arrêter, étant donné l'ampleur du réseau ferré. Quand on sait que le sursis est la réponse judiciaire la plus fréquente à ce genre de délit[2], on comprend les vocations ! Car un nouveau venu sur ce « marché » sait qu'il pourra commettre une centaine de vols de ce type avant de subir... une peine avec sursis.

---

1. Ces chiffres, comme indiqué ci-dessus, proviennent de l'*Annuaire statistique de la Justice* de 2010.
2. Voir *Le Figaro*, 24 février 2011, « Les vols de câbles électriques faiblement sanctionnés ».

On dit que le sursis fait peser une épée de Damoclès sur la tête du délinquant. Mais la menace d'une sanction future n'est pas une sanction. Et d'ailleurs, dans le système judiciaire français, le sursis n'est même plus une menace crédible de sanction, dans la mesure où un délinquant peut « empiler » les sursis, et donc être condamné à plusieurs peines de prison avec sursis successives.

Un délinquant « ordinaire » n'est jamais condamné à une peine de prison ferme sans avoir été condamné précédemment à une peine avec sursis, suivie d'une ou de deux peines de « sursis avec mise à l'épreuve », lesquelles sont généralement considérées par l'intéressé comme autant de relaxes. Il arrive même fréquemment que la Justice prononce un sursis malgré un parcours délinquant déjà bien rempli, comportant un ou plusieurs passages en prison. Chaque session au tribunal correctionnel apporte son lot d'exemples, mais prenons le cas de ce voleur multirécidiviste, déjà condamné trente-quatre fois et qui comparaissait à nouveau devant le tribunal correctionnel de Nîmes ; le procureur a eu beau requérir quinze mois ferme, il a été condamné à quinze mois... avec sursis et mise à l'épreuve[1].

La prison ferme concerne moins de 10 % des individus déférés à la Justice (122 000 sur 1,4 million). Parmi les autres condamnations non symboliques, il faut compter 170 000 amendes prononcées chaque année par les tribunaux correctionnels, et 25 000 condamnations à des travaux d'intérêt général. On voit à quel point notre système manque de peines intermédiaires « non symboliques » pour les autres cas présentés à la Justice, qui se comptent pourtant par centaines de milliers.

---

1. *Le Midi libre*, 21 septembre 2010.

En définitive, la prison ferme reste l'exception, le « dernier recours » voulu par la loi. Seule une infraction juridiquement constituée sur trente (122 000 sur 4 millions) aboutit à une peine de prison. Or, ces 4 millions d'infractions n'étant que la partie émergée de l'iceberg de la délinquance, la prison ferme s'applique en réalité au mieux à une infraction sur cinquante.

Et la proportion chute encore pour les mineurs, dont on reconnaît la fragilité. La prison ne s'applique plus à 10 % des auteurs identifiés, comme pour les majeurs, mais à 3 % d'entre eux (4 700 sur 170 000). Les durées de détention sont aussi beaucoup plus courtes, ce qui explique que les mineurs représentent environ 1 % de la population carcérale, alors qu'ils sont responsables de 18 % des crimes et délits identifiés.

Des délais démesurés avant la sanction

C'est parmi les condamnés à de la prison ferme que l'on trouve les cas d'impunité les plus choquants. D'abord parce que la condamnation intervient souvent plusieurs mois, voire des années après la commission de l'infraction, ce qui provoque un sentiment d'impunité dans l'intervalle. Ensuite parce qu'une partie des délinquants condamnés à de la prison ferme – un tiers environ – ne vont jamais en prison, soit parce que leur peine est « commuée » en une autre peine plus douce, soit parce que la condamnation reste purement et simplement inexécutée.

Dans tous les systèmes judiciaires, il existe nécessairement un délai entre le moment où l'infraction est découverte et le moment où la Justice prononce une condamnation. Mais en France, ce délai est particulièrement élevé. Certes, la comparution immédiate permet un jugement rapide, et parfois l'exécution tout aussi immédiate de la peine de prison. Dans ce cas, le délai entre l'infraction et la sanction est infime : vingt-quatre ou quarante-huit heures tout au plus. Pas d'impunité alors. Mais la comparution immédiate n'est pas la règle : en 2009, elle représentait seulement 15 % des condamnés à de la prison ferme. Dans les autres cas, le délinquant reçoit une convocation au tribunal correctionnel pour une audience qui n'aura lieu que plusieurs mois après les faits.

La presse s'amuse des situations absurdes créées par ce système : « Arrêtés et remis en liberté quatre fois en treize jours » (L'Union, Ardennes, 27 août 2010) ; « Arrêté trois fois dans la journée par la police... » (L'Indépendant, Carcassonne, 24 juin 2012) ; ou encore « un voleur interpellé 5 fois en l'espace de 10 jours » (Sud-Ouest, Bordeaux, 8 février 2011).

Le journal L'Union est allé plus loin en racontant les hauts faits de trois « jeunes » d'une vingtaine d'années : « Lorsque les policiers les avaient interpellés la première fois, le 13 août, c'était dans le cadre d'une affaire de cambriolage au domicile d'un particulier. [...] Le 17 août, à Renwez, les trois mêmes étaient tombés, par hasard, sur un contrôle routier. Les gendarmes avaient trouvé du cannabis dans la voiture. Le 23 août, dans le cadre d'une autre enquête, relative à un vol de métaux conséquent, commis chez Derichebourg, en juillet à Charleville, les trois jeunes malfaiteurs étaient à nouveau arrêtés à Nouzonville pour ce motif. Une fois de plus, les enquêteurs, lors des perquisitions, tombaient sur de la résine de cannabis. Vol, stupéfiants : pour autant pas de comparution immédiate, mais simplement une convocation à se présenter devant le tribunal... en février prochain, toutes les audiences étant complètes jusque-là. [...] Ils se sont empressés aussitôt d'aller casser la figure à l'homme qui les avait "balancés" pour le vol de métaux, en le menaçant d'autres sévices s'il maintenait son témoignage. Les gendarmes les ont donc "coffrés", une nouvelle fois, ce mercredi 25 août, pour ces faits de violences particulièrement graves. Eh bien, malgré tout, cela n'a pas empêché qu'ils soient encore relâchés, à l'issue de leur présentation aux juges. Avec une seconde convocation, également pour février prochain[1]. » Éloquente et pourtant fréquente situation en matière de délits.

Pour les mineurs, la « comparution immédiate » n'existe même pas. Ce qui explique en partie pourquoi le sentiment d'impunité des mineurs est si vif. Un mineur multirécidiviste, arrêté par la police, peut soit se voir rappeler à l'ordre de façon symbolique, soit être convoqué plusieurs mois plus tard devant un tribunal. Auquel cas il est généralement remis en liberté dans l'intervalle, la « détention provisoire » n'étant admise, chez les mineurs, que pour les crimes les plus graves. C'est la raison pour laquelle, par exemple, les trois mineurs interpellés le 28 janvier 2012 pour avoir commis un « viol en réunion » en plein cœur de Lyon, dans une coursive de la Part-Dieu, ont été remis en liberté dans l'attente de leur procès[2]. Dans l'intervalle, et bien que sous contrôle judiciaire, ils sont à la fois libres et impunis.

Il faut le plus souvent attendre de longs mois, voire des années, avant la tenue du procès, tant la justice des mineurs est lente à opérer. Un cas extrême est le renvoi devant la Justice de dix-sept individus accusés de viols collectifs pas moins de six ans après la plainte des vic-

---

1. *L'Union*, 27 août 2010, « Arrêtés et remis en liberté quatre fois en treize jours ! »
2. *Le Progrès*, 31 janvier 2012, « Viol collectif à Lyon : les trois mineurs remis en liberté sous contrôle judiciaire ».

times et douze ans après les faits[1]. Dans cette affaire dite « des tournantes de Fontenay-sous-Bois », deux adolescentes disaient avoir été victimes, pendant six mois, de viols à répétition commis par des garçons âgés entre treize et dix-sept ans. Le sentiment d'impunité créé par les délais démesurés est criminogène : l'un des auteurs présumés de ces viols a fait l'objet d'une procédure d'alerte-enlèvement en 2010 après avoir tué son ex-compagne à coups de couteau et s'être enfui avec son enfant de dix-huit mois.

Bien sûr, un tel délai de six ans est exceptionnel. Pour les délits, l'attente moyenne de jugement chez les mineurs est d'un an et demi. Mais à cet âge-là, c'est déjà un temps considérable, qui peut avoir des conséquences tragiques. Deux ans se sont écoulés sans que H.O., un adolescent toulousain, passe devant un tribunal, alors qu'il avait agressé et racketté, sous la menace d'un couteau, au moins quinze personnes à Toulouse en 2009. Fin février 2011, il est arrêté pour une nouvelle série d'agressions au couteau. Mais cette fois, l'une d'entre elles s'était achevée par le meurtre de Jérémy Roze, étudiant en pharmacie[2].

Quand le procès a enfin lieu, et qu'une condamnation à une peine de prison ferme est prononcée, l'impunité peut encore durer pendant des mois. Car notre procédure veut que les individus condamnés à une peine inférieure ou égale à deux ans de prison ferme voient leur situation systématiquement réexaminée par un juge d'application des peines. Dans l'intervalle, les condamnés sortis libres du tribunal ne subissent aucune sanction, voire aucune surveillance. Or, les condamnations

---

1. *Le Parisien*, 5 mars 2012, « Elles attendent le procès de leurs violeurs depuis six ans ».
2. *La Dépêche*, 9 avril 2011, « Jérémy victime d'un agresseur en série ? ».

inférieures ou égales à deux ans représentent l'immense majorité des 122 000 peines de prison prononcées (plus de 90 %). Même en retirant les peines immédiatement exécutées à l'issue de l'audience (environ 20 000), cela laisse un nombre considérable de coupables dans la nature, le temps que le juge d'application des peines traite leur cas. Ce qui peut prendre plus d'un an.

Au terme de son examen, le juge d'application des peines peut confirmer la peine de prison ou la commuer en une sanction alternative (le plus souvent un placement sous bracelet électronique). Ce qui n'est pas sans susciter une interrogation. Le tribunal avait déjà la possibilité de prononcer une peine de prison ferme ou une sanction alternative. À quoi sert, dès lors, cette procédure de « double jugement », dont la conséquence mécanique est de retarder l'exécution de la peine ? En fait, nos prisons sont trop peu nombreuses pour absorber la totalité des peines prononcées par les tribunaux chaque année. Faute d'avoir construit des lieux de détention en nombre suffisant, les gouvernements successifs ont préféré mettre en place cette procédure baroque qui épargne l'enfermement à des personnes qui y sont pourtant condamnées.

Des peines inexécutées

Notre pays compte plus de 80 000 peines de prison en attente d'exécution, perdues dans les méandres de la procédure « d'aménagement » par les juges d'application des peines[1]. Une partie d'entre elles ne seront même

---

1. Inspection générale des services judiciaires, *Évaluation du nombre de peines d'emprisonnement ferme en attente d'exécution*, Paris, ministère de la Justice, mars 2009.

jamais traitées : en 2010, comme chaque année depuis vingt ans, plus de 20 000 peines de prison sont restées purement et simplement inexécutées.

Les autres seront majoritairement « aménagées ». La « loi Dati » de 2009 invite fortement le juge d'application des peines à dispenser de détention les condamnés à moins de deux ans de prison. C'est ainsi qu'un profil comme Fayçal Mokhtari a pu en bénéficier, malgré des antécédents particulièrement graves. Fayçal Mokhtari est l'auteur présumé de la fusillade devant une discothèque de Lille le 30 juin 2012. Maintenu dehors par le videur, il était revenu armé d'une kalachnikov, avait tué deux personnes et en avait blessé six autres. Or, cet individu, selon les termes du procureur de la République de Lille, était « très défavorablement connu des services de police et de Justice ». Depuis l'âge de dix-huit ans, il cumulait les condamnations pour « vols, vols à main armée, vols avec violence, abus de confiance, violences volontaires », mais aussi « trafic de stupéfiants », et même « atteinte volontaire à la vie ». En 2006, il avait été arrêté pour « vol aggravé et association de malfaiteurs », et remis en liberté après quelques mois de détention provisoire. Il avait été finalement condamné en mai 2008 à deux ans de prison ferme, mais il ne les avait jamais faits, la Justice ayant décidé, selon la presse, d'aménager sa peine[1]. Si un profil comme le sien peut échapper à la prison, on comprend que, pour faire partie des 80 à 90 000 entrants en prison chaque année, il faut être allé loin dans la violence ou la réitération.

L'entrée en prison met fin à l'impunité au sens strict, puisqu'il y a mise à exécution effective de la

---

1. *Le Point*, 2 juillet 2012, « Discothèque de Lille : le tireur avait été condamné mais laissé en liberté ».

peine. La durée moyenne des peines prononcées pour délit est de 7,4 mois en moyenne. Pour les crimes, cette durée est de dix ans. Mais la durée réellement subie est bien inférieure. Car une fois la condamnation prononcée, il existe toute une série de mécanismes permettant au condamné de réduire la durée de son emprisonnement.

Ce sont d'abord les « remises de peine automatiques » : d'une durée de trois mois la première année, deux mois les suivantes, elles sont attribuées d'office au condamné, et ne sont retirées qu'en cas de mauvaise conduite avérée. Dans les faits, seuls 25 % des condamnés se voient retirer une partie de ces remises de peine, pour une durée moyenne d'un mois seulement[1] (sur 3 mois possibles la première année). À ces remises de peine automatiques s'ajoutent les « remises de peine supplémentaires », de trois mois par an, accordées assez facilement à partir du moment où le condamné justifie d'efforts de soins, de travail ou de formation en détention. Au total, ce sont donc six mois de remise de peine la première année, et cinq mois les années suivantes que les détenus peuvent obtenir.

Mais le mécanisme le plus favorable aux condamnés reste la libération conditionnelle, que les non-récidivistes peuvent obtenir dès qu'ils ont purgé la moitié de leur peine. Et ce n'est pas la moitié de la peine prononcée qui est prise en compte, mais la moitié de la peine réellement purgée, déduction faite des remises de peine déjà obtenues. On peut donc en théorie obtenir une libération conditionnelle en ayant subi à peine plus d'un tiers de sa peine.

---

1. Question n° 98004 d'Éric Ciotti au garde des Sceaux. Réponse publiée au *JO* le 26 avril 2011.

On pourrait objecter que les libérations conditionnelles ne concernent qu'une petite minorité des condamnés, environ 10 % d'entre eux, d'après les statistiques du ministère de la Justice. Mais ce chiffre est trompeur. Comme on l'a vu, l'immense majorité des individus qui entrent en prison a été condamnée à une courte peine, le plus souvent inférieure ou égale à un an. Or, ceux-là ne bénéficient jamais de libération conditionnelle, pour la simple raison qu'ils ne le souhaitent pas et ne le demandent pas. Et pour cause : ils n'en ont pas besoin, leur peine étant amputée de moitié par le simple jeu des remises de peine (six mois possibles la première année). Une libération conditionnelle pourrait au mieux leur permettre de passer quelques semaines de moins en prison, au prix d'un effort pour constituer un dossier, et surtout au risque de se voir imposer des obligations à la sortie de prison. Le jeu n'en vaut clairement pas la chandelle pour les condamnés à 3, 6 ou 12 mois de prison.

À l'inverse, parmi ceux qui sont condamnés à une longue peine, la libération conditionnelle est très courante, vraisemblablement supérieure à 50 % (le ministère de la Justice ne communique pas cette statistique). Quant aux condamnés à perpétuité, leur taux de libération conditionnelle approche les 100 %. Ce qui explique que la durée moyenne d'une condamnation à perpétuité est de vingt ans[1].

Au fond, l'impunité est devenue la règle dans le système pénal actuel. La masse des criminels et des délinquants sait qu'elle peut agir à répétition tant les autorités peinent à les sanctionner, soit que les citoyens renoncent

---

1. Abdelmalik Benaouda et Anne Kensey, « La récidive des condamnés à la perpétuité », *Cahiers d'études pénitentiaires et criminologiques*, Direction de l'administration pénitentiaire, août 2008, n° 24.

à dénoncer les atteintes dont ils sont victimes, soit que les forces de l'ordre ne parviennent à en retrouver l'auteur, soit que la Justice, privilégiant le doute, en fasse bénéficier ceux que la police a arrêtés. Même quand des peines réelles et non symboliques sont prononcées, subsistent des délais et des défauts d'exécution qui favorisent d'autres crimes et délits. Tant que la sanction ne sera pas plus effective, notre système judiciaire favorisera l'impunité et la criminalité.

Chapitre 2

Des criminels dangereux en liberté

L'histoire d'Albert Millet commence en 1954[1]. Cette année-là, il avait été condamné une première fois à perpétuité pour avoir tué sa compagne. Il avait alors déjà été condamné deux fois pour violence. Dès 1973, il bénéficiait d'une libération conditionnelle, qui lui a permis, quelques années plus tard, de récidiver sur la femme qui partageait sa vie. Malgré ce deuxième meurtre, la Justice lui accorde une nouvelle chance et lui permet de recouvrer la liberté en 2001. À peine trois mois après sa sortie, il commet une tentative de meurtre, pour laquelle il écope de sept années de prison. Lorsqu'il sort en 2007, il commet à nouveau l'irréparable en supprimant une troisième vie humaine. Ce sera la dernière, car son suicide mettra un terme définitif à son parcours criminel.

On a vu que, pour la masse des délinquants, l'impunité est la règle et la sanction l'exception. Mais qu'en est-il des délinquants particulièrement violents, des violeurs récidivistes et des criminels condamnés à la perpétuité ?

---

1. *Le Parisien*, 21 novembre 2007, « Albert Millet, meurtrier jusqu'à son dernier jour ».

Sont-ils mieux sanctionnés et contrôlés ? On pourrait imaginer que, pour ces profils dangereux, l'appareil judiciaire prend toutes les dispositions possibles, dans le respect des droits fondamentaux, pour limiter au maximum le risque de récidive.

La réalité pénale française, malheureusement, est tout autre. Les profils potentiellement dangereux sont rarement détectés, faute de formation criminologique des psychiatres et des magistrats. Même lorsqu'ils sont identifiés, ils tendent à bénéficier malgré tout de peines atténuées et de remises en liberté anticipée. Quant aux mesures de suivi à leur sortie de prison, elles échouent pour la plupart à réduire le risque de récidive – et dans certains cas, elles contribuent à l'augmenter.

Cette réalité-là, seules des affaires décrites en détail peuvent la montrer. Horriblement banal, le parcours judiciaire de deux criminels permet de pointer les failles actuelles du système. Il s'agit des itinéraires de Tony Meilhon, meurtrier présumé de Laëtitia Perrais à Pornic, et d'Alain Pénin, tueur présumé de Natacha Mougel dans le Nord.

Tony Meilhon, psychopathe multirécidiviste

Tony Meilhon a suscité une immense émotion dans l'opinion publique en février 2011. L'atrocité du meurtre de Laëtitia ne doit cependant pas masquer le fait que notre système pénal a fonctionné, dans cette affaire, comme à l'ordinaire, c'est-à-dire très mal. Mais pas inhabituellement mal.

On se souvient peut-être que les professionnels concernés (magistrats, personnels pénitentiaires, policiers, et gendarmes) ont mal réagi aux accusations qui leur ont été faites par le président Sarkozy : ils ne pouvaient pas comprendre que des responsables politiques viennent leur reprocher leurs pratiques courantes ! En ce sens, ils avaient raison de dire qu'il n'y a pas eu de « faute » individuelle. C'est le fonctionnement collectif qui est fautif, en ce qu'il a laissé Tony Meilhon croiser la route de Laëtitia Perrais.

Tony Meilhon est né en 1979. D'après son casier judiciaire, son parcours délinquant commence à seize ans, date de sa première condamnation à trois mois de prison avec sursis pour « vol aggravé et conduite sous l'empire d'un état alcoolique[1] ». En fait, il a probablement commencé plus jeune encore à commettre des délits. D'abord parce que la prison avec sursis, pour les mineurs, intervient généralement après de nombreux « rappels à l'ordre » judiciaires, qui ne sont pas inscrits au casier. Et ensuite parce qu'une telle condamnation intervient souvent plusieurs mois, voire des années après la commission des faits.

Quelques mois après cette « première » condamnation, son sursis est révoqué. On n'en connaît pas la raison, mais l'infraction doit avoir été suffisamment violente pour justifier son incarcération alors qu'il est encore mineur. Durant son court séjour en détention, à l'âge de dix-sept ans, il s'acharne sur un codétenu : « viol, violences aggravées et agression sexuelle ». Pour ce crime, la cour d'assises des mineurs le condamnera, quatre ans plus tard (!), à quatre ans de prison ferme.

À sa sortie de prison, toujours à dix-sept ans, il est condamné à quatre mois d'emprisonnement avec sursis

---

1. Toutes les informations sur le passé judiciaire de Tony Meilhon sont tirées des deux rapports d'inspection sur cette affaire : le rapport de l'Inspection générale des services judiciaires (n° 13, février 2011), et celui de l'Inspection des services pénitentiaires (10 février 2011).

pour « vols aggravés ». Un vol aggravé est, dans l'immense majorité des cas, un vol commis avec violence. Quelques mois plus tard, à l'âge de dix-huit ans, il est à nouveau condamné à six mois ferme pour « vol aggravé ». Bien qu'il soit déjà un multirécidiviste, la Justice ne le considère toujours pas comme tel et oublie de retenir la « récidive légale ». S'ensuit un séjour en prison, qui se soldera par une « évasion avec violence », pour laquelle il écopera plus tard de six mois ferme. Il a vingt ans.

À l'âge de vingt-deux ans, il est à nouveau condamné à six mois ferme pour « vols aggravés en récidive, violences aggravées en récidive et dégradations volontaires ». On ne connaît malheureusement pas le détail de ce qu'il a fait, ce qui est dommage tant la description précise des méfaits commis est souvent plus parlante que les froides qualifications du code pénal.

Lorsqu'il sort de prison, toujours à vingt-deux ans, après avoir purgé toutes ses peines d'emprisonnement, Tony Meilhon est un criminel complet. Il collectionne déjà sept condamnations, dont une prononcée par une cour d'assises. D'un point de vue criminologique, il se range dans la catégorie des criminels « polymorphes », puisqu'il commet aussi bien des vols et des dégradations que des violences et des agressions sexuelles. Sa violence n'a même pas été contenue par la détention, puisque deux de ses condamnations concernent des infractions commises en prison (viol et évasion). Quant à ses très courts séjours en liberté, ils se sont tous soldés par de nouvelles violences.

Personne n'a donc pu être surpris qu'il récidive, à peine trois mois après sa sortie de prison. Cette fois, le détail de son crime est connu et il est édifiant. Il est parti à l'assaut, dans la même journée, d'une poste, d'un bureau de tabac et d'une station-service. Il a blessé deux personnes, dont la gérante de la station-service qu'il n'a pas hésité à frapper à coups de crosse et qu'il a laissée à terre. Lors du procès, la malheureuse était encore traumatisée et sous médicaments.

Pour ce genre de crime, le code pénal prévoit vingt ans de réclusion criminelle. Or, il n'est condamné qu'à six ans. Difficile pourtant d'imaginer quelles circonstances atténuantes ont pu réduire autant sa peine. Son attitude lors du procès aux assises est sans ambiguïté : « Il avait un air narquois. Je pense qu'il savait qu'il ne risquait pas grand-chose. Il se jouait du système, il était blasé. Il regardait souvent sa montre. On voyait bien qu'il s'en foutait », a rapporté l'une de ses victimes[1]. Quant aux expertises psychiatriques, elles sont particulièrement pessimistes, Tony Meilhon ne prenant même pas la peine de feindre des regrets ou de la compassion pour ses victimes : une « personnalité psychopathique » est décelée par les psychiatres, ce qui est le plus sombre des diagnostics s'agissant d'un criminel et de ses chances de « réinsertion ».

De fait, le criminel va continuer ses violences, y compris en prison où il collectionne les sanctions disciplinaires pour violences sur codétenu. Il est également condamné pour outrage à un surveillant, puis pour menace envers un magistrat. Mais comme sa troisième année de détention s'avère plus « calme » que les deux premières, l'administration décide de lui accorder une permission de sortie, pour préparer une libération conditionnelle prévue un an plus tard, à la moitié de sa peine.

---

1. *France-Soir*, 25 janvier 2011, « Disparition de Pornic : Une victime de Tony Meilhon parle ».

Mais Tony Meilhon, comme on pouvait s'y attendre, profite de cette permission pour s'évader. Pendant la courte période de liberté qu'il s'est ainsi accordée, il ne chôme pas : il sera condamné à deux reprises pour « refus d'obtempérer, conduite sans permis, et violences légères ». Réincarcéré, il multiplie à nouveau les incidents disciplinaires et commet un outrage à magistrat, en récidive, pour lequel il écope de six mois ferme et deux ans de mise à l'épreuve.

Lorsqu'il sort finalement de prison en 2010, six ans après son triple braquage, Tony Meilhon cumule tous les marqueurs criminologiques pointant un risque de récidive violente très élevé. Et l'on peut légitimement se demander comment un tel criminel a pu se retrouver en liberté, à l'âge de trente et un ans, alors qu'il avait accumulé treize condamnations, dont deux en cour d'assises. Sa propre sœur savait qu'il n'aurait pas dû recouvrer la liberté si vite : elle avait alerté la Justice à de nombreuses reprises, lorsqu'il était encore incarcéré « pour leur dire qu'il ne fallait pas qu'il sorte et qu'il était dangereux[1] ».

Les autorités le laissent agir

Un point, en tout état de cause, devrait faire l'objet d'un consensus : lorsque l'on remet en liberté un criminel comme Tony Meilhon, il est impératif de prévoir une surveillance judiciaire extrêmement serrée et d'assurer une tolérance zéro à la moindre violence nouvelle. Mais ce n'est pas ce qui s'est produit. Les suites de sa libération sont même objectivement incroyables.

---

1. *Libération*, 3 février 2011, « Laëtitia : la famille de Tony Meilhon avait prévenu de sa dangerosité ».

Le suivi judiciaire, tout d'abord, a été inexistant. Théoriquement, Tony Meilhon était sous le coup d'une « mise à l'épreuve ». Mais cette mise à l'épreuve n'a jamais été effective, car le service d'insertion et de probation n'a pas jugé le dossier « prioritaire ». Y avait-il des centaines de criminels plus dangereux que Tony Meilhon à gérer ? Non. Les agents d'insertion ont négligé son dossier parce qu'ils n'ont regardé que sa dernière infraction, celle qui a conduit à sa « mise à l'épreuve » (l'outrage à magistrat), alors qu'il aurait fallu examiner le profil complet de l'intéressé. Le pire, en l'occurrence, est que le juge d'application des peines, qui avait compris la dangerosité de l'individu, avait bien spécifié que le dossier était prioritaire, mais l'information s'est perdue entre le service d'insertion, « milieu fermé », et le service d'insertion, « milieu ouvert », qui a récupéré le dossier à la libération de Tony Meilhon.

Du reste, cette forme de « suivi » n'aurait probablement fait aucune différence. Car un rendez-vous mensuel avec un éducateur ne peut pas transformer une personnalité de ce type. À l'inverse, une véritable « probation », avec surveillance intensive, en coordination avec les forces de l'ordre, et des visites à domicile impromptues, aurait peut-être pu changer le cours des choses. De fait, au cours des douze mois qui ont précédé sa rencontre avec Laëtitia, le nombre de plaintes déposées contre Tony Meilhon est impressionnant[1].

Entre mai et août 2010, le frère de Tony Meilhon et son épouse déposent trois plaintes contre lui, pour

---

1. Les éléments concernant les plaintes déposées contre Tony Meilhon sont issus des rapports d'inspection : le rapport de l'Inspection générale de la police nationale (11 février 2011), et celui de l'Inspection générale de la gendarmerie nationale (30 janvier 2011).

menaces de mort et dégradation de leur domicile. En octobre, une amie de l'ex-compagne de Tony Meilhon dépose deux plaintes contre lui, l'accusant d'abord d'avoir brûlé sa voiture, puis d'avoir crevé un de ses pneus. Entre-temps, Tony Meilhon a cessé de déclarer son adresse aux autorités, alors qu'il en avait l'obligation depuis son inscription au FIJAIS (Fichier judiciaire des auteurs d'infraction sexuelle). Une alerte est lancée en septembre et transmise au commissariat de Nantes, mais les recherches sont vite abandonnées. Pourtant, après la disparition de Laëtitia, il faudra moins de vingt-quatre heures pour le localiser.

Parallèlement, de nouvelles plaintes sont déposées contre lui, mais cette fois-ci à la gendarmerie ; les policiers n'en sont pas informés, les fichiers des policiers et des gendarmes étant encore séparés. C'est le demi-frère de Tony Meilhon qui porte plainte pour dégradation dans son jardin et cruauté envers ses animaux. Puis c'est la femme de ce demi-frère qui porte plainte à son tour pour d'autres dégradations volontaires. La gendarmerie ouvre finalement une enquête, mais, faute d'avoir pu localiser le suspect, transmet le dossier à la police nantaise. Nous sommes le 6 décembre, un mois et demi avant le meurtre de Laëtitia.

Le 10 décembre, les gendarmes sont à deux doigts d'arrêter Tony Meilhon pour un vol de voiture. Ils trouvent un véhicule volé à côté d'un domicile qui n'est autre que le sien. Mais cela, ils ne le sauront qu'une fois de retour à la gendarmerie, à cause d'une panne informatique qui les empêche de faire le rapprochement sur place. Cet incident est d'autant plus regrettable qu'ils suspectaient alors Tony Meilhon d'avoir participé à des vols à main armée récents. Les gendarmes ont eu beau revenir sur leurs pas pour l'interpeller, Meilhon en avait profité pour disparaître. Et, de nouveau, il ne fait pas l'objet de recherches actives.

Et ce n'est pas fini. Le 26 décembre, la compagne de Tony Meilhon porte plainte contre lui pour menaces de mort au commissariat de Nantes, et confie à cette occasion qu'il lui a imposé des rapports sexuels non consentis. Mais la brigadière qui enregistre la plainte ne prendra pas la peine de la transmettre au parquet, jugeant qu'elle contient des « zones d'ombre ».

Trois semaines plus tard, le 18 janvier, Laëtitia disparaît. Le 20 janvier, le GIGN arrête Tony Meilhon. Le 1er février, puis le 9 avril, les autorités retrouvent le corps démembré de la jeune fille dans deux étangs différents. On apprendra qu'elle avait d'abord été renversée par une voiture, puis avait été droguée, étranglée, poignardée à plusieurs reprises, avant que son corps ne soit découpé avec une scie à métaux.

Après l'arrestation, l'entourage de Tony Meilhon s'est exprimé publiquement. D'après son ex-beau-frère : « La Justice a été prévenue des dizaines de fois qu'il allait tuer quelqu'un un jour[1]. » Un autre proche a déclaré que Tony Meilhon était « connu de toutes les gendarmeries du secteur et de la police, et archiconnu au palais de justice de Nantes. Il a une quinzaine de condamnations, mais y est passé au moins cinquante fois : souvent, il a pu échapper aux condamnations, car il manquait des preuves formelles ». Le même s'est dit « révolté » par l'attitude de la Justice, car « personne ne peut dire qu'il est surpris de ce qu'il a fait[2] ».

---

1. *Sud-Ouest*, 10 février 2011, « Affaire Laëtitia : "La justice a été prévenue des dizaines de fois qu'il allait tuer" ».
2. *20 minutes*, 14 janvier 2011, « Disparue de Pornic : Tony Meilhon, ce "psychopathe parfaitement incontrôlable" ».

Pourtant, pas un seul magistrat ou syndicat de magistrats n'a proposé de lancer une réflexion sur la prise en charge des criminels dangereux. Au contraire, les magistrats se sont mis en grève, pour protester contre les propos du chef de l'État (qui les avait mis en cause) et pour dénoncer le manque de moyens de la Justice. Et c'est en cela que l'affaire Tony Meilhon est particulièrement révélatrice du fonctionnement habituel de la Justice. Tout, depuis les peines prononcées jusqu'au manque de suivi à la sortie de prison, est pratique courante. De ce fait, il n'y avait pas de sens à dire qu'une « faute » avait été commise.

De la même façon, les policiers et les gendarmes n'ont pas réagi de manière inhabituelle au regard de leurs pratiques usuelles. Les rapports d'inspection de la police et de la gendarmerie précisent même que les inspecteurs n'ont relevé « ni manquement particulier », ni « carence conséquente en termes d'investigations » !

Au total, la prise en charge judiciaire de Tony Meilhon est à la fois désastreuse et affreusement banale. En cela, cette affaire jette une lumière crue sur la façon dont notre système pénal traite les criminels violents et dangereux. Elle est aussi révélatrice des forces de résistance au changement. Quelques jours après le drame, le gouvernement a annoncé la création d'un « office de suivi des délinquants sexuels et violents », dont l'objectif affiché était de « décloisonner les actions des représentants de l'autorité judiciaire, des forces de sécurité, de l'administration pénitentiaire et des services de santé ». Il devait « jouer un rôle tout à la fois de repérage, d'alerte et de prévention et, à terme, conduire un véritable travail d'analyse criminologique et comportementale, voire de profilage des délinquants sexuels ou violents les plus dangereux ». Une telle mesure répondait à une faille colossale de notre appareil pénal. Mais elle ne sera jamais mise en œuvre. Le principal syndicat de magistrats a immédiatement dénoncé une « instance stérile, inefficace et coûteuse ». Les services du ministère de la Justice n'ont jamais été convaincus par le projet, qui a fini par être enterré. Aucune leçon n'aura finalement été tirée du drame de Pornic.

Il faudra deux nouvelles victimes, deux femmes gendarmes tuées en juin 2012 par un multirécidiviste, pour que le nouveau président de la République, François Hollande, reprenne à son compte ce projet de repérage des criminels dangereux. Sans davantage de succès. Le principal syndicat de magistrats a immédiatement exprimé sa « déception » de voir que le nouveau président semblait reprendre la mauvaise habitude du « un fait divers, une loi ».

ALAIN PÉNIN, PRÉDATEUR SEXUEL

Le meurtre de Natacha Mougel n'a pas non plus donné lieu à la moindre prise de conscience des autorités. Le corps de cette femme de vingt-neuf ans, partie faire son jogging, avait été trouvé près de Marcq-en-Barœul, le 8 septembre 2010.

Le parcours judiciaire de son meurtrier présumé, Alain Pénin, est moins riche que celui de Tony Meilhon, mais tout aussi révélateur de la manière dont la Justice traite ce genre de profils. En 2006, Alain Pénin a été condamné à dix ans de prison pour un viol commis en 2004. Sa victime, Sylvia, a raconté les faits avec précision : « C'était le jour de l'Ascension en 2004, ma mère, qui avait l'habitude de courir au parc, m'a proposé de l'accompagner ce jour-là. Alors que j'avais ralenti ma course, je remarque dans un virage un homme gros et imposant accoudé à la rambarde et vêtu étrangement de vêtements d'hiver alors qu'il faisait très chaud cet après-midi-là. Mon intuition me disait de faire demi-tour, ce que malheureusement je n'ai pas fait. Arrivée à sa hauteur, il s'est jeté sur moi et a tenté de m'étrangler. Il m'a soulevée et renversée au-dessus de la balustrade pour me jeter en contrebas de la colline. J'ai fait alors une chute de plusieurs mètres, l'équivalent de deux étages d'un immeuble. C'est là qu'il m'a violée sous la contrainte d'un couteau. Il avait également un tournevis en sa possession[1]. »

Pour Sylvia, tout était prémédité : « Il n'avait pas choisi de se positionner dans ce virage par hasard, il avait un champ de vision parfait, il voyait les personnes qui arrivaient et qui repartaient du chemin. Il avait attendu que ma mère et son compagnon soient suffisamment éloignés pour se jeter sur moi. Je savais que si je protestais ou si je criais, il me tuerait, je l'ai senti tout de suite. La seule solution pour survivre était donc de l'amadouer pour le déstabiliser dans ses plans et gagner ainsi du temps afin que ma mère ou quelqu'un d'autre puisse avoir la possibilité de me retrouver. D'une certaine façon, j'ai négocié ma vie en le manipulant psychologiquement. Finalement, je m'en suis sortie, car j'ai établi une forme de dialogue avec lui pendant deux heures en lui parlant (entre deux "actes") et en le questionnant sur sa vie. Je lui ai demandé d'aller nettoyer mes brûlures, conséquences de ma chute. C'est là que nous avons croisé ma mère et des policiers, qui avaient été prévenus de ma disparition. »

---

[1]. Extrait d'un témoignage disponible en intégralité sur le site Internet de l'Institut pour la Justice.

Pour avoir vu son vrai visage pendant plusieurs heures, Sylvia a toujours été convaincue qu'Alain Pénin était un prédateur sexuel particulièrement dangereux. Elle l'a clamé aux juges. Selon elle, il avait d'ailleurs prévu de la tuer, et elle n'a dû sa survie qu'à sa conduite « amicale » envers lui. L'analyse criminologique objective confirme que la Justice a affaire à un individu dont le risque de récidive est important. Il avait un casier judiciaire contenant déjà deux condamnations, l'une pour port d'arme illégal (arme à feu), l'autre pour infraction à la législation des stupéfiants. Plusieurs autres caractéristiques sont associées statistiquement à un risque de récidive accru : il consommait du cannabis, et vraisemblablement de l'héroïne. Et il n'avait pas respecté la mesure d'obligation de soins qui lui avait été imposée par la Justice.

D'autres facteurs sont associés directement à un risque de récidive sexuelle. Il était incapable d'avoir des rapports sexuels normaux (il ne pouvait obtenir d'érections avec des partenaires consentantes), et a commis son viol selon un mode opératoire de type « prédateur » : sur une victime qu'il ne connaît pas et dans un lieu public.

Au total, d'après les analyses statistiques réalisées après coup par un psychiatre formé aux évaluations criminologiques, Alain Pénin présentait, après le viol de Sylvia, un risque de récidive « moyen-élevé ». Il avait les mêmes caractéristiques que des populations ayant récidivé à plus de 50 %. Mais cela, la cour d'assises n'en a pas été informée, car le psychiatre qui a réalisé l'expertise pour le procès n'était pas formé à ce type d'évaluation scientifique. Il s'est simplement contenté de dire que le risque de récidive était « existant », ce qui n'est pas vraiment une aide à la décision.

Alain Pénin a donc été condamné à dix ans pour un crime pour lequel il en encourait vingt. L'avocat de Sylvia a expliqué à sa cliente qu'elle pouvait s'estimer heureuse d'une telle condamnation, car celle-ci était le maximum envisageable par la Justice dans ce genre de cas. Cette peine a été assortie d'un « suivi socio-judiciaire » d'une durée de trois ans seulement, ce qui est bien court pour un profil de violeur prédateur, surtout si celui-ci est libéré des années avant la fin de sa peine.

Sorti de prison sans précaution

Au bout d'un peu plus de quatre ans de détention, la Justice lui accorde une libération conditionnelle. Les psychiatres étaient-ils unanimes à considérer qu'il pouvait être libéré ? Non : la première expertise psychiatrique réalisée lui est défavorable. L'expert relève de nombreux facteurs de pronostic pessimiste chez M. Pénin. Il affirme que son viol s'inscrit dans « une logique criminelle froide et organisée » et qu'Alain Pénin est un « sujet manipulateur et indifférent à la souffrance d'autrui ». Mais cette expertise ne le maintiendra pourtant pas en prison, il suffira d'une deuxième, plus optimiste, pour emporter l'adhésion des magistrats.

Cette deuxième expertise est pourtant en contradiction à peu près totale avec la précédente. L'expert perçoit des « capacités d'empathie » chez un Alain Pénin qui « regrette son geste » et en « comprend difficilement les motivations ». Le psychiatre préconise un suivi psychologique pour « discuter de cette situation qui semble avoir été traumatisante pour lui » (il veut parler des deux heures de viol, préméditées, qu'il a fait subir à Sylvia !). Le risque de récidive est jugé « limité ».

Cette expertise est l'exemple type de ce qu'il ne faut pas faire – et de ce qui se produit pourtant dans la majorité des cas. Plutôt que de se fonder sur des éléments objectifs (mode opératoire, antécédents judiciaires, analyse toxicologique, etc.), l'expert se fie essentiellement à la parole du condamné, pour le moins sujette à caution, sans la moindre grille de lecture criminologique.

Quoi qu'il en soit, le tribunal d'application des peines, avec ces deux expertises contradictoires entre les mains, décide d'accorder la libération conditionnelle avant la moitié de la peine. Cela n'a rien d'exceptionnel : le code de procédure pénale prévoit que la libération conditionnelle doit être la règle, et non pas l'exception. Par conséquent, dès l'instant où une expertise paraît favorable, les juges tendent à accorder une sortie anticipée. Ils le font avec une conscience d'autant plus tranquille qu'il n'existait, jusqu'à récemment, aucune mesure de suivi après l'exécution de la peine. Le seul moyen d'éviter une « sortie sèche », donc sans surveillance, était donc de le libérer bien avant la fin de la peine. C'était un système particulièrement pervers : plus un individu était considéré comme dangereux, plus la Justice était incitée à le libérer avant la fin de sa peine. Raison pour laquelle différents types de suivi après la peine ont été mis en œuvre par les lois successives de 1998, 2005, 2008 et 2010.

Dans le cas d'Alain Pénin, la libération conditionnelle était d'autant plus problématique qu'elle ne s'accompagnait pas de mesures susceptibles de réduire son risque de récidive. Son avocat, maître Hammouch, a particulièrement bien résumé la situation : « Le risque zéro n'existe pas et il faut en avoir conscience. Mais il existe des moyens de s'en approcher. Quand on est confronté à un homme qui a déjà violé, la Justice aurait pu prendre d'autres précautions pour le protéger contre lui-même et peut-être éviter ce drame. Alain Pénin aurait pu bénéficier de la mise en place d'un bracelet électronique en tant que délinquant sexuel. Mais le juge de l'application des peines ne l'a pas décidé. Alain Pénin ne bénéficiait pas non plus de traitements médicamenteux pour prévenir le retour de ses pulsions[1]. »

De quel « bracelet électronique » parle-t-il, et en quoi ce type de surveillance aurait-il pu être utile ? Il s'agit d'une technologie qui permet, grâce à un repérage GPS, de savoir où se trouve la personne qui la porte, à chaque instant et en tout lieu. Cette mesure peut être dissuasive et éviter des cas de récidive, car celui qui en est l'objet est quasiment certain qu'il se fera arrêter s'il commet un nouveau crime, tous ses mouvements ayant été enregistrés par ordinateur. Le bracelet « GPS » permet également de surveiller des activités potentiellement anormales : dans le cas d'Alain Pénin, la mesure aurait permis de voir qu'il faisait de grands trajets en voiture la nuit, vraisemblablement en repérage de nouvelles victimes.

Pourtant, le bracelet électronique GPS est très rarement utilisé par les magistrats, et en cela le cas Alain Pénin ne se distingue en rien de l'immense majorité des affaires traitées par la Justice. D'après un décompte récent du ministère de la Justice, une cinquantaine de bracelets électroniques mobiles seulement étaient en circulation, alors que plusieurs centaines d'agresseurs sexuels condamnés à dix ans et plus sont libérés chaque année. La responsabilité, ici, est largement

---

[1]. *Le Parisien*, 19 septembre 2010, « Me Abderrahmane Hammouch : "La justice aurait pu prendre plus de précautions" ».

partagée entre le législateur (les conditions de placement sous bracelet électronique sont trop restrictives), et les magistrats, peu enclins à prononcer ce type de mesures.

Que penser, par ailleurs, des « traitements médicamenteux » dont parle l'avocat d'Alain Pénin ? Il s'agit de ce qu'on appelle couramment la « castration chimique », bien qu'elle ne soit en rien une « castration », puisqu'il s'agit de médicaments dont les effets sont réversibles dès l'arrêt du traitement. Dans le cas d'Alain Pénin, un traitement de ce type, dit « freinateur de la libido », aurait pu avoir un impact sur l'intensité de ses désirs et pulsions sexuels. Mais le médecin qui l'a suivi a refusé de prescrire ce traitement, en violation flagrante des recommandations de la Haute Autorité de santé. Là encore, ce type de manquement est très courant en France. Et pour cause. D'après une enquête réalisée par les docteurs Alexandre Baratta et Olivier Halleguen auprès de soixante-sept psychiatres susceptibles de suivre des délinquants sexuels, 40 % d'entre eux étaient incapables de nommer une des molécules utilisées pour ces « traitements freinateurs de libido », 76 % d'entre eux ne connaissaient pas les recommandations de la Haute Autorité de santé et, de toute façon, 62 % ne souhaitaient pas imposer ce traitement, pour des raisons de principe[1].

On peut se demander en quoi le « suivi » d'Alain Pénin a pu consister, dès lors que le bracelet électronique et les traitements antilibido étaient écartés. En fait, Alain

---

1. Alexandre Morali, Alexandre Baratta, Olivier Halleguen et Henri Lefèvre, « Étude sur la prise en charge des auteurs de violences sexuelles auprès d'une cohorte de psychiatres hospitaliers en France en 2011 », *Annales médico-psychologiques*, 2011, 169 (9).

Pénin, comme l'immense majorité des violeurs du même type, avait pour principale obligation de rencontrer régulièrement un professionnel de la santé mentale, simplement pour « dialoguer ». Ce qui n'a pas d'efficacité sur la récidive sexuelle, comme on le verra au chapitre suivant.

Au cours de ces rares séances de « dialogue », le comportement d'Alain Pénin avait inquiété les professionnels qui le suivaient. Le médecin coordonnateur écrit en effet, le 5 novembre 2009, que l'homme « a un discours de façade » et reste dans une posture de « pervers ». Mais quinze jours plus tard, lorsque la Justice lui demande de préciser sa pensée, il change radicalement de posture, de peur « d'accabler » le pauvre Alain Pénin, et évoque « un risque de récidive faible » !

En fait, comme l'a résumé l'avocat de la famille de Natacha Mougel : « Le médecin coordonnateur est passé à côté de nombreuses alertes dont il aurait dû tenir compte. Les clignotants étaient au rouge ! Et la révocation de la libération conditionnelle aurait dû être envisagée[1]. » Il faut dire qu'Alain Pénin avait, dans le même temps, passé des petites annonces sur des sites de rencontres à caractère sexuel, sans que la Justice s'en inquiète.

Le 5 septembre 2010, Natacha Mougel part faire son jogging, comme tous les matins. Son compagnon, Jean-Sébastien, ne la verra jamais revenir. Elle a été violée, puis tuée de cent coups de tournevis. Finalement, arrêté et placé en garde à vue, Alain Pénin a conduit les policiers au corps de Natacha. Le 7 septembre, alors que le corps de Natacha Mougel n'avait pas encore été

---

1. *Le Parisien*, 22 novembre 2010, « Polémique sur les expertises du tueur de la joggeuse ».

retrouvé, un conseiller d'insertion et de probation envoyait son rapport d'étape sur Alain Pénin : « Tout va bien, il suit parfaitement ses obligations », expliquait-il en substance.

À ce jour, aucune conséquence n'a été tirée de ce drame. Christophe Régnard, le président du principal syndicat de magistrats, a d'ailleurs immédiatement fermé la porte à toute réforme. Pour lui, « il n'y a pas eu de dysfonctionnement de la justice dans ce dossier. Cette affaire montre que la limite de l'action du juge, c'est le libre arbitre de l'individu. Et le monde politique doit sortir de cette spirale démagogique qui sous-entend que la loi peut tout[1]. » On a peine à croire qu'il parle ici de l'affaire Alain Pénin.

Un manque de précaution généralisé

Que nous enseignent ces deux affaires sur notre système pénal ? D'abord que les individus dangereux ne sont pas suffisamment repérés comme tels, faute de formation criminologique des experts et des magistrats.

Le cas de Matthieu, tueur présumé de la petite Agnès au Chambon-sur-Lignon à l'automne 2011, en est une illustration manifeste. Un an avant la mort d'Agnès, Matthieu s'était rendu coupable, à l'âge de seize ans, d'un viol au mode opératoire terrifiant. Après avoir attiré dans la forêt sa victime, une jeune fille de quinze ans, il l'avait ligotée, bâillonnée, puis violée avec des objets et sous la menace d'une arme. Le mode opératoire révélait un profil de prédateur en puissance, à haut risque de

---

1. *Le Point*, 8 septembre 2010, « Christophe Régnard : "Le risque zéro de récidive n'existe pas" ».

récidive. Pourtant, le psychiatre qui l'a examiné a considéré qu'il n'était pas dangereux. Et la Justice l'a remis en liberté, quatre mois seulement après ce crime, ce qui lui a permis d'intégrer l'internat mixte dans lequel il a rencontré Agnès.

Lorsque la dangerosité du criminel est repérée, le doute profite à ce dernier plutôt qu'à la victime ou à la société. Dans le cas d'Alain Pénin, il a suffi d'une expertise positive, même contradictoire avec la première, pour que la libération anticipée soit accordée. Le cas de Philippe Tolila est encore plus caractéristique : il avait été condamné en 1990 à perpétuité pour onze viols commis sous la menace d'une arme. Puis, de 2001 à 2010, toutes les expertises psychiatriques lui ont été défavorables. Mais là encore, il a suffi d'une seule expertise optimiste, en 2011, pour qu'il soit remis en liberté, pour finalement être réincarcéré quatre mois plus tard pour viol.

Et même lorsque la dangerosité sociale d'un criminel ne fait plus le moindre doute, les peines sont rarement adaptées à cette dangerosité. Tony Meilhon, lors de son deuxième passage en cour d'assises, n'a été condamné qu'à six ans de prison (pour vingt ans encourus). Un exemple similaire réside dans le cas de Karim Boudouda. Sa mort avait déclenché les émeutes de Grenoble en 2010 (et le discours du même nom). Il venait de braquer le casino d'Uriage, et avait tiré sur les policiers qui le poursuivaient. Mais sa « carrière » avait commencé beaucoup plus tôt, dès quatorze ans, lorsqu'il avait braqué un coiffeur avec un pistolet à grenaille et qu'il n'avait pas hésité à faire usage de son arme. La victime en avait perdu un œil. Karim Boudouda accumule ensuite les condamnations (dix au total), notamment pour une série de braquages violents, ce qui lui a valu de passer quatre fois devant des cours d'assises. Au cours de la même année, il a été condamné une fois à sept ans de prison, et la deuxième fois à quatre ans. Mais, en droit français, les peines ne s'additionnent pas, elle se « confondent », ce qui lui a permis d'être à nouveau libre, à vingt-sept ans. Et de partir à l'assaut du casino d'Uriage.

Un autre élément frappant, si l'on fait abstraction des peines prononcées, est le manque d'attention que les autorités prêtent aux criminels dangereux lorsqu'ils sont en liberté. Il n'existe aucun « renseignement criminel », concept cher au criminologue Xavier Raufer, pour surveiller, voire infiltrer les malfaiteurs récidivistes qui agissent en bande, comme ce Karim Boudouda. Quant à des profils solitaires comme Tony Meilhon, ils peuvent rassembler près de dix plaintes contre eux sans réaction particulière de la police ou de la gendarmerie. Tony Meilhon ne donnait plus son adresse, alors que son inscription au fichier des délinquants sexuels l'y obligeait. Tant pis, personne n'a vraiment pris la peine de le retrouver. Et lorsqu'il sort de prison, il n'est pas jugé « prioritaire » pour être suivi par les services d'insertion... Ce qui n'est pas sans rappeler le dramatique viol du petit Enis par le pédophile Francis Evrard, un prédateur multi-multirécidiviste qui avait pu sortir de prison sans la moindre surveillance judiciaire, simplement parce que c'était l'été et que personne ne s'était occupé de son cas.

Plus récemment, en novembre 2012, c'est la jeune Chloé qui a fait les frais de ce manque élémentaire de précaution. Celui qui a reconnu l'avoir enlevée, violée et séquestrée dans le coffre de sa voiture pendant une semaine avait déjà treize condamnations à son actif. En 2007, il avait été condamné pour une dizaine d'agressions sexuelles qui avaient créé la psychose dans le Gard et le Vaucluse. Pourtant, à sa sortie de prison, quelques semaines avant l'enlèvement de Chloé, il a pu enfreindre son contrôle judiciaire en toute impunité. Pis : du fait d'un oubli de l'administration pénitentiaire, un fichier indiquait qu'il était encore en prison, ce qui a empêché les forces de l'ordre de faire le rapprochement avec cet individu lorsque l'enlèvement de Chloé leur a été signalé.

Enfin, les mesures de surveillance et de suivi prévues à l'issue des peines de prison sont souvent d'une durée infime et d'une légèreté surprenante. Aucun bracelet électronique GPS pour un Tony Meilhon aux treize condamnations, ou un Alain Pénin au profil de violeur en série. Aucune surveillance intensive avec visite à domicile impromptue. Pas de traitement antilibido pour Alain Pénin (ni pour Philippe Tolila, d'ailleurs, à sa sortie d'une condamnation à perpétuité).

En un mot, rien n'est fait pour protéger sérieusement la collectivité des criminels les plus inquiétants.

Chapitre 3

Des victimes laissées pour compte

Un jour d'octobre 2010, j'ai reçu par email le message suivant :

« Bonjour,
Le 30 septembre 2010, un homme, D. M., a été condamné par la 20ᵉ chambre correctionnelle de Nanterre à quatre mois d'emprisonnement avec sursis pour une agression sexuelle commise en novembre 2008 sur notre fille de vingt-trois ans suivant un mode opératoire de type « prédateur ».

Cet homme avait été condamné en mars 2009 à un an de prison ferme pour des agressions similaires commises sur de nombreuses victimes. Il avait admis opérer depuis plusieurs années.

Mais il se trouve que cet homme habite le même immeuble que notre fille, à Asnières. Par hasard, quelques mois après son agression, elle est tombée nez à nez avec lui. Sans être sûre de rien, car elle n'avait vu son agresseur que quelques secondes de profil, à la lueur d'un réverbère, elle en a été très troublée. Elle a ensuite croisé son agresseur plusieurs fois. Sa démarche, ses épaules légèrement voûtées, son physique reconnaissable et son attitude devenue nerveuse ne laissaient plus de place au doute.

Dans un premier temps, les policiers ont refusé de prendre sa déposition. On lui demandait de trouver elle-même le nom de l'agresseur supposé. « Ils ne pouvaient pas interroger tout l'immeuble et on ne pouvait pas accuser une personne d'agression sexuelle comme ça... à la légère. » Après plusieurs épisodes, elle a enfin été entendue par un policier un peu plus disponible qui a pris sa déposition en considération et l'interpellation a pu donner lieu à ce jugement du 30 septembre dernier en comparution immédiate.

Nous acceptons la peine avec sursis prononcée par le tribunal. Notre révolte vient du fait que la mesure d'éloignement demandée n'a pas été retenue par les magistrats. Notre fille est donc condamnée par la Justice à croiser son agresseur sur son palier au hasard de ses allées et venues. J'ai été évacué de la salle du tribunal lorsque j'ai demandé à la présidente si elle aurait pris la même décision pour sa propre fille.

Désormais, notre fille doit vivre avec cette angoisse quotidienne. Les juges n'ont pas compris le drame que pouvait vivre une victime d'habiter au 2e étage pendant que son agresseur vivait tranquillement au 3e étage.

Nous sommes désemparés. Peut-être accepterez-vous de nous aider et de nous conseiller pour que cette situation inacceptable soit connue et peut-être un jour évitée. »

Cet appel désespéré a été envoyé le samedi 2 octobre, soit trois jours seulement après le jugement. Le délai dont dispose le parquet pour faire appel de cette décision et obtenir un nouveau procès est de dix jours. Il fallait donc agir vite.

L'affaire est particulièrement choquante : sous prétexte de ne pas nuire à la réinsertion de l'agresseur, les trois magistrats du tribunal de Nanterre ont refusé de prononcer une mesure l'obligeant à changer de domicile. Une manière de dire que c'est à la victime de déménager, si elle n'est pas satisfaite. Mais pourquoi le père et la fille victime n'ont-ils pas fait appel de cette décision ? Tout simplement parce qu'ils n'en ont pas le droit. Seuls le condamné et le parquet peuvent faire appel. Les victimes, elles, en sont réduites à espérer que le parquet, qui représente la société, prenne ses responsabilités. Or le parquet n'avait, en l'occurrence, nullement l'intention de faire appel.

La famille de la jeune fille agressée l'a compris quelques jours plus tard, par le récit d'un journaliste d'Europe 1. Celui-ci avait contacté le parquet de Nanterre pour connaître ses intentions, et s'était entendu répondre qu'il n'y aurait pas d'appel sur cette affaire. Mais une demi-heure après, il avait reçu un coup de téléphone du magistrat du parquet lui indiquant qu'il avait finalement décidé de faire appel. Un revirement qui fait irrésistiblement penser à la fameuse déclaration du sénateur américain Everett Dirksen : « When I feel the heat, I see the light » (« lorsque ça chauffe – médiatiquement en l'occurrence – tout s'éclaire »).

Quatre mois plus tard s'est tenu le procès en appel. Un délai record, obtenu grâce à l'intervention du cabinet du ministère de la Justice, le délai habituel étant d'au moins un an. Cette fois, comme il se doit, la Justice a contraint l'agresseur sexuel à quitter le territoire d'Asnières, pour le plus grand soulagement de la victime et de ses parents, qui pouvaient respirer à nouveau.

L'aspect « spectaculaire » de cette affaire lui a valu d'être relayée par les médias. Qui admettrait de vivre sur le même palier que son agresseur ? Mais elle est surtout représentative d'une réalité que la plupart des gens ignorent : les victimes doivent se battre pour obtenir justice. Alors qu'elles sont déjà fragilisées psychologiquement, elles doivent mener seules un combat auquel personne ne les a préparées. Et comme si cela ne suffisait pas, elles doivent lutter en infériorité juridique, car leurs droits sont systématiquement inférieurs à ceux du mis en cause.

Bien sûr, dans de nombreux cas la victime sort de l'épreuve judiciaire avec la satisfaction d'avoir été traitée avec équité et considération. Mais ce n'est pas la règle. Dans les affaires les plus graves – viols, meurtres –, c'est même l'exception. Pour le montrer, je mentionnerai uniquement des affaires dans lesquelles j'ai été personnellement en contact avec les victimes ou leurs proches, à l'Institut pour la Justice, minuscule partie de l'iceberg. La majorité des victimes vit dans le silence et l'oubli, ce qui rend d'autant plus impérieuse la description détaillée de l'épreuve que représente pour une victime la quête de justice.

Seule face au choc du crime

Pour la victime ou sa famille, le crime est un choc dont elle ne peut se relever subitement. L'émotion est terrible lorsqu'un gendarme vient au petit matin vous annoncer le décès de votre enfant. Sylvia, après le viol commis par Alain Pénin et la chute qu'elle a subie, a dû être hospitalisée plusieurs jours.

Toutes les violences, y compris de moindre importance, provoquent un traumatisme : un braquage, un viol, une agression dite « gratuite ». Même un « simple » cambriolage peut, pour un temps, provoquer une grande anxiété et le sentiment d'avoir été atteint dans son intimité.

Malgré le choc, la victime doit se débrouiller seule. Personne ne lui explique ses droits ou ne lui présente le fonctionnement de la Justice. Certes, il existe depuis peu des « bureaux d'aide aux victimes » dans une cinquantaine de tribunaux, qui font un travail d'information méritoire. Mais la victime ignore souvent leur existence. Et surtout, rien ne remplace l'assistance effective d'un avocat, rompu aux arcanes de la machine judiciaire.

Mais le premier réflexe de la victime n'est jamais de consulter un avocat. « Pourquoi aurais-je besoin d'un avocat, ce n'est pas moi qui ai commis le crime », se dit-elle avec un certain bon sens, sans mesurer – et comment le pourrait-elle ? – l'importance capitale, dans notre système judiciaire, de disposer d'un avocat pugnace à ses côtés. De même que l'avocat de la défense a un rôle fondamental pour chercher et présenter au juge de manière systématique tout ce qui pourra être favorable à son client – en particulier des éléments qui pourraient l'innocenter s'il n'a pas commis le crime –, de même l'avocat de la victime est bien souvent indispensable pour aiguillonner le juge dans son enquête, par exemple sur des éléments à charge dont il n'a pas mesuré l'importance.

L'exemple de Stéphan Pascau, dont la mère a été tuée par son compagnon, est significatif. Sans l'activisme dont il a fait preuve, avec son avocat, le coupable aurait été reconnu irresponsable pénalement (à tort) et aurait bénéficié d'un non-lieu. Il raconte : « Pendant trois ans, j'ai mené la quasi-intégralité de l'instruction à charge, constitué dossiers sur dossiers (contre-enquêtes, demandes d'actes, contre-expertises), fait annuler trois fois le non-lieu demandé en cours d'instruction pour aboutir finalement à l'ouverture d'un procès aux assises et la condamnation du coupable[1]. »

Rien, ou presque, n'est prévu pour informer la victime de ses droits. Le contraste avec la situation de l'agresseur présumé est frappant. Pour atténuer le « traumatisme » du placement en garde à vue, la loi lui accorde depuis vingt ans le droit de s'entretenir une demi-heure avec un avocat, avant le début des interrogatoires. La victime, elle, si tant est qu'elle pense à consulter un avocat, doit le faire à ses frais.

---

1. Extrait d'un témoignage disponible en intégralité sur le site Internet de l'Institut pour la Justice.

Pis : lorsque, sous la pression du droit européen, en 2010, un projet de loi a été élaboré pour permettre aux avocats d'assister, aux côtés de leur client, aux interrogatoires en garde à vue, le ministère de la Justice n'a pas jugé utile de donner la même possibilité aux victimes, y compris en cas de confrontation avec leur agresseur ! Imaginez la scène : une jeune femme violée, seule, aurait donc pu être confrontée à son agresseur assisté, lui, d'un avocat. Il a fallu l'intervention de l'Institut pour la Justice et la mobilisation de plusieurs députés pour que la loi octroie finalement à la victime le droit d'être assistée elle aussi d'un avocat lors des confrontations. Mais uniquement pour les confrontations ; pour le reste, la victime demeure seule. Elle n'a toujours pas le droit d'être assistée d'un avocat lors de son dépôt de plainte, ce qui aurait sans doute épargné à Charlotte de devoir s'y prendre à deux fois avant que la police n'accepte de prendre sa déposition, et ce qui aurait permis à la compagne de Tony Meilhon d'être prise au sérieux et de voir sa plainte transmise à la Justice. La victime n'a pas non plus le droit d'être assistée d'un avocat lors des auditions.

Le temps de l'enquête judiciaire semble plus favorable à la victime. La police et la Justice sont actives, surtout dans les affaires les plus graves. Mais ce n'est pas toujours le cas ; des plaintes sont classées sans suite ; des investigations ne sont pas menées comme elles le devraient ; des pistes ne sont pas explorées. Dans ce cas, la victime ne peut compter que sur elle-même pour surmonter l'inertie de l'appareil judiciaire.

Prenons le cas extrême de Claude Girard. Lorsque sa fille majeure disparaît avec son compagnon, en 1999, dans des circonstances inquiétantes, il sait qu'il lui est arrivé quelque chose et qu'elle n'a pas décidé de changer de vie sur un coup de tête. Mais il devra compter uniquement sur sa propre ténacité. Pendant deux ans, il va mener l'enquête. À force de persévérance, il finira par convaincre les gendarmes de fouiller le jardin d'un homme qu'il a été amené à suspecter. Ils y ont trouvé, enterrés, les corps du couple disparu. Entre-temps, le criminel avait fait deux nouvelles victimes, un autre couple assassiné dans les mêmes conditions. En 2011, la Cour européenne des droits de l'homme a condamné la France pour son inertie coupable dans cette affaire : « Les autorités disposaient de suffisamment d'informations pour considérer la disparition du couple comme inquiétante et suspecte » et « elles avaient l'obligation d'enquêter sur sa disparition ». Claude Girard résume avec amertume la situation : « Pendant toutes ces années, la Justice française est restée sourde à mes appels et si elle avait fait son travail en temps voulu on aurait évité d'autres drames par la suite. Toutes ces années, j'ai mis tout mon temps, mon argent et mon énergie dans l'élucidation de cette affaire, alors que c'était le rôle de la justice et non celui de la victime que je suis[1]. »

Dans la plupart des cas criminels, heureusement, un juge d'instruction conduit l'investigation de façon satisfaisante. La victime peut alors, dans les mêmes conditions que le mis en cause, jouer un rôle actif dans l'enquête grâce aux droits dont elle dispose : consulter le dossier, demander des contre-expertises, etc. Mais elle reste exclue des débats sur le maintien ou non en détention provisoire de son agresseur présumé.

---

1. *Ibid.*

Le droit de se taire

L'avocat Stéphane Maitre, dont l'activité bénévole au sein de l'Institut pour la Justice est inestimable, a récemment défendu un homme victime d'une agression à l'acide sulfurique. Son client avait été défiguré et avait perdu un œil. Le commanditaire présumé de l'agression a été placé en détention provisoire, pour éviter qu'il ne fasse pression sur les protagonistes de l'affaire. Mais lorsqu'il formait des demandes de remise en liberté, comme c'est son droit, ni la victime ni son avocat n'étaient invités à présenter leur point de vue. Ils n'avaient que le droit de se taire.

Selon Stéphane Maitre, « il est difficile de dire à mon client que ce débat ne le concerne pas. Il me répond qu'au contraire cela le concerne au premier chef, d'abord parce c'est lui et personne d'autre qui vit dans la terreur de ce qui s'est passé et de ce qui pourrait se passer en cas de libération ; il n'a pas envie de perdre un autre œil. Ensuite parce qu'il connaît le mis en examen, et qu'il sait qu'en cas de libération on pourra faire une croix sur tous les témoignages réunis au cours de l'enquête ». Et ce n'est pas tout : lorsque la Justice décide d'accéder à la demande de l'agresseur et de mettre fin à sa détention provisoire, la victime n'a pas non plus le droit de faire appel de cette remise en liberté. Ce droit est réservé au parquet, et au mis en cause, lequel ne se prive pas de l'exercer lorsqu'on lui refuse sa libération.

Plus douloureux encore, dans de nombreux cas, la victime subit, impuissante, les demandes d'annulation de la procédure pour « vice de forme ». Le code de procédure pénale français ayant au moins triplé de volume depuis trente ans, les occasions sont devenues nombreuses pour les avocats de la défense d'obtenir des « nullités de procédure » permettant de faire disparaître des actes compromettants pour leur client, voire de conduire à les remettre en liberté. Alors, la victime en subit les conséquences. À l'inverse, lorsque les droits de la victime sont violés au cours de la procédure, rien n'est prévu pour en sanctionner le manquement.

Joël et Corinne Censier sont deux parents inconsolables depuis que leur fils Jérémy a été tué par une bande en 2009. En 2011, celui qui a avoué avoir porté sept coups de couteau sur Jérémy a été remis en liberté, pour un « vice de procédure », dans l'attente de son procès. Pourquoi ? Simplement parce qu'un juge a laissé passer le délai qui lui était imparti pour effectuer un « passage en revue du dossier d'instruction ». La conséquence a été brutale : le tueur présumé a immédiatement été remis en liberté, sans contrôle judiciaire, ce qui aurait pu lui permettre de disparaître dans la nature.

Autre exemple : une mère de famille, près de Pau, est victime le 6 janvier 2010 d'une agression d'une rare sauvagerie. Sur le parking d'un supermarché, alors qu'elle remonte dans sa voiture, un inconnu se jette sur elle et la poignarde à plusieurs reprises. Sa vie bascule : depuis ce jour, elle vit dans l'angoisse et le traumatisme de cette agression. Un an après, son agresseur est remis en liberté, dans l'attente de son procès. C'est un coup dur pour la victime, mais elle est au moins rassurée par l'interdiction faite à son agresseur de s'installer dans le département où elle habite. Car elle n'a qu'une peur : qu'il revienne l'achever, comme il l'en avait menacée. Mais l'avocate de la défense a soulevé un vice de forme. Lors de l'audience portant sur les conditions de son contrôle judiciaire (audience à laquelle la victime n'est pas invitée), la défense n'a pas eu la parole en dernier.

Pour la Cour de cassation, ce vice de procédure a suffi à casser l'interdiction qui était faite à l'agresseur de revenir s'installer près de sa victime, sans considération pour le traumatisme de cette dernière.

Si les droits de la défense sont fondamentaux et doivent être protégés, il devrait exister d'autres façons d'en assurer le respect et de sanctionner leur violation. Et en tout état de cause, on mesure ici l'épreuve que subissent les victimes : elles doivent supporter les conséquences des manquements de la Justice alors qu'elles n'en sont aucunement responsables.

Certaines règles de notre procédure produisent les mêmes effets. Prenons les « délais butoirs » en matière de détention provisoire. La loi a prévu que, pour les mineurs de seize à dix-huit ans, la détention provisoire ne peut pas durer plus de deux ans, quelle que soit la gravité du crime commis – et la dangerosité de l'agresseur. Le problème est que la lenteur de notre système judiciaire permet rarement de juger une affaire criminelle grave en moins de deux ans. Ce qui conduit à libérer des individus potentiellement dangereux pour des raisons arbitraires. Et au mépris des effets sur la victime. À l'été 2012, cette règle a conduit à remettre en liberté le meurtrier présumé d'un garçon nommé Thomas Laché, âgé de dix-sept ans. L'oncle de Thomas m'a confié à quel point toute sa famille a été dévastée par cette nouvelle : « C'est comme si on arrachait le cœur de ma sœur [la mère de Thomas] une seconde fois. [...] Et on nous demande de rester sereins, dignes, calmes. Mais moi je n'en peux plus. Il n'y a pas de justice. »

La lenteur de la Justice, pour les agresseurs, favorise le sentiment d'impunité chez les délinquants. Mais pour les victimes, c'est une souffrance prolongée, tant le procès est un moment indispensable non pas pour tourner la page, c'est impossible pour les crimes les plus graves, mais pour franchir une étape et commencer à se reconstruire.

L'ÉPREUVE DU PROCÈS

Lorsque le procès se tient aux assises, où l'on juge les crimes, la victime est informée à l'avance. Elle a pu s'y préparer, et le calendrier prévu est quasiment toujours respecté. Pour les délits de moyenne gravité, en revanche, c'est une tout autre histoire.

Dans les comparutions immédiates, qui se tiennent généralement dans les quarante-huit heures suivant les faits, la situation de la victime est la pire. C'est à peine si elle est informée de l'audience, et elle n'a de toute façon pas la possibilité de la préparer correctement, aucune permanence d'avocat n'étant prévue pour les victimes. Son agresseur, lui, se voit proposer un avocat, sans condition, pour l'assister tout au long de sa garde à vue, puis au moment de son procès.

Devant le tribunal correctionnel, la victime est de surcroît tributaire des « demandes de renvoi » que peuvent faire, au dernier moment, les avocats de la défense, et qui aboutissent quasiment toujours à renvoyer le procès à une date ultérieure. Et tant pis si la victime a posé un jour de congé pour pouvoir être présente à l'audience.

Le procès est toujours une véritable épreuve pour les victimes ; les constatations techniques des médecins peuvent être insoutenables. J'ai assisté à un procès d'assises dans lequel la victime, sous la violence des coups qui lui avaient été portés (l'agresseur a fracassé sa tête contre le sol à plusieurs reprises), avait eu son crâne coupé en deux « comme si cela avait été réalisé avec une hache », avait expliqué le médecin devant la cour. Imaginez ce qu'ont pu ressentir ses enfants, sa tante et sa nièce présents à l'audience.

Dans un autre procès, Fabrice Schaaf, dont la sœur a été violée, tuée puis brûlée, n'a pas pu tenir : « Quand on vous dit que les restes de votre sœur peuvent entrer dans une boîte à chaussures, c'est forcément très dur. J'ai moi-même dû quitter la salle d'audience en milieu de semaine, je ne pouvais plus. » Mais rien n'est prévu pour les victimes dans la plupart des tribunaux : aucune pièce, aucune intimité pour se retrouver en famille et recouvrer ses esprits. La famille Schaaf a même dû vivre cette épreuve une deuxième fois, dix-huit mois plus tard, car le tueur a fait appel.

Le condamné a un droit inconditionnel à faire appel, et personne ne songerait à limiter ce droit en arguant du risque d'appels « abusifs », ou encore du risque d'encombrer les juridictions. La victime, elle, subit l'appel de son agresseur, et n'a pas le droit de contester en appel la peine prononcée, même si celle-ci la concerne directement.

Cette impossibilité pour la victime de faire appel vaut même en cas de relaxe ou d'acquittement. C'est l'épreuve qu'ont subie Michèle Bidart et son fils autiste, victime de viol. L'agresseur présumé avait été renvoyé aux assises. Sur les bancs des parties civiles se tenaient plusieurs familles d'adolescents ayant subi les mêmes faits et accusant le même homme. Le parquet, convaincu de sa culpabilité, a requis contre lui quinze ans de prison, une lourde peine. Les trois magistrats et les neuf jurés ont toutefois décidé d'acquitter l'accusé au bénéfice du doute. C'est leur droit. Le problème est que le parquet n'a pas fait appel. C'est même assez habituel : dans la majorité des acquittements, le parquet ne prend pas la peine de demander un nouveau procès. Michèle Bidart, elle, n'a eu aucun recours possible. À sa famille et à ses amis qui l'ont pressée de faire appel, elle a dû expliquer qu'elle n'en avait pas le droit. Son fils handicapé, détruit par cette affaire, n'obtiendra jamais une seconde chance d'être reconnu comme victime par la Justice.

Le parcours du combattant

Après le procès, et quel que soit le verdict, la victime retombe dans l'isolement le plus total. Sylvia en a fait l'amère expérience : « On ne se pose jamais la question de la réinsertion des victimes dans la vie de tous les jours, de leur réadaptation à la vie active, de leur capacité à pouvoir prendre ou non les transports sans paniquer, à réapprendre à manger et à dormir normalement... Non, une fois le procès passé, vous vous débrouillez seule, cela devient votre problème. » Pis : les personnes qui ont subi un crime grave, ou leurs parents, se retrouvent même délaissés par leurs propres amis, et parfois par des membres de leur famille. Ceux-ci n'osent pas appeler, ne savent pas comment se comporter face à la douleur. Les victimes ont l'impression que leur souffrance est jugée « contagieuse ». La victime doit aussi se débrouiller seule pour couvrir ses soins médicaux. Sylvia, depuis le viol et la chute dont elle a été victime, doit consulter régulièrement un ostéopathe et un psychiatre. « Je trouve injuste que mon agresseur soit suivi par un psychiatre en prison aux frais du contribuable français, tandis que moi, je dois assumer financièrement les conséquences de cette agression[1] », explique-t-elle.

Les victimes ne bénéficient d'aucune faveur. Aïcha Nemouche et son mari en ont fait la cruelle expérience. Leur fille a été assassinée par un individu qui avait commis un autre meurtre une dizaine d'années auparavant et qui, condamné à quatorze ans, avait été libéré au bout de sept. Du jour au lendemain, ce couple de parents, qui avait travaillé dur à fonder une petite entreprise, a dû surmonter ce drame sans le moindre soutien, ni psychologique, ni financier, ni logistique. Aïcha raconte : « Malgré tout ce qui vous tombe sur la tête, l'administration fiscale se moque pas mal de votre situation. Les cotisations Urssaf, Assedic, règlement de TVA, documents comptables... Tout doit être rempli et payé en temps et en heure, sinon, les pénalités de retard commencent à courir. Nous étions incapables, anéantis comme nous étions, de produire nos documents fiscaux, de travailler et de faire face aux échéances fiscales. Actuellement, nous essayons encore de pallier nos retards dans nos obligations fiscales et nous faisons face toutes les semaines aux lettres de rappel, de surtaxation, de mise en demeure[2]. »

En théorie, la Justice prévoit une indemnisation financière pour les victimes. Mais là encore, malgré des progrès indéniables depuis trente ans, percevoir effectivement cette indemnisation continue de relever du parcours du combattant. Pauline Véla peut en témoigner. En 2006, son compagnon de l'époque et elle-même ont été agressés à l'arme blanche, dans la rue, alors qu'ils

---
1. *Ibid.*
2. Extrait d'un témoignage disponible en intégralité sur le site Internet de l'Institut pour la Justice.

rentraient chez eux. Sous ses yeux, son compagnon de l'époque s'est fait poignarder de sept coups de couteau, dont un dans la tête, par un multirécidiviste de dix-neuf ans, déjà condamné pour agression au couteau. « Si je n'étais pas intervenue à temps pour stopper l'hémorragie de Jonathan, il serait décédé aujourd'hui, il avait perdu 1,5 l de sang. Vous imaginez la violence de l'agression ! » Pauline Véla n'a pas réussi à dormir pendant des semaines. Aujourd'hui encore, elle consulte un psychiatre pour surmonter ce traumatisme. Pour ce préjudice, le coupable a été condamné à l'indemniser à hauteur de 3 000 euros. Six ans après, elle n'a toujours pas reçu un centime de son agresseur. Lui a déjà recouvré la liberté depuis des années. « Aujourd'hui personne ne l'oblige à payer ou ne le renvoie en prison parce qu'il ne paie pas. Il est censé être mis à l'épreuve mais la Justice n'a rien fait... Il n'a même pas été convoqué par le juge d'application des peines[1]. »

Dans le meilleur des cas, les agresseurs versent un peu d'argent à leurs victimes. Mais le montant est tellement faible que la plupart d'entre elles préféreraient ne rien recevoir. La vie de Guy Maurel s'est arrêtée lorsque, au début des années 1980, sa femme a été froidement tuée par un criminel nommé Tony Recco (auteur de six autres meurtres). Récemment, Guy Maurel m'a envoyé par la poste une copie de son relevé bancaire. Le nom de l'assassin de sa femme y figurait, avec, en face, quelques euros versés. Chaque mois, sa douleur est ravivée par ce document.

Pour pallier les manquements des agresseurs, il existe un système d'indemnisation collectif des victimes, appelé

---

[1]. Extrait d'un témoignage disponible en intégralité sur le site Internet de l'Institut pour la Justice.

« fonds de garantie » : ce n'est plus le condamné, mais l'ensemble des citoyens qui indemnise la victime. Mais pour percevoir l'indemnisation, la victime doit à nouveau se lancer dans un long parcours administratif et judiciaire. Car le fonds de garantie ne s'estime pas lié par le montant des indemnités prononcé par la cour d'assises. Pour la victime, il faut donc tout recommencer, et obtenir une nouvelle décision, cette fois-ci devant la Commission d'indemnisation des victimes d'infraction (CIVI).

Pour compliquer le tout, les règles de la CIVI sont différentes de celles des tribunaux : la « faute de la victime » peut être invoquée pour réduire le montant de son indemnisation. Ce qui est particulièrement douloureux pour la famille de la victime, a fortiori lorsque cette « faute » est inexistante. Malik était un lycéen sans histoires, dont le seul tort a été de croiser la route d'un multirécidiviste qui l'a tué de deux coups de couteau. Mais lorsque sa sœur Wardia s'est présentée devant la CIVI, le meurtre de son frère a été présenté comme le résultat d'une « rixe » entre « deux bandes rivales » ! Une version totalement imaginaire, comme l'a montré l'enquête, mais dont on peut imaginer l'impact psychologique sur Wardia et les parents de Malik.

La sortie de prison de l'agresseur

Une dernière épreuve, et de taille, attend la victime après l'enquête, le procès et l'indemnisation : la sortie de prison du condamné. Pour Pauline Véla, la question s'est posée immédiatement, son agresseur ayant été condamné à deux ans de prison, et l'agresseur de son compagnon à cinq ans. Avec les remises de peine, le premier allait sortir dans les douze mois suivant l'agression, et le second dans les trois ans. Pour Pauline, il n'y avait pas de temps à perdre : « J'ai dû déménager rapidement, car j'ai appris par hasard que mes deux agresseurs demeuraient dans la même rue que moi à Bordeaux ! Je vivais chaque jour avec la peur de les recroiser et qu'il m'arrive à nouveau quelque chose. Pour me protéger, je suis donc partie vivre deux ans recluse chez mes parents dans les Landes, la peur au ventre, puis je me suis finalement enfuie en Corse pour être plus en sécurité et tenter de reconstruire ma vie. » Sylvia, elle, pensait être tranquille pendant dix ans – c'était la peine à laquelle son violeur avait été condamné. Mais ce dernier a été libéré au bout de quatre ans et demi. Dès qu'elle l'a su, elle a déménagé en catastrophe, elle aussi, prise de panique à l'idée qu'il la retrouve.

Ce qu'a vécu Morgane Vallée n'est pas moins choquant. Comme celle de Sylvia, son histoire a attiré l'attention lorsque son agresseur a récidivé et tué une joggeuse du nom de Marie-Christine Hodeau, à Milly-la-Forêt, en 2009. Morgane, elle, avait été enlevée, séquestrée et violée par cet individu en octobre 2000. Elle n'avait que treize ans. Son violeur, condamné à onze ans de prison, était sorti au bout de six ans, en liberté conditionnelle. Deux ans plus tard, il n'avait plus le moindre compte à rendre à la Justice. C'est là qu'il a décidé, en toute légalité, de s'installer dans le même village que Morgane, à deux cents mètres de chez elle. Morgane n'en a même pas été prévenue. Un jour, elle s'est retrouvée nez à nez avec lui, à cinq kilomètres de chez elle, à une fête du village. Elle s'est alors rappelée ce qu'il lui avait dit à l'époque – « Si tu m'envoies en prison, je reviendrai te trouver et finirai le travail » – et n'a plus osé sortir de chez elle. Bientôt, elle a dû être hospitalisée pour des crises d'angoisse à répétition. C'est elle, la victime, qui se trouve ainsi privée de liberté. Sa libération viendra... de la récidive de son agresseur qui, parce qu'il a tué, repartira en prison pour au moins vingt ans. Reste l'amertume, la colère, voire, dans le cas de Sylvia, la culpabilité d'avoir survécu alors que la victime suivante n'a pas eu la même chance. Morgane exorcisera ces émotions dans un livre au titre évocateur : J'ai toujours su qu'il recommencerait.

La victime a beau connaître l'agresseur souvent mieux que personne, la Justice ne se sent pas vraiment tenue de l'écouter au moment de décider d'une libération anticipée. Il a fallu attendre 2005 pour que la victime obtienne le droit de faire des observations lors des audiences de libération conditionnelle. Encore n'est-elle pas admise à s'exprimer elle-même : seul son avocat peut être présent. Et bien sûr, là non plus, elle n'a pas le droit de faire appel d'une décision favorable à l'agresseur.

Mais le pire reste la manière dont les victimes sont traitées moralement à cette étape de l'application de la peine. Tomber sur un homme de loi manquant d'humanité peut certes se produire à tous les stades de la procédure, à l'instar de Corinne Censier qui, alors qu'elle posait poliment des questions au juge d'instruction, s'entendit répondre : « Madame, je suis là pour instruire un dossier, pas pour répondre à vos questions. Si vous voulez en savoir davantage, vous n'avez qu'à lire le dossier. » Il arrive également – comme pour Pauline Véla – que la victime se sente peu considérée, et même rabaissée lors du procès. Mais c'est au moment de l'« application des peines » que les dérapages sont les plus fréquents, tant la place de la victime est encore peu admise à cette étape-là du processus judiciaire. Parce que beaucoup de juges estiment que la libération anticipée concerne l'avenir (de l'agresseur), et non pas le passé, comme si la victime ne représentait que le passé et n'avait pas à se reconstruire.

Gérard Roudil a fait les frais de cette suspicion à l'égard de la victime. Il y a un peu plus de vingt ans, sa femme a été assassinée dans des conditions particulièrement épouvantables (elle est morte brûlée vive sous les yeux de ses enfants). L'assassin, condamné à perpétuité, a fait une demande de libération conditionnelle au bout de dix-huit ans. Pour Gérard Roudil, la sortie de cet homme était difficile à admettre, d'autant qu'il avait appris que des menaces de mort à son encontre figuraient dans le dossier. Il a décidé d'en informer la presse, ce qui lui a valu, lui qui a tout perdu, de voir son comportement qualifié d'« inqualifiable » par le juge d'application des peines !

La première demande de libération a toutefois été rejetée. Mais le répit pour Gérard Roudil et ses enfants fut de courte durée, car l'assassin a le droit de former rapidement une nouvelle demande de libération, ce qu'il a fait. Cette fois, l'avocat de Gérard Roudil a demandé une expertise pour évaluer l'impact psychologique d'une éventuelle libération, en particulier sur ses enfants qui avaient été témoins, dans leur enfance, de l'immolation de leur mère. Mais cette demande a été déclarée irrecevable, au motif que la victime « n'est pas partie à la procédure d'application des peines ».

L'assassin a finalement obtenu sa remise en liberté, malgré des expertises contradictoires quant à sa dangerosité. Gérard Roudil s'est battu jusqu'au bout. Est-il normal qu'il ait dû se battre pendant plus de trente mois, quinze ans après le procès de celui qui a brûlé sa femme ? Le comble est le projet de réinsertion présenté par ce criminel et validé par la Justice : fabriquer des allume-feu... En écrivant ces lignes, j'entends la voix heurtée de Gérard Roudil, lorsqu'il m'a fait part de cet ultime affront.

Le mur de l'indifférence

Le parcours judiciaire d'une victime, on l'a compris, est long, éprouvant et impitoyable. Ce n'est pas seulement une question juridique, même si notre procédure est un lourd fardeau pour les victimes. Ce n'est pas seulement une défaillance dans l'accompagnement matériel, juridique et psychologique, même si elle est manifeste. Ce n'est même pas seulement le manque cruel de considération qui conduit à laisser un violeur revenir s'installer à côté de sa victime. Le problème est plus général : il provient de cette sensation douloureuse, alors que l'on est victime, d'être considéré avec indifférence, voire méfiance, et de constater que l'on accorde plus d'égards au coupable.

Abdelhamid Hakkar, qui a tué un policier dans les années 1980, a fait l'objet, à sa sortie de prison, en 2012, de toutes les sollicitudes. L'interview que lui accorde Le JDD est saisissante : « Un mois après votre sortie, comment allez-vous ? » ; « Quels ont été vos premiers plaisirs ? » ; « Quelles difficultés rencontrez-vous ? » ; « Comment jugez-vous la prison ? » ; « Comment avez-vous tenu pendant vingt-sept ans ? » ; « Qu'est-ce qui vous a le plus manqué ? » ; « Allez-vous voter ? » (Nous étions à quelques semaines des élections présidentielles[1].)

Mais qui se préoccupe de la compagne de celui qu'il a assassiné, et qui a dû élever toute seule son fils de trois

---

1. *Le JDD*, 14 avril 2012, « Au bout de 15 ans, la prison n'a plus de sens ».

ans ? Voilà ce qu'elle m'a écrit, avec résignation, lorsqu'elle a appris que le meurtrier de son mari avait été interviewé par David Pujadas, au 20 heures de France 2 : « Je ferai prochainement un courrier au CSA, afin de protester à nouveau contre la publicité donnée à un assassin, qui se vante de son "exploit", n'a strictement aucun remords et essaie de se faire passer pour une victime. »

En 2008, la loi a institué une « autorité indépendante » chargée de recueillir les souhaits des détenus et de faire des recommandations pour garantir leur dignité et améliorer leur prise en charge. Fort bien. Mais où est l'institution équivalente pour se préoccuper des victimes ? de leur dignité, de leur prise en charge, du respect de leurs droits ? et, tout simplement, de la considération minimale qui leur est due ?

Deuxième partie
TANT D'IDÉES REÇUES

Pourquoi les réalités de notre Justice sont-elles si méconnues ? Pourquoi les faits consternants décrits précédemment ne sont-ils pas davantage diffusés auprès du grand public ? Pour une raison simple : le monde judiciaire et médiatique est imprégné d'idées reçues qui dédramatisent la situation.

L'absence de précaution contre les criminels dangereux ? Elle serait excusable, car le taux de récidive criminelle serait extrêmement faible, et le risque zéro n'existe pas. L'impunité ? Elle serait un moindre mal, car la criminalité ne pourrait être combattue efficacement qu'en s'attaquant à ses causes profondes : la pauvreté et le chômage. La détresse des victimes ? Il ne faudrait pas trop en parler, car l'opinion publique pourrait en réaction demander plus de répression, avec les effets délétères des « prisons écoles du crime ».

La réalité pénale française est noyée sous un océan de préjugés. Examinons-les un à un, de façon clinique et dépassionnée.

Chapitre 4

Un fatalisme :
« Le risque zéro n'existe pas »

S'il est une accusation qui m'a toujours surpris, c'est celle formée à l'encontre de ceux qui, comme l'Institut pour la Justice (IPJ), se préoccupent de l'insécurité dont souffrent nos concitoyens. Ce serait « jouer sur les peurs[1] », disent certains. Pour eux, il n'y aurait pas vraiment un problème d'insécurité, mais plutôt un « sentiment d'insécurité » largement irrationnel, alimenté par les reportages chocs de médias anxiogènes. Ceux qui s'inquiètent de l'insécurité sont accusés de surfer sur les peurs des citoyens en exagérant l'importance de cas particuliers et en faisant miroiter le mirage d'une société sans crime. Il faut examiner la réalité de ces idées tendant à « dédramatiser » la situation, car elles ont pour effet de délégitimer par avance toute réaction de fermeté de la part des autorités.

---

1. *Libération*, 18 novembre 2011, « Une pétition sécuritaire s'emballe sur la Toile ».

L'INSÉCURITÉ EN FRANCE, UN FAUX PROBLÈME ?

Ce n'est pas parce qu'un malheur a toujours existé qu'il faudrait renoncer à l'affronter. La pauvreté a beau avoir largement reculé depuis un demi-siècle, personne ne prétend qu'il faut cesser de la combattre. De même, quelle que soit l'évolution de l'insécurité au fil du temps, c'est un phénomène qui mérite une réponse politique. Mais il est vrai que cette réponse sera plus urgente encore si la criminalité a augmenté de façon significative. Qu'en est-il exactement ? S'ils étaient interrogés spontanément, la plupart des Français diraient sans doute que la criminalité a fortement augmenté au cours de ces quatre dernières décennies. Mais que nous disent les chiffres ?

Si l'on s'en tient aux homicides, on constate qu'on est revenu, au début des années 2010, à une proportion équivalente à celle des années 1960, après une forte hausse suivie d'une baisse régulière. Mais si l'on examine le nombre total d'infractions recensées par les forces de l'ordre, l'augmentation depuis un demi-siècle est impressionnante. Le taux de criminalité, c'est-à-dire le nombre de crimes et délits connus rapporté à la taille de la population, a été multiplié par 4 depuis les années 1960. De 1950 à 1966, ce taux est resté stable, entre 12 et 15 ‰. Puis il n'a cessé de croître jusqu'à 1984, date à laquelle il a commencé à fluctuer à la hausse et à la baisse, pour atteindre aujourd'hui le taux de 56 ‰[1].

Certes, ces taux dits « de criminalité » sont à prendre avec d'infinies précautions. D'abord parce qu'ils amalga-

---

1. Taux de criminalité, série longue téléchargeable sur le site de l'INSEE.

ment les atteintes aux biens et les atteintes aux personnes, donnant un poids prépondérant aux premières (les vols), bien plus nombreuses que les secondes (les violences). Ainsi, depuis 1996, par exemple, l'explosion des violences aux personnes (qui a presque doublé, soit une augmentation de près de 100 %) est masquée par le recul des atteintes aux biens (qui ont baissé de 25 %), d'après les données de l'Observatoire national de la délinquance.

Une autre raison d'appréhender le « taux de criminalité » avec prudence est qu'il reflète uniquement les crimes et délits dont la police a connaissance. Or la décision de porter plainte ou non peut fluctuer dans le temps. Si les assurances exigent soudain une preuve du dépôt de plainte au commissariat pour rembourser certaines catégories de vols ou de dégradations, les plaintes seront plus fréquentes, même si le nombre de vols et de dégradations n'augmente pas. Par ailleurs, si certaines infractions – comme les violences conjugales – sont de moins en moins tolérées par les victimes, ces dernières vont également déposer plainte plus systématiquement, sans que cela corresponde nécessairement à une hausse de leur nombre.

À l'inverse, plus la criminalité est forte, moins les victimes tendent à porter plainte pour des petits délits. Un petit délit commis dans un endroit habituellement paisible, dans lequel le commissariat est peu sollicité, sera plus spontanément rapporté aux autorités que dans des secteurs à haut niveau de délinquance, dans lesquels les victimes savent que la police a des cas autrement plus graves à gérer.

L'attitude de la Justice est également déterminante. Si l'on sait que les vols d'une centaine d'euros sont de facto dépénalisés, quel intérêt y a-t-il à porter plainte ? Plus les citoyens ont le sentiment que l'impunité judiciaire est élevée, moins ils vont porter plainte pour des petits délits, sachant qu'il n'y aura de toute façon aucune suite, si ce n'est un risque de représailles.

L'estimation du véritable « taux de criminalité » est donc particulièrement délicate. C'est pourquoi les autorités de nombreux pays ont développé des enquêtes dites « de victimation ». Il s'agit de sondages à grande échelle, dans lesquels on interroge directement un échantillon représentatif de résidants pour savoir s'ils ont subi, dans l'année précédant l'enquête, des violences ou des atteintes à leurs biens. Malheureusement, ces enquêtes n'ont vraiment été mises en place en France que dans les années 2000 ; on ne dispose donc pas d'éléments probants pour les années 1970, 1980 et même 1990.

Il faut toutefois préciser que ces enquêtes de victimation, si elles existaient, ne pourraient pas nous donner une image complète de l'évolution de la criminalité. D'abord parce que certains crimes, comme le trafic de drogue, ne font pas de victimes directes. Mais aussi et surtout parce que ces enquêtes ne révéleraient que le degré de criminalité avéré d'une société, et non celui de criminalité latente.

La criminalité latente est un concept trop négligé. Prenons l'exemple simple des vols de voitures. Dans les années 1960, les systèmes antivol des voitures étaient rares et peu perfectionnés. Puis, avec l'augmentation du nombre de vols, leur niveau de sophistication a augmenté. Dès 1971, l'introduction en Grande-Bretagne d'un dispositif bloquant la colonne de direction du véhicule a conduit à réduire immédiatement de 75 % le nombre de vols de voitures neuves[1]. Aujourd'hui, le

---

1. Maurice Cusson, *Prévenir la délinquance : les méthodes efficaces*, Paris, PUF, 2009, p. 42.

nombre de vols de voitures est comparable à celui observé dans les années 1960, mais il serait nettement plus élevé si les systèmes de sécurité étaient aussi rudimentaires qu'il y a cinquante ans. Voilà ce qu'est la criminalité latente, indispensable pour apprécier l'évolution réelle de la criminalité, mais qui ne se voit pas dans les statistiques de la délinquance.

Une bonne façon d'évaluer à quel point la criminalité latente a augmenté est d'examiner l'évolution du chiffre d'affaires des sociétés de sécurité privées. Plus les particuliers s'équipent en dispositifs d'antivols, alarmes, portes blindées, plus les entreprises déploient des budgets de vigiles, gardiennage, télésurveillance, voire vidéosurveillance, et plus la criminalité sera contenue. Mais au prix de dépenses plus élevées et donc d'un pouvoir d'achat moindre pour le citoyen. L'évolution depuis trente ans est particulièrement frappante : dans les années 1970, les entreprises de sécurité privées employaient quelques milliers de salariés. Ils étaient 110 000 salariés en 2000, et environ 150 000 aujourd'hui. Autre chiffre révélateur : entre 1990 et 2000, le nombre de raccordements à des systèmes de télésurveillance professionnelle ou résidentielle a plus que doublé.

La criminalité latente n'a pas seulement un coût financier pour la société. De façon plus grave encore, son augmentation provoque une adaptation de nos modes de vie au risque criminel. Pour reprendre l'exemple de la voiture, il n'était pas rare dans les années 1960 de ne pas fermer sa voiture à clé, parce qu'on ne craignait pas autant de se la faire voler. Cette adaptation-là – devoir ou non fermer son véhicule ou sa maison à double tour – est bénigne. Mais il en va tout autrement des adaptations de comportement qui résultent en de véritables pertes de liberté.

Des familles évitent de sortir dans la rue ou dans le métro passé une certaine heure. Des personnes âgées décident de rester cloîtrées chez elles, de peur de sortir. Des femmes renoncent à s'habiller comme elles l'auraient souhaité, de peur des insultes ou des agressions. Tous ces comportements maintiennent la criminalité observée à un niveau « acceptable socialement », mais ils révèlent une criminalité latente qui a nettement augmenté.

Les comportements d'évitement du risque criminel sont frappants dans le cas des commerçants qui refusent de faire des livraisons dans les quartiers difficiles. C'était le cas de Darty, déjà dans les années 1990. Puis des organismes comme SOS Médecins ont commencé à refuser de se déplacer dans certains endroits[1]. Cela touche même le service public : en août 2012, la direction de la poste de Carrières-sous-Poissy a décidé de ne plus distribuer ni recommandés, ni colis, en raison d'une série de vols de scooters et de sacoches subis par les postiers. Les clients doivent désormais se présenter à l'agence pour retirer leurs plis[2]. Voilà une forme nouvelle d'évitement et d'adaptation. Le nombre de vols subis par la poste a sans doute été réduit par cette mesure, mais la criminalité latente, elle, n'a pas reculé.

Au total, tous les signaux pointent une augmentation majeure des vols et des violences aux personnes depuis les années 1960. Tout cela sans compter les « incivilités », qui ne sont pas considérées comme des délits, mais qui peuvent empoisonner la vie des citoyens : fraude dans les transports en commun, insultes et crachats,

---

1. *Le Parisien*, 11 mai 2010, « Ils ne veulent plus travailler dans les cités sensibles ».
2. *Le Parisien*, 13 août 2012, « Carrières-sous-Poissy : la Poste boycotte tout un quartier ».

rodéos de scooters ou de quads sous les fenêtres des riverains, etc.

Les mineurs, pas plus violents qu'il y a quarante ans ?

Au-delà de l'évolution générale de la criminalité, il faut s'arrêter sur celle des mineurs qui fait l'objet de nombreux malentendus. Contrairement à ce que l'on entend parfois, il est manifeste que la délinquance juvénile a augmenté dans des proportions inquiétantes depuis plusieurs dizaines d'années. Entre les années 1960 et 1980, on l'a vu, le taux de criminalité général a quadruplé. Mais les adultes ne sont pas les seuls responsables de cette progression, qui a également touché les mineurs dans des proportions similaires. Ce qui signifie que les mineurs commettaient beaucoup plus de vols et de violences en 1980 qu'en 1960. Depuis, on dispose de chiffres plus précis, particulièrement alarmants. Le nombre de mineurs mis en cause pour des violences depuis 1990 a connu un bond spectaculaire de 575 %[1].

Des sociologues engagés cherchent à minimiser cette augmentation en pointant le fait que la proportion globale de mineurs mis en cause, par rapport aux majeurs, n'a pas augmenté de façon aussi nette depuis 1990, passant de 13 % à 18 % aujourd'hui[2]. Mais ces chiffres amalgament tous les crimes et délits (y compris les escroqueries, par exemple, peu fréquentes chez les mineurs), ce qui masque des évolutions frappantes.

---

1. Chiffre cité dans l'étude d'impact annexée au projet de loi de 2011 créant les « tribunaux correctionnels pour mineurs ».
2. Laurent Mucchielli, « Note statistique de (re)cadrage sur la délinquance des mineurs », disponible en ligne.

Si l'on s'en tient aux crimes et délits commis contre les personnes (les violences), on voit que la part des mineurs mis en cause a plus que doublé entre 1990 et 2010, passant de 7,2 % à 16,6 %[1]. Et il ne s'agit que d'une proportion calculée par rapport à des adultes qui, dans le même temps, ont eux-mêmes commis deux fois plus de violences. En réalité, d'après les chiffres de la police et de la gendarmerie, les violences par les mineurs ont été multipliées au minimum par cinq en vingt ans.

Aujourd'hui, les 14-18 ans (5 % de la population française) représentent 25 % des mis en cause pour viols et agressions sexuelles, 34 % pour cambriolages, 46 % pour vols avec violence et 57 % pour destructions et dégradations de biens publics[2]. Tout cela donne de solides raisons de penser que les mineurs de 2012 n'ont plus grand-chose à voir avec ceux de 1945.

Un taux de récidive sexuelle limité à 2 % ?

Une autre façon de relativiser le problème de la criminalité est d'en appeler à la fatalité. Lorsque les beaux-parents de Natacha Mougel ont écrit à Jean-René Lecerf, sénateur du Nord, pour lui demander comment il comptait agir pour éviter ce genre de drame, ils ont eu le choc de s'entendre répondre : « Jamais d'abord je ne vous dirai que les pouvoirs publics prendront désormais les mesures pour que de tels drames ne puissent se renouveler. Aussi longtemps que la nature humaine gouvernera le monde, d'Abel et

---

1. Série longue à télécharger sur le site de l'INSEE.
2. « Étude des caractéristiques de sexe et d'âge des auteurs de crimes et délits à partir d'une approche "multi-source" », Observatoire national de la délinquance, *Grand Angle*, n° 27, novembre 2011, p. 28-32.

Caïn à l'apocalypse, nous aurons à déplorer des accès de folie et de barbarie. »

Certes, le risque zéro n'existe pas. Oui, le crime a toujours existé et existera toujours. Mais cela a-t-il un sens de le rappeler au sujet d'un criminel comme Alain Pénin, au profil de violeur en série ? On est tout de même dans un cas de figure différent d'un Xavier Dupont de Ligonnès, père de famille sans histoires, jusqu'au jour où l'on a retrouvé le corps sans vie de sa femme et de ses quatre enfants. Dans ce type de cas, les autorités ne pouvaient certainement rien faire pour prévenir cette atrocité et, oui, on peut maudire la fatalité et rappeler qu'il est illusoire de rêver d'une société sans crime. Mais ce discours a-t-il un sens lorsqu'on connaît le passé judiciaire et la dangerosité de grands criminels qui n'en sont pas à leur coup d'essai ?

À chaque drame de la récidive, on entend les partisans du statu quo en appeler aux mêmes statistiques : la récidive sexuelle ne serait que de 1 à 3 %. L'impact de ces chiffres sur l'opinion est puissant, donnant le sentiment que la récidive est la « faute à pas de chance ». Et qu'il serait disproportionné de prendre des mesures de fermeté contre cent personnes pour prévenir seulement un ou deux cas de récidive.

Le problème est que ces chiffres sont à la fois faux et trompeurs. Faux, d'abord, parce que les statistiques du ministère de la Justice, datant de 2010, donnent des taux de 4 % de récidive en matière de crimes sexuels et de 5 % pour les délits sexuels[1]. Mais ces chiffres sont eux-mêmes considérablement sous-évalués, parce qu'il n'y a aucun sens, d'un point de vue criminologique, à calculer séparément des taux de récidive

---

1. *Les chiffres-clés de la Justice*, édition 2012.

pour crime sexuel d'un côté et pour délit sexuel de l'autre.

Juridiquement, ce qui distingue les deux infractions est la présence ou non d'un acte de pénétration. Mais, dans la réalité, la frontière est parfois mince entre un crime et un délit sexuel. Comment qualifier cette affaire où un homme s'est introduit par la fenêtre dans la chambre de deux filles de douze et quatorze ans, a commencé à caresser l'une d'entre elles, l'a menacée d'un couteau et, lorsqu'elle s'est mise à crier, a fini par s'enfuir voyant qu'elle était trop paniquée pour se taire[1] ? L'homme a été condamné pour agression sexuelle (délit), mais on est évidemment plus proche d'une tentative de viol (crime). De même, des agressions sexuelles au sens strict peuvent recouvrir des actes particulièrement graves, comme celui de cet homme qui a imposé une masturbation et des attouchements sexuels à une jeune femme, dans un square, de nuit, à Strasbourg, sous la menace d'un cutter[2].

En outre, lorsque l'on calcule séparément la récidive pour crime et délit sexuel, on laisse mécaniquement de côté un nombre important de cas de récidive : ceux pour lesquels un crime sexuel est commis après un délit sexuel. Cela peut paraître incroyable, mais par une bizarrerie de notre code pénal, un individu déjà condamné pour agression sexuelle et traduit en cour d'assises pour viol n'est pas en récidive légale. Aux yeux de la Justice, et des statistiques officielles, ce n'est pas un récidiviste !

---

[1]. *Le Dauphiné libéré*, 25 août 2009, « Deux ans et demi de prison pour le SDF qui cède à ses pulsions ».

[2]. *DNA*, 7 novembre 2009, « Cinq ans de prison pour agression sexuelle ».

C'est d'autant plus choquant qu'en France plus de 75 % des viols sont « requalifiés » en agression sexuelle, afin d'être jugés plus rapidement. La police recense environ 10 000 viols chaque année et en élucide 7 500. Mais seule une petite partie de ces viols élucidés – 1 700 – est jugée aux assises. Les autres sont « transformés » en agressions sexuelles et sont jugés, comme des délits, devant le tribunal correctionnel. Résultat : on peut avoir été condamné pour un viol requalifié en agression sexuelle, récidiver avec un nouveau viol, et ne pas être considéré comme récidiviste !

C'est la raison pour laquelle les chercheurs en criminologie n'utilisent jamais les données statistiques françaises, trop lacunaires. Ils se fondent toujours, comme l'a fait l'Académie de médecine dans un rapport datant de 2010[1], sur des études internationales faisant autorité, réalisées à partir d'échantillons d'agresseurs nord-américains et européens. Ces études concluent à un taux de récidive sexuelle (crimes et délits confondus) de 11 % au bout de cinq ans et de 24 % au bout de quinze ans[2]. Ces taux sont d'ailleurs encore en dessous de la réalité, puisque la grande majorité des femmes victimes de viol n'ose pas porter plainte. De nombreuses récidives passent donc totalement inaperçues. En tout état de cause, l'écart n'est pas mince entre une chance sur cinquante (2 %) et

---

1. Edwin Milgrom, Pierre Bouchard et Jean-Pierre Olié, *La Prévention médicale de la récidive chez les délinquants sexuels*, Paris, rapport de l'Académie de médecine, 2010.
2. Andrew Harris et Karl Hanson, « La récidive sexuelle : d'une simplicité trompeuse », rapport pour spécialistes, Ottawa, Sécurité publique et Protection civile du Canada, 2004. Voir aussi Karl Hanson et Monique Bussière, « Predicting relapse : A meta-analysis of sexual offender recidivism studies », *Journal of Consulting and Clinical Psychology*, 66 (2), 348, 362, 1998.

une chance sur quatre (24 %) de voir un délinquant sexuel à nouveau condamné pour crime ou délit sexuel !

Mais ce n'est pas tout. Le chiffre de 2 % comme celui de 24 % ne sont que des moyennes, calculées sur des profils aux risques de récidive très différents. C'est pourquoi il n'y a strictement aucun sens à brandir un chiffre unique de la récidive sexuelle, en laissant croire qu'il pourrait s'appliquer à des profils comme Alain Pénin ou Manuel da Cruz (le tueur de Marie-Christine Hodeau).

Ainsi, dans l'étude de référence citée par l'Académie de médecine, le risque de récidive varie du simple au triple entre les auteurs d'inceste (13 %) et les pédophiles extra-familiaux qui s'en prennent à des garçons (35 %). La récidive varie également du simple au double selon que l'individu avait déjà une seule (19 %) ou deux agressions sexuelles (37 %) à son casier judiciaire.

Et lorsque l'on additionne tous les facteurs de risque, on observe que le taux de récidive dépasse les 70 % pour les pédophiles multirécidivistes n'ayant jamais été mariés et s'en prenant exclusivement à des garçons[1]. On est loin des 2 % et de la faute à pas de chance !

Un risque de récidive impossible à évaluer ?

L'examen de la récidive sexuelle montre qu'il est possible d'évaluer, avec une certaine objectivité statistique, le risque de récidive de profils criminologiques différents

---

1. Karl Hanson, « Child molester recidivism », *Research Summary*, Ottawa, Solicitor General Canada, 1996.

– pères incesteux, pédophiles extra-familiaux, etc. C'est précisément ce que permettent les « échelles actuarielles », qui sont des outils d'aide à l'évaluation du risque de récidive des criminels. Ces échelles recensent toutes les caractéristiques qu'on a constaté, sur des milliers d'agresseurs, être associées statistiquement à un risque accru de récidive. Elles permettent d'aboutir à une conclusion du type : « Les agresseurs sexuels présentant les mêmes caractéristiques que Monsieur X ont récidivé à 10, 20 ou 60 %. » Lorsque ce chiffre est de 10 %, on estime que le risque de récidive de Monsieur X est faible. Lorsqu'il est de 60 %, le risque est considéré comme élevé.

Le problème est que les psychiatres français, contrairement à leurs homologues européens et nord-américains, n'utilisent que très rarement ces outils objectifs d'évaluation du risque de récidive. Leur méthode privilégiée est encore l'entretien clinique « non structuré », pourtant abandonné par la plupart de nos voisins européens. Il consiste en un simple dialogue de une à deux heures au maximum avec le criminel. Or, les études internationales ont systématiquement montré, depuis les années 1980, que ce procédé avait une efficacité quasi nulle dans la prédiction de la récidive[1].

On comprend que les juges français, confrontés à des cas de récidive, aiment à rappeler « qu'ils n'ont pas de boule de cristal », car ils ont le plus souvent entre les mains des expertises psychiatriques de faible qualité et contradictoires entre elles. Une étude réalisée sur quarante-cinq dossiers d'expertises concernant dix-neuf

---

1. Voir Alexandre Baratta, « Évaluation et prise en charge des délinquants sexuels », Institut pour la Justice, 2011 (disponible en ligne).

individus a ainsi montré que, pour un même criminel, les évaluations psychiatriques aboutissaient à un pronostic de récidive différent dans 80 % des cas[1] ! À l'inverse, les « échelles actuarielles », fondées sur des éléments objectifs, se sont révélées nettement plus fiables, même si elles n'atteignent pas, naturellement, une efficacité prédictive parfaite.

Le risque de récidive n'est donc pas impossible à déterminer. Certes, l'incertitude subsiste, quelles que soient la qualité et l'objectivité de l'expertise. Mais une évaluation aussi fiable que possible est indispensable pour adapter le niveau de contrainte pénale au profil de risque que présente un agresseur. Un profil à haut risque ne devrait pas bénéficier d'une libération anticipée, et devrait se voir soumis à des mesures de surveillance étroite à sa sortie de prison. À l'inverse, les profils à faible risque ne devraient pas conduire au déploiement de moyens judiciaires trop importants. Tels devraient être les principes d'un appareil judiciaire efficace et équitable.

Les malades mentaux, pas plus dangereux que les non-malades ?

Une autre idée reçue tend à atténuer le risque de violence d'une catégorie particulière de la population, celle qui souffre d'une maladie mentale (schizophrénie, le plus souvent). Après des drames comme celui survenu à Pau en 2006, où un schizophrène a tué deux infirmières

---

[1]. Alexandre Baratta, Alexandre Morali et Olivier Halleguen, « La vérité sur l'expertise post-sentencielle : évaluation clinique contre échelle actuarielle », *Annales médico-psychologiques, revue psychiatrique*, vol. 170, 2, mars 2012.

dans des conditions effrayantes, on entend parfois l'idée que les malades mentaux ne sont pas plus violents que les non-malades.

Cette position, défendue depuis les années 1970 par bon nombre de praticiens et de familles de patients, est compréhensible : le fait de souffrir d'une maladie mentale constitue déjà un handicap et une souffrance, et il convient d'éviter tout risque de stigmatisation supplémentaire. D'autant que la grande majorité des malades mentaux n'est pas violente, et que les malades mentaux sont surreprésentés parmi les victimes de violence.

Mais il faut regarder les faits sans a priori, tels qu'ils émergent de l'abondante littérature scientifique internationale. Car c'est en réduisant effectivement la violence des malades mentaux que l'on réduira la stigmatisation à leur égard, et non en faisant croire qu'il n'existe pas de problème. La quasi-totalité des études réalisées depuis vingt ans montre ainsi, sans ambiguïté, que les schizophrènes ont un risque nettement supérieur à la moyenne de la population de commettre des violences[1]. Deux phénomènes l'attestent : la proportion anormalement élevée de personnes souffrant de psychose et de schizophrénie parmi les criminels ou jeunes délinquants, et la surreprésentation des auteurs de violences parmi les patients schizophrènes.

Il a ainsi été montré, en Finlande, où les statistiques sont les plus exhaustives, qu'un homme souffrant de

---

1. Voir notamment la métaanalyse de Patricia A. Brennan et Armanda Alden, « Schizophrenia and violence : the overlap », *in* Adrian Raine (dir.), *Crime and Schizophrenia : Causes and Cures*, New York, Nova Science Publishers, 2006.

schizophrénie a huit fois plus de chances de commettre un homicide qu'un non-schizophrène[1]. De manière générale, on attribue au moins 10 % des violences graves et 5 % des homicides à des personnes souffrant de psychose[2].

Une Justice déjà trop répressive, une situation de « tout carcéral » ?

Au total, toutes les idées reçues décrites précédemment instillent l'idée qu'il serait illusoire de vouloir éviter certains crimes, même ceux commis par des récidivistes. Qu'ils seraient toujours imprévisibles, et donc, d'une certaine manière, inéluctables. Mais un autre discours tend également à rendre illusoire une réponse par une plus grande fermeté judiciaire : celui selon lequel la Justice n'aurait jamais été aussi « répressive ».

La vérité est à l'exact opposé : la réponse pénale s'est considérablement affaiblie depuis quarante ans. On peut l'affirmer avec d'autant plus de certitude que cette question ne souffre pas des mêmes difficultés méthodologiques que l'évolution réelle de la délinquance au fil du temps. Car il s'agit simplement d'examiner la réponse donnée par la Justice aux crimes et

---

1. M. Eronen, P. Hakola, J. Tiihonen, « Mental disorders and homicidal behavior in Finland », *Archives of General Psychiatry*, 53, 1996, 497-501.

2. E. Wals, A. Buchanan, T. Fahy, « Violence and schizophrenia : examining the evidence », *The British Journal of Psychiatry*, 2002, 180, 490-5. Des chercheurs canadiens vont jusqu'à affirmer que « 20 % des cas d'homicides [des pays scandinaves] sont attribuables à des psychotiques » : Dubreucq, Joyal et Millaud, « Risque de violence et troubles mentaux graves », *Annales médico-psychologiques*, vol. 163, n° 10, 2005.

délits répertoriés par la police, et dont le nombre ne provoque pas de débat.

C'est pourtant sous la plume d'une autorité publique, à savoir le contrôleur général des lieux de privation de liberté, Jean-Marie Delarue, dans une note officielle adressée au gouvernement français en juin 2012, que se trouve l'affirmation saugrenue selon laquelle la Justice est deux fois plus ferme qu'il y a quarante ans.

L'exemple des vols montre à quel point cette appréciation est contraire à la réalité. En 1971, 9 000 détenus étaient en prison pour vol simple. Quarante ans plus tard, les vols simples ont été multipliés par trois. Si la Justice est aujourd'hui deux fois plus sévère, comme le prétend M. Delarue, il devrait y avoir 54 000 détenus pour vol simple (9 000 × 3 × 2). En réalité, il y en a aujourd'hui 3 000. Sur ce point, la Justice française n'est pas deux fois plus sévère ; elle est neuf fois moins sévère qu'en 1971 !

Mais peut-être la fermeté accrue de la Justice n'a-t-elle concerné que les atteintes aux personnes ? À l'évidence non. Le nombre de détenus a certes doublé depuis 1971, mais le nombre de violences (hors homicides) enregistrées par la police et la gendarmerie a augmenté de façon plus importante encore. Le nombre de viols est passé en quarante ans de 1 500 à 10 000, soit une augmentation de 600 %. Les coups et blessures volontaires ont augmenté de 650 %, passant de 25 000 à plus de 190 000. Et on ne parle pas ici de la criminalité organisée liée au trafic de drogue, à l'évidence plus florissante aujourd'hui qu'hier.

Le recul de la répression est encore plus spectaculaire s'agissant des mineurs. En 1965, le nombre de mineurs incarcérés était légèrement supérieur à ce qu'il est aujourd'hui (plus de 800 contre environ 700). La même délinquance des mineurs était pourtant infiniment moins développée, comme on l'a vu plus haut.

N'est-il pas vrai, toutefois, que les peines de prison sont un peu plus longues qu'avant ? Si, mais c'est parce que la Justice est moins sévère, non l'inverse. Ce paradoxe apparent s'explique par le recul du rôle de la prison, qui n'est plus utilisée que pour les délinquants les plus chevronnés. Or lorsque la prison est réservée aux infractions les plus graves, il en résulte immanquablement des peines d'une durée moyenne plus élevée.

Les magistrats Jean de Maillard et Didier Gallot avaient décrit ce phénomène dès 1996 : « Quand on étudie sérieusement l'évolution de la pénalité, on constate en effet que l'augmentation des incarcérations ne résulte pas d'une sévérité accrue des juges, comme on le dit souvent par paresse, mais d'une augmentation à long terme de la criminalité dans des proportions préoccupantes, et surtout non maîtrisées. Les tribunaux ont tenté d'abord de faire face à l'afflux de délinquance en accroissant leurs interventions : non pas en augmentant les peines de prison, comme on le croit d'habitude par ignorance, mais en développant les peines "alternatives" à l'emprisonnement, comme le travail d'intérêt général ou le sursis avec mise à l'épreuve. Comme la réalité est têtue, rien n'y a fait. On imagina alors les maisons de justice, vers lesquelles dérivent désormais un nombre croissant d'affaires. Cette diversification des réponses judicaires à la délinquance a pour effet de ne laisser parvenir devant les tribunaux que les affaires les plus graves[1]. »

Depuis ce diagnostic, une autre révolution a eu lieu : celle consistant, depuis les années 2000, à transformer

---

1. Didier Gallot et Jean de Maillard, *Les Automobilistes politiquement incorrects*, Paris, Albin Michel, 1996.

un maximum de courtes peines de prison en placements sous bracelet électronique. Résultat : une partie importante des peines inférieures à six mois ne sont plus purgées en prison. Là encore, c'est parce que la Justice incarcère moins que la durée des peines purgées en détention est un peu plus longue.

Mais les peines planchers pour les récidivistes n'ont-elles pas augmenté de façon notable la durée des peines à partir de 2007 ? En réalité, ces peines planchers ont été fixées à des niveaux relativement bas : deux ans pour une peine encourue de dix ans. Et dans quatre cas sur cinq (82 %), le juge prononçait une peine de prison ferme inférieure à cette peine plancher ! Dans le ressort de la Seine-Saint-Denis, au tribunal de Bobigny, on a même atteint le taux à peine croyable de 2 % seulement de peines planchers ferme prononcées à l'égard des récidivistes[1].

Toutes les idées reçues sur la sévérité de notre Justice convergent finalement vers un mythe fondateur : la France serait dans une situation de « tout carcéral ». Cette confusion est entretenue par l'état chronique de surpopulation de nos prisons, qui laisse penser qu'il y aurait trop de détenus, alors qu'il signifie d'abord qu'il n'y a pas assez de prisons pour les accueillir.

La réalité statistique ne peut pas laisser affirmer que la France aurait la « culture du cachot » ; sur 1,4 million d'auteurs présentés chaque année à la Justice, on a vu que seuls 120 000 sont condamnés à une peine de prison ferme, et 80 000 sont réellement envoyés en prison. Pour les auteurs de délits, la prison est bien l'exception.

---

1. Question n° 48588, Éric Raoult au garde des Sceaux. Réponse publiée au *JO* le 29 juin 2010.

La comparaison avec nos voisins européens confirme ce point : le taux d'incarcération – c'est-à-dire le nombre de prisonniers pour 100 000 habitants – est en France d'environ 100, alors que la moyenne européenne est de 122[1]. Et l'on ne parle même pas ici du ratio des États-Unis, qui dépasse les 700 pour 100 000 habitants ! Notre Justice ne pratique pas le « tout carcéral », loin de là. Et elle est beaucoup moins ferme aujourd'hui qu'en 1960, malgré une augmentation manifeste des crimes et des délits depuis cinquante ans.

---

1. SPACE (Statistique pénale annuelle du Conseil de l'Europe) I – Retraitement Cour des comptes.

Chapitre 5

Un angélisme : « Seuls fonctionnent la prévention, la réinsertion et les soins »

Et si la répression n'était pas la solution ? Les programmes de prévention de la criminalité ne seraient-ils pas moins coûteux et plus efficaces ? La réinsertion de délinquants ne serait-elle pas plus effective si l'on développait l'accompagnement éducatif et social plutôt que de se focaliser sur la sanction ? Pour les toxicomanes, les personnes souffrant d'une maladie mentale et les délinquants sexuels, ne pourrait-on éviter de nombreuses récidives en se contentant de leur donner les soins dont ils ont besoin ?

Sur ces questions, la recherche criminologique a fait des progrès considérables depuis trente ans. Ses conclusions sont solides. Mais souvent contre-intuitives.

La pauvreté et le chômage, causes profondes de la criminalité ?

Spontanément, on a tendance à penser que le progrès sociétal est le seul moyen de faire reculer efficacement et durablement la criminalité. Et il est vrai que l'efficacité de l'action policière et judiciaire ne peut pas à elle seule expliquer la différence des taux de criminalité entre les États-Unis et l'Islande. Il existe donc des formes de société plus ou moins susceptibles d'encourager ou de décourager la criminalité. Mais les caractéristiques qui fondent ces variations sont plus complexes qu'on ne l'imagine.

Le rôle de la pauvreté est souvent évoqué comme une cause profonde du crime. Sans doute parce que la plupart des délinquants proviennent de milieux sociaux à faible revenu. Pourtant, la relation entre pauvreté et criminalité n'est ni évidente ni directe. Le cas du Venezuela sous Chavez est spectaculaire : entre 1998 et 2013, le taux de pauvreté est tombé de 49 % à 27 %[1]. La pauvreté extrême a été divisée par deux, de 22 % à 11 %. Mais, avec l'affaiblissement de la répression, la criminalité a littéralement explosé : le taux d'homicide a triplé, passant de 20 pour 100 000 à plus de 60 pour 100 000. Le nombre de meurtres annuels était inférieur à 5 000 ; il approche désormais les 20 000[2]. En France, la multiplication par quatre du taux de criminalité entre le milieu des années 1960 et le milieu des années 1980 a eu lieu alors que le revenu par habitant n'a cessé de croître et que la pauvreté a diminué.

Au sein même du territoire français, la relation entre pauvreté et criminalité est incertaine. Un rapport de l'inspection générale des affaires sociales et du conseil général de l'agriculture datant de 2009 conclut

---

1. Alain Faujas, « La "révolution bolivarienne" a privilégié le social au détriment de l'économie », *Le Monde*, 6 mars 2013.
2. Luis Bravo-Davila, « L'homicide au Venezuela : une tendance inquiétante », *Revue internationale de police technique et scientifique*, avril-juin 2012.

que « le taux de pauvreté rurale est supérieur à celui des zones urbaines », avec « surreprésentation des ménages et des couples jeunes, pauvres, avec enfants ». Le rapport pointe notamment un logement particulièrement dégradé en zone rurale : « Les deux tiers de l'habitat indigne sur lequel opère une mission spécifique du ministère du Logement se trouvent en milieu rural[1]. »

Le géographe Christophe Guilluy a fait le même constat : « On néglige souvent la question de la pauvreté rurale en considérant qu'elle est une conséquence du grand nombre de retraités précaires, notamment des anciens agriculteurs. La pauvreté concerne en réalité des ménages ouvriers et employés, des chômeurs et souvent des populations jeunes. [...] Les jeunes adultes sont en effet plus nombreux dans la population pauvre rurale que dans la population pauvre urbaine[2]. »

Au total, d'après les données de l'INSEE, on constate que le taux de pauvreté monétaire est équivalent – autour de 18 % – dans l'Aude, les Pyrénées-Orientales, la Creuse, le Cantal et... la Seine-Saint-Denis. Pourtant, les niveaux de criminalité sont sans commune mesure en Seine-Saint-Denis et dans ces quatre départements ruraux : on y compte au moins six fois plus de vols et dix fois plus de violences crapuleuses[3] !

Les liens entre pauvreté et criminalité sont donc complexes, et ce d'autant plus que la relation joue en

---

1. *Pauvreté, précarité, solidarité en milieu rural*, ministère de l'Alimentation, de l'Agriculture et de la Pêche, 2009.
2. Christophe Guilluy, *Fractures françaises : pour une nouvelle géographie sociale*, Paris, Bourin éditeur, 2010.
3. Voir Xavier Raufer, « Les malfaiteurs sont-ils des victimes de la société ? », Institut pour la Justice, 2010 (disponible en ligne).

sens inverse. Il ne fait aucun doute que la criminalité crée de la pauvreté en éloignant les entreprises et les emplois : un quartier où les braquages, cambriolages et agressions sont élevés est un quartier dans lequel une entreprise doit payer un surcoût élevé en assurances, systèmes de sécurité, vigiles, alarmes, etc.

La criminalité organisée décourage aussi l'assiduité à l'école, ainsi que la détermination à suivre une formation professionnelle. Lorsque, dans un quartier gangrené par le trafic de drogue, des adolescents sont payés des dizaines d'euros par jour, simplement pour faire le « guet », il sera très difficile de les convaincre de revenir dans une trajectoire scolaire et professionnelle normale, car leurs perspectives de salaire ne sont pas mirobolantes et les exigences en termes d'horaires, de ponctualité et d'effort sont plus élevées.

Quant au chômage, il entretient aussi des relations incertaines avec la criminalité. Mais cette conclusion est davantage admise en France, depuis la période 1998-2001, où la baisse régulière du taux de chômage avait été accompagnée d'une hausse ininterrompue des atteintes aux biens et des violences aux personnes. Le Premier ministre en exercice avait même reconnu publiquement la naïveté dont il avait fait preuve en estimant que le recul du chômage suffirait à endiguer la délinquance. Néanmoins, nombre d'observateurs ont encore été surpris de constater, aux États-Unis, une baisse significative et continue de la criminalité entre 2008 et 2012 alors que le chômage avait atteint des records liés à la crise économique.

De façon plus générale, lorsque des chercheurs ont essayé d'évaluer, « toutes choses égales par ailleurs », l'impact du chômage sur la criminalité, ils sont parvenus à la conclusion qu'une hausse du chômage tend à être accompagnée d'une légère hausse du nombre de vols, mais qu'elle n'a strictement aucun impact sur les violences aux personnes[1].

La prévention sociale, efficace contre la délinquance ?

En août 2012, le journal Le Monde a fait état d'un programme original dont l'objectif affiché est de « prévenir la délinquance[2] ». Organisé par des policiers, ce programme consiste à prendre en charge dans la journée, pendant l'été, des enfants âgés de douze à seize ans environ et issus de quartiers « sensibles ». Ces enfants se voient offrir de nombreuses activités – visite du Sénat, promenade sur la Seine avec les brigades fluviales, visite au camp des Loges avec la Fondation PSG, etc. Il s'agit d'« activités citoyennes » destinées à inculquer à ces jeunes les valeurs du vivre-ensemble. L'intention paraît louable. Mais quelle efficacité peut-on vraiment en attendre ?

De nombreuses études permettent aujourd'hui de connaître l'impact des programmes visant à agir sur les conditions sociales locales des quartiers difficiles. Ces programmes ne visent pas à faire reculer globalement la pauvreté et le chômage, mais à lutter contre leurs effets directs sur les adolescents, et en particulier le désœuvrement. L'exemple le plus abouti de cette philosophie est le « Neighborhood Anti-Crime Self Help Program », lancé en 1982 dans les quartiers sensibles de dix villes

---

1. Steven Levitt, « Understanding Why Crime Fell in the 1990's : Four Factors that Explain the Decline and Six that Do Not », *Journal of Economic Perspective*, hiver 2004.
2. *Le Monde*, 9 août 2012, « Pour prévenir la délinquance, la police offre des vacances à des enfants ».

américaines : « Au profit des jeunes, on mit sur pied des activités athlétiques, des clubs de jeunes, des drop-in centers [des maisons dans lesquelles les jeunes du quartier pouvaient venir quand ils le voulaient] et des bureaux de recherche d'emploi[1]. » Mais les résultats, hélas, n'ont rien donné : aucun impact, même minime, n'a été constaté sur la criminalité dans ce quartier.

Maurice Cusson, grand criminologue canadien, explique la raison de cet échec : « Dans les faits, les intervenants passent beaucoup de temps à organiser des activités récréatives : équipes sportives, camps d'été, maisons de jeunes... Ce sont là des loisirs sains ; mais pourquoi devraient-ils avoir un effet bénéfique sur les contrôles sociaux ? Les enfants des familles délabrées vont continuer de traîner dans la rue. [...] La seule différence, c'est qu'ils passeront plus de temps à jouer au base-ball. [...] Dans la mesure où le rapport loisir-délinquance est ténu, l'espoir que des activités récréatives se traduiront par un recul des conduites délictueuses paraît illusoire[2]. »

De même, les programmes organisant une intervention directe auprès des bandes délinquantes ont échoué. Ils sont conçus de la manière suivante : le travailleur social prend contact avec le gang là où il opère, et une fois qu'il s'est fait accepter par ses membres, il organise des activités, tient des réunions et offre de l'aide et des conseils. Le « Chicago Youth Development Project » en a été l'exemple type : grâce à une riche dotation de la Fondation Ford, des travailleurs de rue sont intervenus auprès de ces bandes pendant six ans. Ce

---

1. Maurice Cusson, *Prévenir la délinquance : les méthodes efficaces*, Paris, PUF, 2009.
2. *Ibid.*

projet a obtenu des résultats sociaux incontestables : « 750 emplois trouvés pour les membres de gangs ; 2 700 visites dans les familles ; 950 décrocheurs ramenés à l'école[1]. » Mais ce déploiement d'activités n'a produit aucun effet sur le niveau de délinquance de ces bandes. Pis, les taux d'arrestation dans la zone ont même eu tendance à augmenter. Pourquoi ? Parce que l'animation réalisée par les travailleurs sociaux a rendu les gangs plus attractifs, ce qui a augmenté le nombre de leurs membres, tout en renforçant leur cohésion interne. Au total, ces bandes sont devenues légèrement plus délinquantes qu'auparavant.

La conclusion générale de Maurice Cusson et de toutes les études scientifiques portant sur ce type de prévention dite « sociale » est sans ambiguïté : « Pendant plus d'un demi-siècle, dit-il, la vie de groupe et l'organisation de loisirs ont été utilisées pour prévenir la délinquance : sports d'équipe, camps d'été, clubs de prévention, groupes de discussion. Après toutes ces tentatives, on cherche en vain une seule évaluation scientifique démontrant que de telles opérations font reculer la délinquance. En revanche, on en trouve plus d'une qui montre qu'elles sont inefficaces ou carrément nuisibles[2]. »

Tout cela ne signifie pas que la prévention ne peut pas fonctionner. Au contraire, et fort heureusement, la recherche criminologique a aussi mis en évidence des programmes de prévention très prometteurs. Mais ils ne relèvent pas de la prévention « sociale » : ceux qui sont efficaces sont fondés sur la prévention dite « développementale ». L'intervention est focalisée sur les jeunes

---
1. *Ibid.*
2. *Ibid.*

enfants aux comportements agressifs et impulsifs, dont le risque de tomber dans la délinquance est plus élevé que les autres. L'objectif est d'ordre éducatif : il s'agit d'aider le jeune enfant – et ses parents – à apprendre à contrôler ses impulsions violentes et à respecter les règles de la vie sociale.

Et les résultats sont là : lorsque l'on développe, dès le plus jeune âge, les capacités sociales des enfants et les compétences éducatives des parents, on parvient à réduire de façon significative la délinquance. Telle est la leçon de ces programmes appliqués au Canada et dans les pays anglo-saxons[1]. En France, toutefois, ils ne sont quasiment pas mis en œuvre, les idées habituelles sur l'influence du milieu social, du manque d'emplois ou de l'absence de loisirs tendant à prévaloir sur les données de la recherche en sciences sociales.

LES PROGRAMMES DE RÉINSERTION, UNE ARME DÉCISIVE CONTRE LA RÉCIDIVE ?

Les mêmes résistances de pensée entourent les programmes non pas de prévention, mais de réinsertion des délinquants. On imagine mal qu'ils puissent être inefficaces : si les détenus peuvent reprendre une scolarité inachevée ou suivre une formation professionnelle, ne devrait-on pas immanquablement observer un recul de leur taux de récidive ? Après tout, beaucoup de délinquants n'ont pas eu une enfance facile, et un coup de pouce devrait leur permettre de redevenir des citoyens respectueux des lois.

---

1. Voir David Farrington et Brandon Welsh, *Saving Children From a Life of Crime*, New York, Oxford University Press, 2007.

La réalité est malheureusement différente. C'est ce que le criminologue Robert Martinson a synthétisé, en 1974, dans un rapport au retentissement mondial, intitulé What Works ?, dans lequel il évalue les résultats des 231 programmes de réinsertion des délinquants mis en œuvre dans les trois décennies précédentes. Sa conclusion est sans appel : « À de rares exceptions près et qui sont des cas isolés, les efforts de réhabilitation qui ont été jusqu'ici rapportés n'ont pas d'effet appréciable sur la récidive[1]. » Depuis 1974, la recherche a heureusement montré que certains programmes de réhabilitation, aux critères bien définis, pouvaient avoir un effet non négligeable sur la récidive. Mais ce ne sont pas les plus intuitifs ni les plus répandus[2].

Le programme de loin le plus fréquent, existant dans tous les pays occidentaux, est l'enseignement scolaire en détention. Les délinquants ayant souvent été en échec scolaire, il paraît raisonnable d'imaginer que la reprise des fondamentaux scolaires pourrait réduire leur récidive en accroissant leurs chances de trouver un emploi. Pourtant, partout où ils ont été évalués, ces programmes n'ont pas produit d'effets sur la récidive de ceux qui en ont bénéficié. Au mieux, ils ont abouti à des effets statistiquement négligeables. Il en va de même pour les programmes favorisant l'apprentissage d'un métier via la formation professionnelle. Même le travail en prison

---

1. Robert Martinson, « What Works ? Questions and Answers about Prison Reform », *The Public Interest*, 1974.
2. Voir les synthèses de la littérature scientifique : Francis Cullen, « Rehabilitation and Treatment Programs », *in* J.Q. Wilson et J. Petersilia (éd.), *Crime : Public Policies for Crime Control*, Oakland, ICS Press ; 2002, Doris Mackenzie, *What Works in Corrections*, Cambridge University Press, 2006 ; James Bonta et D.A. Andrews, *The Psychology of Criminal Conduct*, NJ, LexisNexis, 2010.

semble inefficace : aucune différence significative de récidive n'a été relevée, dans les études internationales, entre ceux qui ont pu travailler en détention et ceux qui n'ont pas pu avoir accès à un emploi[1].

Ces résultats font l'objet d'un consensus parmi tous les criminologues, y compris ceux qui militent de longue date en faveur des programmes de réinsertion. Mais ils paraissent contre-intuitifs parce que l'on raisonne par relations simplistes de cause à effet : les délinquants ont souvent connu l'échec scolaire, donc l'éducation devrait réduire la récidive ; ils sont plus fréquemment au chômage ou en instabilité professionnelle, donc la formation professionnelle ou l'apprentissage d'un emploi devraient permettre leur réinsertion.

En réalité, la plupart des délinquants auraient pu achever leur scolarité. Et, à l'âge adulte, la majorité d'entre eux a déjà occupé un ou plusieurs emplois dans le passé. Mais ce qui caractérise les délinquants les plus actifs – le noyau dur de la criminalité – est qu'ils n'ont généralement pas résisté à l'attrait de revenus gagnés rapidement et sans grand effort. Les programmes précités échouent parce qu'ils n'agissent pas sur les caractéristiques personnelles des délinquants, celles qui expliquent en partie pourquoi ils n'ont pas travaillé à l'école et pourquoi ils ont rarement réussi à se maintenir au travail plus de quelques mois : l'impulsivité, le goût du risque et le faible contrôle de soi. On retrouve en effet fréquemment ces caractéristiques chez les criminels endurcis. Leur style de vie est bien « hors norme ». « Changements d'emploi fréquents, habitude de sortir souvent le soir, relations sexuelles non protégées et abus d'alcool et de drogue », tels sont les marqueurs de leur

---

[1]. Voir les études citées dans la note précédente.

existence, selon la formule synthétique du criminologue britannique David Farrington[1].

Le chercheur Benoît Gagnon a observé le devenir, des années plus tard, de délinquants qui avaient commis les délits les plus graves au sein d'un échantillon d'adolescents condamnés par la Justice. « Tendance à arriver en retard au boulot, absences sans raison du travail et fréquents changements volontaires d'emploi [...]. Ce qui les caractérise, c'est moins le chômage qu'un laisser-aller méprisant envers le travail. Quand ils ont un emploi, ils arrivent à l'usine un peu trop souvent en retard au goût du patron ; ils s'absentent sans explication et ils quittent sur un coup de tête[2]. »

La conclusion de Maurice Cusson devrait faire réfléchir tous ceux qui s'imaginent pouvoir prévenir la délinquance sans connaître, au préalable, les ressorts fondamentaux des carrières criminelles : « Se pourrait-il qu'un style de vie délinquant conduise au chômage et à la pauvreté, et non l'inverse ? L'antériorité des délits sur le chômage est l'un des faits qui rendent plausible une réponse positive. Au cours de la vie, les vols en tout genre apparaissent bien avant l'âge où l'on peut commencer à se dire chômeur. Les trajectoires délinquantes commencent à l'adolescence, souvent même au cours de l'enfance. Elles précèdent, de loin, l'âge de l'entrée sur le marché de l'emploi et, d'ailleurs, la délinquance prédit le chômage [...]. À tout prendre, le problème paraît avoir été mal posé. Ce qui caractérise le délinquant, c'est moins le chômage

---

1. David Farrington, « Key Results from the First Forty Years of the Cambridge Study in Delinquent Development », *in* Terence P. Thornberry et Marvin D. Krohn (éd.), *Taking Stock of Delinquency*, New York, Kluwer and Plenum, 2003.

2. Maurice Cusson, *Prévenir la délinquance : les méthodes efficaces*, *op. cit.*

qu'un rapport au travail marqué au coin de l'inconstance et de la désinvolture ; c'est moins la pauvreté que la prodigalité. Enfin, la délinquance conduit plus sûrement au chômage et à la pauvreté que l'inverse[1]. »

C'est pourquoi les programmes de scolarisation ou de formation ont si peu d'impact sur la récidive : la sortie de la criminalité passe au préalable par l'abandon d'un mode de vie marqué par l'impulsivité, la recherche de sensations fortes et le refus des contraintes. De fait, les programmes de prévention de la récidive les plus prometteurs sont précisément ceux qui vont dans ce sens, et qu'on regroupe sous le terme de « thérapies cognitives et comportementales ». Ce ne sont pas des thérapies miracles : elles ne sont adaptées qu'à certaines catégories de délinquants, n'ont qu'un effet partiel et voient leurs résultats s'estomper à mesure que les années passent. Autre limite : lorsque ces thérapies ne respectent pas un protocole strict validé par la recherche, non seulement elles n'ont pas d'efficacité, mais elles peuvent même augmenter la récidive des participants[2] !

Mais lorsqu'elles sont bien conçues, leur efficacité est statistiquement significative. C'est pourquoi la situation française paraît particulièrement préoccupante. Il a fallu attendre la fin des années 2000 pour que la France finisse par s'inspirer de ces programmes dont l'utilité avait été démontrée depuis une décennie. En 2007, l'administration pénitentiaire a finalement expérimenté des « programmes de prévention de la récidive » (PPR), à visée explicitement « cognitive et comportementale ». L'esprit était prometteur. Il rompait enfin avec les interventions

---

1. *Ibid.*
2. James Bonta et D.A. Andrews, *The Psychology of Criminal Conduct*, op. cit.

les plus répandues et dont l'efficacité n'a jamais pu être prouvée, comme les psychothérapies valorisant l'introspection et la recherche de causes psychologiques profondes du passage à l'acte. Il rompait aussi avec l'accompagnement uniquement « social » d'aide à l'emploi ou au logement.

Malheureusement, aucune des conditions fondamentales nécessaires à l'efficacité de ces programmes n'a été respectée : aucun protocole strict n'a été défini, des animateurs des groupes de parole n'ont pas vraiment été formés, l'intégrité des programmes n'a pas été vérifiée. Autrement dit, même les PPR, qui se rapprochent théoriquement des programmes efficaces, ont peu de chances de réduire la récidive des délinquants ; et ils pourraient même contribuer à l'augmenter, étant donné qu'ils sont mal conçus.

Les soins médicaux, seule réponse crédible pour les délinquants sexuels ?

Qu'en est-il des soins psychologiques ou médicaux destinés aux délinquants ayant un trouble du comportement ou une maladie mentale ? Une affaire récente a montré de manière spectaculaire que l'on devrait, là encore, se fonder sur les enseignements de la science plutôt que sur l'intuition. En avril 2011, en fin d'après-midi, une fillette de cinq ans qui jouait avec d'autres enfants a été enlevée, séquestrée et violée par un homme d'une quarantaine d'années. On a rapidement appris que le violeur présumé avait été condamné à quinze ans de réclusion en 1996 pour avoir violé douze enfants, puis à deux ans de prison ferme en 2009 pour avoir agressé sexuellement une mineure. Or, cette dernière condamnation avait été assortie d'une injonction de soins, et l'homme suivait correctement ces « soins » imposés par la Justice. Il les suivait tellement bien qu'il a commis son viol quelques heures après sa consultation habituelle auprès de son psychologue !

Face à des délinquants sexuels, la croyance générale est que ce sont des malades qu'il suffirait de soigner convenablement pour éviter la récidive. Or, les traitements médicaux ne sont efficaces, dans le meilleur des cas, que dans un cas sur quatre. Après avoir recensé la totalité des études internationales menées sur le sujet, l'Académie de médecine conclut que les deux méthodes les plus efficaces, les traitements hormonaux (« castration chimique ») et les psychothérapies cognitives et comportementales, « abaissent de 25 % le taux de récidive[1] ».

Encore faut-il que le traitement soit suivi (ou poursuivi) après l'incarcération : « Lorsque la thérapie est limitée au séjour carcéral, elle n'empêcherait pas la récidive », explique le rapport. On touche là à une illusion fréquemment répandue, selon laquelle les traitements pourraient d'une certaine façon « guérir » le délinquant sexuel, alors qu'ils ne peuvent, au mieux, que l'aider à mieux contrôler ses pulsions. C'est particulièrement vrai pour les traitements hormonaux « inhibiteurs de libido » : lorsqu'ils parviennent à réduire les pulsions du délinquant sexuel, ils n'ont d'effet que pendant la durée de leur application. Dès que le traitement est arrêté, les pulsions reviennent.

Autre limite : les psychothérapies ne peuvent avoir de vertus que si le sujet est volontaire et motivé. Dans le cas

---

1. Edwin Milgrom, Pierre Bouchard et Jean-Pierre Olié, *La Prévention médicale de la récidive chez les délinquants sexuels*, *op. cit.*

contraire, il lui suffit de suivre passivement ses rendez-vous pour être en règle avec la Justice, mais l'efficacité de la thérapie sera nulle.

La castration chimique, pour être administrée, exige également le consentement du condamné. Mais la différence est que celui qui la rejette peut être réincarcéré. Il s'agit d'ailleurs d'une possibilité récente, introduite par la loi contre la récidive de 2011, qui avait pourtant été présentée à l'époque comme une énième loi d'affichage et de réaction à un fait divers. Avant cette loi, et si incroyable que cela puisse paraître, les délinquants sexuels pour lesquels la castration chimique était prescrite – donc des profils particulièrement à risque – pouvaient refuser le traitement sans la moindre conséquence judiciaire. Le psychiatre n'avait même pas l'obligation d'en avertir la Justice, et se refusait généralement à le faire pour ne pas nuire à la « relation thérapeutique » nouée avec son patient !

Au total, les évaluations réalisées au niveau international n'établissent pas d'effet massif des soins médicaux sur la récidive sexuelle. Pour l'Académie de médecine, la réduction de 25 % de la récidive est d'ailleurs le maximum que l'on peut en attendre. C'est pourquoi, dans leurs recommandations finales, les auteurs du rapport invitent les pouvoirs publics à « définir une politique qui ne soit pas uniquement basée sur des moyens médicaux ». Et d'enfoncer le clou : « Les traitements à visée hormonale ou psychologique ayant une efficacité très partielle et quelquefois des effets secondaires marquants ne peuvent être le seul outil d'une politique de prévention de la récidive. »

Nombre de magistrats français ne connaissent pas les enseignements de la criminologie sur ce point. Ils ont donc un sentiment de fausse sécurité lorsqu'ils remettent en liberté un délinquant sexuel sous « injonction de soins ». Cette sécurité est d'autant plus illusoire que l'immense majorité des traitements proposés ou imposés aux délinquants sexuels en France n'est pas de ceux pour lesquels l'Académie de médecine relève une « efficacité partielle ». Ils appartiennent au contraire aux traitements qui n'ont jamais montré la moindre efficacité dans la lutte contre la récidive sexuelle ! Les psychothérapies les plus fréquemment utilisées dans notre pays sont celles dites « psycho-dynamiques », dérivées de la psychanalyse. Elles se caractérisent par des entretiens non structurés, au cours desquels le thérapeute laisse libre cours au discours du patient, se contentant de l'aiguiller par moments. Or, l'Académie de médecine a bien précisé que, « parmi les psychothérapies, seules les méthodes cognitives et comportementales ont montré un effet contre la récidive ».

Le problème est que les psychiatres et psychologues qui suivent les délinquants sexuels n'ont généralement pas été formés pour cela. Deux études aux résultats particulièrement effarants l'ont prouvé. La première portait sur des pédophiles extra-familiaux (donc à risque important de récidive), suivis en injonction de soins dans le département d'Indre-et-Loire[1]. Sur les seize patients, quatorze suivaient uniquement une psychothérapie « simple », donc sans effet avéré sur la récidive. Plus consternant encore, un médecin, pour réduire la libido de deux patients, les avait placés sous… anti-dépresseurs (!) alors que ce traitement n'a pas été prévu à cet effet.

---

1. G. Auger, W. El Hage, M. Boussy, J. Cano, V. Camus, P. Gaillard, « Évaluation du dispositif d'injonction de soins pour les auteurs de violences sexuelles en Indre-et-Loire (France) », *Annales médico-psychologiques*, 168(6), 2010, 462-466.

Une deuxième étude, réalisée par les psychiatres Alexandre Baratta et Olivier Halleguen en Alsace et en Lorraine, a montré qu'il ne s'agissait pas d'un cas isolé. Les agresseurs sexuels, essentiellement des pédophiles, suivaient en majorité (à 66 %), à nouveau, une psychothérapie simple, dénuée d'efficacité. Aucun d'entre eux ne bénéficiait d'un traitement médicamenteux[1]. Pourquoi ? Par manque de formation des praticiens, mais pas uniquement. Une enquête a révélé que la majorité des psychiatres hospitaliers français ne souhaite tout simplement pas prescrire les traitements antilibido, pour des raisons de principe, alors même qu'ils sont recommandés à la fois par la Haute Autorité de santé et l'Académie de médecine[2]. La même enquête a mis en lumière une autre réalité fort inquiétante. Pour deux tiers des psychiatres interrogés (69 %), la réduction de la récidive n'est pas l'objectif principal des traitements visant les délinquants sexuels !

Des malades mentaux mieux suivis en liberté ?

Le suivi médical des malades mentaux ayant commis des violences – majoritairement des schizophrènes – n'est pas aussi catastrophique que celui des délinquants sexuels, mais il est loin d'être exemplaire pour autant. Depuis une trentaine d'années, un certain nombre de

---

[1]. O. Halleguen, A. Baratta, « L'injonction de soins. À propos d'une étude réalisée sur les régions Alsace et Lorraine », *L'Encéphale*, sous presse.

[2]. A. Morali, A. Baratta, O. Halleguen, H. Lefèvre, « Étude sur la prise en charge des auteurs de violence sexuelle auprès d'une cohorte de psychiatres hospitaliers en France en 2011 », *Annales médico-psychologiques*, 169 (9), 2011.

délinquants, atteints d'une maladie mentale, tendent à multiplier les séjours en prison et en hôpital psychiatrique. Le schizophrène Zubert G., dont Le Monde a fait un portrait lorsqu'il est passé aux assises, en est l'exemple type : il avait « alterné les séjours en hôpitaux psychiatriques – vingt-trois en onze ans – et courts passages en prison. Onze condamnations figurent à son casier judiciaire[1] ».

Même si cela peut paraître étrange, le problème principal n'est pas que ces individus puissent être incarcérés. Certes, le code pénal interdit d'incarcérer les malades mentaux dont le « discernement a été aboli » au moment de leur crime ou délit. Mais les schizophrènes ne sont pas en permanence en état de délire ou d'hallucination qui pourrait justifier une irresponsabilité pénale. La maladie peut affaiblir la volonté, mais non faire perdre totalement le contrôle de soi de l'individu : c'est le cas par exemple d'un schizophrène qui commet un vol avec violence dans le dessein de s'acheter du cannabis. C'est pourquoi on trouve dans nos prisons des individus atteints d'une maladie mentale du type schizophrénie ou troubles bipolaires. Ils représentent entre 5 et 10 % des détenus[2].

Le problème est qu'à leur sortie de prison, ils sont ordinairement livrés à eux-mêmes. Aucune coordination particulière n'est prévue entre les services psychiatriques de la prison (SMPR) et les services généraux de psychiatrie (le secteur). Une fois dehors,

---

1. *Le Monde*, 14 novembre 2008, « Prostré et comateux, un fou devant la cour d'assises ».
2. Voir l'étude épidémiologique sur la santé mentale des personnes détenues en prison, conduite entre 2003 et 2004 à la demande du ministère de la Justice et du ministère chargé de la Santé (disponible en ligne).

ils tendent à interrompre leur traitement et à reprendre des toxiques, ce qui constitue un cocktail explosif et accroît leur risque de récidive.

S'ils réintègrent l'hôpital psychiatrique, ils ne seront généralement pas gardés suffisamment longtemps pour stabiliser leur état, faute de lits en nombre suffisant. Plus de 50 000 lits ont été supprimés en psychiatrie entre 1980 et 2000. Résultat, les sorties sont plus rapides et « semblent assez souvent répondre à des contingences administratives plutôt qu'à de véritables motifs thérapeutiques[1] », selon un rapport d'inspection. Pour le professeur Senon, le manque de lits génère « pour les pathologies chroniques des hospitalisations trop brèves », ne permet pas « de préparer des projets de sortie cohérents » et provoque « des rechutes à brève échéance[2] ».

Pourtant, pour certains malades, et en particulier les plus dangereux, le maintien de l'hospitalisation est nécessaire. D'abord parce que les traitements neuroleptiques ne fonctionnent pas pour tous les schizophrènes : 30 % des patients ne répondent pas aux traitements et 50 % y répondent de manière partielle, ce qui laisse seulement 20 % de réponses complètes[3]. Ensuite parce que certains patients ont une forte tendance à interrompre leur traitement lorsqu'ils ne sont plus « cadrés » par l'hospitalisation, soit parce qu'ils croient ne pas être malades, soit

---

1. Rapport sur les problèmes de sécurité liés aux régimes d'hospitalisation sans consentement (IGA, IGPN, IGN), Paris, ministère de l'Intérieur, 2004, p. 34.
2. J.-L. Senon, « Soins ambulatoires sous contrainte : une mise en place indispensable pour préserver une psychiatrie publique moderne », *L'Information psychiatrique*, septembre 2005, volume 80, n° 7, p. 626-634.
3. Olivier Halleguen, « Prise en charge des malades mentaux dangereux », Institut pour la Justice, 2011.

parce qu'ils pensent ne plus en avoir besoin. De là des rechutes et, parfois, des passages à l'acte violents.

Des criminels tous capables de changer ?

Les criminels les plus dangereux ne présentent généralement aucune maladie mentale au sens traditionnel du terme. Pour autant, l'atrocité de leurs actes – tuer une jeune fille puis découper son corps (affaire Tony Meilhon), ou violer et tuer sept jeunes femmes (Guy Georges) – nous conduit intuitivement à nous dire que « quelque chose ne tourne pas rond ». Et de fait, ces criminels ont beau ne pas être des « malades mentaux », ils ont bien un problème psychologique.

Ils sont affectés d'un trouble de la personnalité, appelée « psychopathie[1] ». C'est un trouble qui se caractérise principalement par une absence à peu près totale d'affects et d'empathie à l'égard d'autrui, une forte impulsivité, ainsi que des comportements antisociaux fréquents. De façon remarquable, ces caractéristiques apparaissent généralement dès l'enfance et sont relativement stables tout au long de l'adolescence. Des travaux récents en neurosciences ont même mis en évidence des singularités dans la configuration de leur cerveau. Toutefois, leur responsabilité pénale est toujours reconnue comme totale : même impulsifs et dépourvus de certains affects, ils conservent leur discernement, à la différence d'un schizophrène qui peut être prisonnier de ses hallucinations.

---

1. Robert D. Hare, *The Hare Psychopathy Checklist-Revised*, Toronto, ON, Multi-Health Systems, 2003. Voir aussi Thierry Pham, « Outils d'évaluation chez l'adulte », Haute Autorité de santé, Prise en charge de la psychopathie, audition publique, décembre 2005.

Les psychopathes dits « prototypiques » ne sont pas nombreux, fort heureusement, mais ils présentent des risques particulièrement élevés de récidive violente et sexuelle. Ils ont tendance à commettre aussi bien des vols que des violences, aussi bien des dégradations que des agressions sexuelles. Dans le pire des cas, cela peut aller jusqu'au viol et au meurtre. Guy Georges est l'illustration même du psychopathe prototypique : avant de commettre sept meurtres accompagnés de viol (commis à partir de l'âge de vingt-neuf ans), il avait un lourd passé de délinquant de multiple nature, commencé avant l'âge de quinze ans : vols à la roulotte, violences, agressions au couteau, viols.

On ne « guérit » jamais d'un trouble de la personnalité psychopathique – et pour cause, ce n'est pas une maladie. Cela ne signifie pas qu'un psychopathe ayant déjà commis des violences graves récidivera forcément. Mais cela veut dire que sa personnalité ne changera pas, et que le risque de récidive sera toujours très élevé, même s'il décline un peu avec l'âge.

Il n'existe pas non plus, en l'état actuel des connaissances, de programmes ou de soins susceptibles de réduire ce risque. Même les traitements pour délinquants sexuels n'ont aucune efficacité pour des violeurs à personnalité psychopathique. C'est pourquoi l'Académie de médecine, après avoir rappelé que certains traitements réduisent la récidive sexuelle de 25 %, précise que ces résultats « ne sont pas extrapolables aux violeurs de femmes adultes qui sont fréquemment des sujets asociaux responsables à la fois de violences sexuelles et non sexuelles ».

La réalité est peut-être encore plus sombre. Plusieurs études suggèrent que des psychothérapies de groupe ne sont pas simplement sans effet positif sur eux ; au contraire, elles pourraient même accroître leur risque de récidive, vraisemblablement parce qu'ils profitent des contacts avec d'autres criminels pour apprendre des techniques ou simuler certaines émotions[1].

Ni malades mentaux, ni vraiment « normaux », inaccessibles aux soins et incapables de changer en profondeur, les psychopathes nous montrent à quel point les raisonnements non informés (« ce sont des malades »), simplistes (« il suffirait de les soigner »), ou bienveillants (« tout homme peut changer ») peuvent se révéler erronés – et dangereux.

---

[1]. Voir M.C. Seto et H.E. Barbaree, « Psychopathy, treatment behavior, and sex offenders recidivism », *Journal of Interpersonal Violence*, 14 (12), 1235-1248, 1999. Voir aussi R.D. Hare, D. Clark, M. Grann, M. et D. Thornton, « Psychopathy and the predictive validity of the PCL-R : An international perspective », *Behavioral Sciences and the Law*, 18(5), 623-645, 2000.

CHAPITRE 6

Un catéchisme :
« La prison est une école du crime »

J'ai encore en mémoire un entretien avec un député socialiste, spécialiste des questions de justice, à qui je venais présenter l'Institut pour la Justice. C'était en 2009. Comme nous avions l'habitude de le faire avec les députés, sénateurs ou conseillers ministériels rencontrés, j'ai abordé le problème des mythes et idées reçues sur la prison. L'un des plus répandus dans le monde judiciaire est celui selon lequel les libérations conditionnelles, octroyées au détenu avant la fin de sa peine, seraient « le meilleur outil de lutte contre la récidive ».

Cette idée reçue s'appuie en apparence sur des statistiques solides. On observe, de fait, que les condamnés bénéficiant d'une libération conditionnelle récidivent moins que ceux qui vont jusqu'au bout de leur peine. Pourtant, si l'on veut bien se pencher un peu sur la question, on s'aperçoit que ces chiffres ne nous disent rien de l'impact réel de la libération conditionnelle sur la récidive.

Comme je l'ai expliqué à ce député, les condamnés qui bénéficient de cette mesure sont ceux dont les juges ont pensé qu'ils avaient le plus de chances de réintégrer la société sans récidiver. À l'inverse, ceux qui n'en ont pas bénéficié ont été jugés à haut risque de récidive. Il est donc parfaitement logique que les détenus considérés comme dangereux récidivent plus que les détenus considérés comme réinsérables. Et il est impossible de savoir si la libération conditionnelle en elle-même a eu le moindre impact sur leur niveau de récidive.

À cette démonstration, ce député a réagi avec une honnêteté intellectuelle remarquable : « C'est vrai », a-t-il dit simplement. Il a ajouté, comme se parlant à lui-même : « Et dire que j'ai parcouru les plateaux de télévision pour expliquer que la libération conditionnelle réduit de moitié la récidive... » Cette réaction franche et spontanée montre que ce député, qui travaille de longue date sur les questions judiciaires, n'avait jamais rencontré un magistrat, un avocat, un sociologue ou un journaliste qui lui avait apporté la contradiction sur ce point. C'est dire l'enracinement profond des idées approximatives, voire franchement fausses, sur la prison et ses alternatives dans le monde politique, médiatique et judiciaire.

La prison, « facteur de récidive » ?

L'une des plus répandues est celle de la prison « terreau fertile de la criminalité » ou « facteur de récidive ». Il faut dire que cette idée est accréditée par de nombreux films, documentaires ou reportages qui dénoncent les effets délétères de la prison. Pourtant, l'hypothèse de la « prison école du crime » n'a rien d'évident. Certes, la prison peut constituer un « accélérateur » de carrière chez un délinquant qui aura su tisser des réseaux au sein de la prison. Mais la « carrière » en question doit déjà être particulièrement prometteuse. Car les professionnels de la justice n'ont jamais vu un « infractionniste routier », un père incestueux ou l'auteur d'un crime passionnel se transformer en truand à la faveur d'un séjour en prison.

En outre, les alternatives à la prison peuvent, elles aussi, être une école de la récidive si les condamnés ont un sentiment d'impunité. Une peine trop faible au regard de la gravité du délit commis peut constituer un encouragement à persévérer dans une vie délinquante. Quant aux conditions de détention, elles ont aussi, en principe, un effet ambigu sur la récidive : elles peuvent tout aussi bien endurcir un délinquant que lui ôter l'envie de recommencer, pour éviter d'avoir à y retourner.

Au total, l'effet théorique de la prison sur celui qui la subit est complexe et incertain. Et de fait, la plupart des études criminologiques et statistiques confirment ce constat mitigé. La prison ne parvient manifestement pas à transformer massivement des délinquants en citoyens honnêtes. Et à l'inverse, elle ne transforme pas non plus des petits délinquants en grands criminels[1]. Ni école de la récidive, ni école de la réinsertion, donc (ce qui ne signifie pas que la prison est inefficace, son impact sur la criminalité ne se limitant pas à sa fonction de réinsertion).

Pourtant, la « prison école du crime » continue de compter beaucoup d'adeptes. « Comment la prison fabrique la récidive », tel était le titre en une du journal Le Monde, le 15 octobre 2011. L'article de fond détaillait les résultats d'une étude récente de l'administration pénitentiaire. En apparence les choses étaient claires, et

---

1. Paul Smith, Claire Goggin et Paul Gendreau, *Effets de l'incarcération et des sanctions intermédiaires sur la récidive : effets généraux et différences individuelles* (Rapport pour spécialistes 2002-01), Ottawa, Solliciteur général Canada, 2002.

la conclusion sans appel. Un examen détaillé montre pourtant qu'il n'en est rien.

D'abord, le chiffre choc : 59 % des libérés de prison sont recondamnés dans les cinq ans suivant leur sortie. Cette information confirme que la prison ne parvient pas en elle-même à remettre dans le droit chemin la majorité de ceux qu'elle accueille. Mais il faut également lire ce chiffre à la lumière du profil des détenus : les délinquants condamnés à une peine de prison ferme sont dans leur immense majorité des individus bien connus des services de police, qui ont déjà été condamnés de nombreuses fois. Ce sont donc des personnalités particulièrement ancrées dans la délinquance, qui enchaînent les délits et les condamnations.

Pour les condamnés « sans détention », la récidive tombe à 45 %. En apparence, la « prison école du crime » semble confortée. Mais la comparaison de ces deux taux n'a aucun sens, car un individu condamné à de la prison ferme ne présente pas le même profil, ni le même risque de récidive qu'un individu condamné à une peine alternative. Les peines alternatives sont réservées à ceux qui présentent davantage de garanties de réinsertion ; il est donc naturel que leur taux de récidive soit inférieur !

Le même phénomène se retrouve pour les peines avec sursis. Les personnes condamnées à une peine de « sursis avec mise à l'épreuve » sont plus nombreuses à être recondamnées à de la prison ferme (32 %) que celles condamnées à du « sursis simple » (19 %[1]). Personne, dans le monde judiciaire, n'en conclut pour autant que le « sursis avec mise à l'épreuve » serait criminogène.

---

[1]. Annie Kensey, Françoise Lombard et Pierre V. Tournier, « Sanctions alternatives à l'emprisonnement et "récidive" », Institut de criminologie, coll. « Travaux et documents », n° 69, 2005.

Car les spécialistes savent bien que le parcours « classique » d'un délinquant commence, après d'éventuelles arrestations sans suite ou des alternatives aux poursuites, par une peine de prison avec « sursis simple ». Les délinquants qui persistent se voient ensuite condamnés à « un sursis avec mise à l'épreuve ». Ces derniers sont donc généralement plus endurcis que les premiers, qui, pour une bonne partie d'entre eux, ont arrêté dès le premier coup de semonce. C'est pourquoi ces délinquants plus endurcis récidivent davantage, indépendamment de l'efficacité de la peine à laquelle ils ont été condamnés.

Une comparaison entre la récidive des mineurs sortant d'un Centre éducatif fermé (CEF) et la récidive de ceux sortant d'un foyer classique « ouvert » serait tout aussi biaisée. Aucun chiffre officiel n'existe sur la question, mais il y aurait fort à parier que la récidive suite à un CEF est beaucoup plus élevée, parce que les jeunes qui y sont envoyés sont plus endurcis et récidivistes. Mais cela ne dirait rien de l'efficacité réelle des CEF.

Les libérations conditionnelles, la solution antirécidive ?

L'article du Monde d'octobre 2011 affirmait également que les libérations conditionnelles réduisent la récidive : « Les libérés qui n'ont pas bénéficié d'aménagements de peine ont été 63 % à être recondamnés au bout de cinq ans (contre 39 % pour les sortants en libération conditionnelle). » Là encore, pourtant, les juges d'application des peines n'ont pas choisi au hasard ceux à qui ils accordent une libération conditionnelle. Ils privilégient ceux qui ont le plus de chances de se réinsérer. Il n'est donc pas très surprenant qu'ils récidivent moins que les autres. Ce qui est peut-être plus surprenant, en revanche, c'est qu'ils récidivent autant (39 % !) alors qu'ils sont censés avoir présenté d'importantes garanties de réinsertion...

La même étude et les mêmes chiffres ont pourtant été utilisés par la « conférence de consensus » sur la prévention de la récidive de mars 2013 pour proclamer que les alternatives à la prison et les libérations conditionnelles sont la meilleure arme contre la récidive. C'est d'autant plus étonnant que les auteurs de l'étude en question avaient explicitement mis en garde contre une interprétation trop hâtive de leurs données : « Ces résultats n'indiquent pas forcément un lien de causalité [entre la libération conditionnelle et la récidive] », parce que « la sélection des libérés [par les juges d'application des peines] favorise ceux dont le risque de récidive est évalué au plus bas – par exemple, les personnes ayant fait preuve de bons comportements en détention, ou ayant un projet particulièrement solide de réinsertion, éléments que nous n'observons pas dans ces données[1]. »

En toute rigueur, donc, les statistiques ne peuvent pas trancher le débat sur l'efficacité de la libération conditionnelle. En soi, la mesure n'est pas dénuée d'intérêt : elle permet d'imposer au condamné des mesures de surveillance et de suivi à sa sortie de prison, ce qui peut réduire la récidive. Mais pourquoi serait-on obligé, pour les appliquer, de libérer les condamnés plus tôt que prévu ? Pourquoi ces mesures de suivi devraient-elles être imposées dans le cadre d'une libération anticipée, et non pas après l'exécution intégrale de la peine de prison ?

---

1. Annie Kensey et Abdelmalik Benaouda, « Les risques de récidive des sortants de prison, une nouvelle évaluation », *Cahiers de l'administration pénitentiaire*, mai 2011, n° 36.

La question se pose d'autant plus que certains types de libérations anticipées peuvent clairement favoriser la récidive. Une étude particulièrement bien conçue du sociologue Éric Maurin le montre[1]. Pour éviter les biais décrits plus haut, et comparer des profils comparables, il a eu l'idée de s'appuyer sur une bizarrerie typiquement française, heureusement révolue depuis 2007 : les grâces présidentielles. Chaque année, au 14 juillet, un grand nombre de condamnés voyaient leur peine réduite de plusieurs mois, indépendamment de leur comportement ou de leur dangerosité. Ils ne présentaient donc aucune différence avec ceux qui avaient été condamnés plus tôt dans l'année et qui avaient simplement eu la « malchance » d'être libérés avant le 14 juillet, sans avoir pu bénéficier de la grâce.

La comparaison statistique est sans appel : les détenus ayant bénéficié, en 1996, d'une grâce collective, récidivent nettement plus (de 12 points de pourcentage) que ceux n'en ayant pas bénéficié (ayant achevé leur peine juste avant le 14 juillet). Le chercheur a même trouvé que plus la réduction de peine accordée par la grâce était importante, plus la récidive était élevée ! Ce qui nous rappelle que, lorsqu'un délinquant se voit accorder un « cadeau » par la Justice, il peut ne pas se montrer reconnaissant, et au contraire se voir encouragé à continuer ses activités.

LES COURTES PEINES, FORCÉMENT CRIMINOGÈNES ?

L'affirmation selon laquelle « les courtes peines favorisent la récidive » procède des mêmes illusions. C'est ce que montre par exemple l'article publié sur le site

---

[1]. Éric Maurin, « Sentence Reductions and Recidivism : Lessons from the Bastille Day Quasi Experiment », IZA Discussion Paper 3990, 2009 (avec Aurélie Ouss).

Internet du Figaro juste après les propos de Christiane Taubira sur le caractère nocif des courtes peines, en août 2012[1]. Le journaliste a jugé pertinent de comparer le taux de récidive des condamnés à des courtes peines à celui des condamnés à des peines plus longues. Il observe peu de différence entre les condamnés à moins de six mois et ceux à moins de deux ans (plus de 60 % de récidive dans les deux cas), mais il trouve une récidive nettement inférieure pour les condamnés à plus de cinq ans (37 %). L'article en conclut que les courtes peines semblent effectivement favoriser la récidive.

Mais la comparaison n'a pas de sens, car les condamnés à de courtes peines n'ont pas du tout le même profil que les condamnés à de longues peines. L'auteur d'un crime passionnel n'a pas le même risque qu'un voleur à la tire de se retrouver à nouveau devant un juge. De fait, le taux de recondamnation s'élève à 74 % pour les vols simples, alors qu'il n'est « que » de 32 % pour les homicides[2].

Pourtant, les courtes peines continuent à avoir mauvaise presse, parce qu'on leur attribue le défaut de « désinsérer » le délinquant en lui faisant perdre l'emploi éventuel qu'il occupe, sans être suffisamment longues pour permettre de le « réinsérer » par des programmes adaptés. Mais les conclusions du chapitre précédent nous permettent de voir en quoi ce raisonnement est doublement simpliste. D'abord parce que le noyau dur des délinquants endurcis, ceux qui constituent l'essentiel de la population des prisons, se caractérise de toute façon par des ruptures fréquentes d'emploi, le plus sou-

---

[1]. *Le Figaro*, 7 août 2012, « Les courtes peines de prison génèrent-elles de la récidive ? ».

[2]. Annie Kensey et Abdelmalik Benaouda, « Les risques de récidive des sortants de prison, une nouvelle évaluation », *Cahiers de l'administration pénitentiaire*, mai 2011, n° 36.

vent de leur propre fait, parce qu'ils préfèrent une vie sans contrainte, risquée et festive, à une vie réglée, disciplinée et monotone. Ensuite parce que l'immense majorité des programmes de réinsertion n'a pas d'effet significatif, particulièrement lorsqu'ils sont pratiqués en prison.

Une étude néerlandaise, datant de 2010, ajoute toutefois une nouvelle pièce au dossier[1]. Elle observe que, parmi des délinquants qui n'ont jamais été incarcérés, ceux qui ont été condamnés à un travail d'intérêt général récidivent moins que ceux qui ont été condamnés à une courte peine de prison. De bonne qualité méthodologique, cette étude réalise un intense travail statistique pour essayer de calculer le taux de récidive « toutes choses égales par ailleurs », à profil équivalent. Mais il n'en reste pas moins que les conclusions doivent être prises avec précaution, car les juges n'ont pas choisi leur peine au hasard : ils ont choisi la prison pour ceux qu'ils jugeaient les plus endurcis. Pour que cette étude emporte la conviction, il faudrait que d'autres recherches de même qualité méthodologique arrivent aux mêmes conclusions. Or ce n'est pas le cas : une étude statistique américaine d'excellent niveau a montré que l'incarcération, loin d'augmenter la récidive, a au contraire pour conséquence de réduire la récidive des délinquants mineurs[2].

Au total, il paraît de bon aloi de s'en tenir à un rapport de référence réalisé pour le gouvernement canadien qui, dans une méta-analyse rassemblant 117 études concer-

---

1. Paul Nieuwbeerta, Daniel S. Nagin et Arjan A.-J. Blokland, « Assessing the Impact of First-Time Imprisonment on Offenders' Subsequent Criminal Career Development », *Journal of Quantitative Criminology*, vol. 25, n° 3, 2009.

2. Randi Hjalmarsson, « Juvenile Jails : A Path to the Straight and Narrow or Hardened Criminality ? », *Journal of Law and Economics*, vol. 52, 2009.

nant 450 000 délinquants, conclut que la prison, pour celui qui la subit, n'est ni l'école de la réinsertion, ni l'école du crime[1]. Son impact sur la criminalité est ailleurs.

La prison, impuissante à dissuader les criminels ?

Pour le criminologue, la focalisation des débats sur l'impact de la prison sur la récidive a quelque chose de sidérant. Car on laisse de côté deux effets potentiellement majeurs de la prison : l'effet mécanique de la « neutralisation », lorsque les délinquants sont derrière les barreaux, ils ne peuvent pas commettre de crimes et délits dans la société ; et l'effet plus subtil de la « dissuasion générale », si les délinquants savent qu'ils sont certains d'échapper à la prison, ils seront davantage tentés de commettre des délits.

Il existe plusieurs malentendus sur la fonction dissuasive de la prison. Contrairement à ce que l'on imagine, la dissuasion ne concerne pas d'abord le condamné lui-même, mais s'exerce sur l'ensemble du corps social, et tout particulièrement sur les délinquants attentifs à la façon dont la Justice sanctionne leurs « collègues ».

C'est pourquoi l'on parle parfois d'« exemplarité » de la peine, plutôt que de dissuasion générale. Mais le concept de la peine « exemplaire » a lui aussi une connotation ambiguë : ce serait une peine disproportionnée, destinée à frapper l'imagination une fois pour toutes. Rien n'est cependant plus éloigné de ce qui fait l'efficacité dissuasive de la peine dans la théorie criminologique classique, à savoir son caractère rapide, certain et proportionné. La formule vient

---

1. Paul Smith, Claire Goggin, et Paul Gendreau, *Effets de l'incarcération et des sanctions intermédiaires sur la récidive : effets généraux et différences individuelles*, op. cit.

du philosophe Beccaria en 1764 ; elle est toujours d'actualité : « La certitude d'une punition, même modérée, fera toujours plus d'impression que la crainte d'une peine terrible si à cette crainte se mêle l'espoir de l'impunité[1]. »

L'exemple des sanctions routières est à cet égard éclairant. Les autorités n'auraient certainement pas réduit de façon si sensible le nombre d'accidents mortels si elles s'étaient contentées de condamner, même de façon exemplaire, les auteurs d'homicide involontaire en excès de vitesse ou sous l'emprise de toxiques. Les routes sont devenues plus sûres parce que la sanction est devenue plus certaine, notamment par l'effet des radars routiers[2].

Cet effet dissuasif concerne aussi la masse des délinquants, pourtant présumés impulsifs, manquant de contrôle d'eux-mêmes et affectés par un faible niveau scolaire et intellectuel. Car, sans être totalement rationnels, les criminels ne sont pas insensibles aux évolutions de l'environnement pénal.

Lorsqu'une grève de la police a été rendue publique à Melbourne en 1923, des milliers d'individus se sont livrés à des pillages. Ces actes ont pris fin lorsque le gouvernement a engagé des milliers de citoyens pour agir en tant qu'officiers de police. De même, lorsqu'en septembre 1944 les forces d'occupation allemandes ont arrêté les policiers danois suspectés d'actes de résistance et les ont remplacés par un personnel improvisé et inefficace, les vols à main armée commis à Copenhague ont été multipliés par dix durant les sept mois qui ont suivi. Même chose à Montréal en 1969[3].

---

1. Cesare Beccaria, *Des délits et des peines*, Genève, Droz, 1965, p. 46.
2. Voir les études citées dans Maurice Cusson, « Dissuasion, Justice et communication pénale », Institut pour la Justice, 2010 (disponible en ligne).
3. Voir Maurice Cusson, *Criminologie actuelle*, Paris, PUF, 1998, p. 140.

Ces exemples historiques montrent que beaucoup de citoyens violeraient la loi s'ils pensaient pouvoir le faire en toute impunité. A contrario, ils suggèrent que le nombre de délits commis dans notre pays serait moins élevé si notre système pénal était plus crédible, avec des peines de prison prononcées rapidement et réellement exécutées. Lorsque la Justice française laisse inexécutées 20 % des peines de prison chaque année, elle nourrit un sentiment d'impunité et, plus généralement, envoie un très mauvais signal sur la crédibilité et la prévisibilité des peines qu'elle prononce. Ce qui encourage la criminalité.

La Justice perd de sa force dissuasive lorsqu'elle devient imprévisible. C'est là une limite à l'individualisation des peines. Une Justice crédible et dissuasive est une Justice dans laquelle chacun doit pouvoir savoir ce qu'il encourt réellement en cas d'infraction. Certes, la peine doit être en partie adaptée à la personnalité de l'individu, mais en partie seulement, sans quoi elle risque d'être perçue comme arbitraire. Lorsque, pour la même infraction, un individu risque soit deux ans ferme, soit six mois avec sursis, selon le juge devant lequel il comparaît, le système judiciaire ne joue plus son rôle, et provoque tantôt un sentiment d'impunité, tantôt le sentiment de peines disproportionnées.

Mais, dira-t-on, comment les délinquants sauraient-ils que les peines prononcées sont très variables, et que beaucoup d'entre elles ne sont pas exécutées, eux qui sont peu enclins à lire les rapports statistiques du ministère de la Justice ? Rappelons que les délinquants ont généralement des contacts directs répétés avec l'institution judiciaire, souvent dès l'adolescence, avant d'être condamnés à de la prison ferme. Ils ont pu se faire à cette occasion une idée de sa crédibilité. Ils ont aussi tendance à fréquenter d'autres délinquants. En observant le parcours judiciaire de leurs « collègues », ils se forgent une connaissance empirique mais proche de la réalité de ce qu'ils risquent effectivement.

Un exemple ? En août 2010, plusieurs policiers ont été pris dans un guet-apens dans la cité des Tarterêts, dans l'Essonne. Plusieurs dizaines de jeunes leur sont tombés dessus pour les rouer de coups. L'un d'eux a essayé de tuer un des policiers en lui portant des coups de marteau sur la tête. Des renforts sont arrivés in extremis et les policiers ont réussi à interpeller deux personnes majeures, dont l'auteur des coups de marteau, preuve ADN à l'appui. Jugés en comparution immédiate, ils ont été reconnus coupables, condamnés à trois et sept mois ferme et... remis en liberté[1] ! Ce qui signifie que leur peine est restée inexécutée pendant de longs mois, alors que l'un d'eux en était à sa dixième condamnation à l'âge de dix-huit ans. Il faut s'imaginer à présent quelle considération envers la Justice peuvent avoir les quelques dizaines de jeunes qui ont participé au guet-apens, en voyant rentrer libres, le soir même, les deux principaux agresseurs. Et ce n'est pas tout : dans la cité des Tarterêts, nombreux sont les familles et enfants qui ont dû entendre parler de cet événement et de la faiblesse de la réponse pénale.

Le problème ne réside pas seulement dans la démonstration qu'on ne risque pas grand-chose à agresser un policier. De façon plus durable encore, on affaiblit la norme selon laquelle il est inacceptable de le faire. Selon l'excellente analyse de Maurice Cusson, en effet, la sanction pénale n'a pas seulement un rôle de dissuasion, mais aussi de « communication » : « La sanction pénale

---

[1]. *Le Figaro*, 19 août 2010, « Tarterêts : prison ferme pour deux jeunes hommes ».

exprime la réprobation du crime jugé ; elle réaffirme la norme violée par le coupable. Même si la loi a été transgressée, elle reste toujours la loi, la preuve étant que l'infraction est punie. Durkheim a fort bien défendu cette idée. La fonction de la peine est de faire savoir à tous que la règle reste encore en vigueur en dépit de la faute et qu'"elle a toujours droit au même respect". La punition dissipe le doute que le spectacle du crime instille dans les esprits : la règle qui vient d'être violée serait-elle tombée en désuétude ? La peine répond fermement "non"[1]. »

Maurice Cusson ajoute, un peu plus loin : « L'institution pénale exerce une influence non seulement sur les individus, mais aussi sur les groupes et les communautés. En effet, elle soutient les contrôles sociaux qui s'exercent spontanément. Elle contribue à préserver le climat de confiance entre les gens. Sachant que la Justice punit les vols, les fraudes et les violences, les citoyens qui blâment ces actes en leur for intérieur vont se sentir soutenus quand ils seront conduits à réprouver ouvertement de telles fautes. »

Inversement, lorsque certains jeunes de quartiers sensibles, qui ont peu de respect pour les policiers, observent que l'on peut porter atteinte à leur intégrité physique sans recevoir de sanction réelle, ils se voient renforcés dans l'idée que la vie d'un policier ne vaut pas grand-chose. Quant aux victimes et aux citoyens honnêtes de ces quartiers, ils perdent toute confiance en la capacité de l'institution judiciaire à les protéger. Ce qui fragilise encore davantage la Justice, qui a besoin de leur coopération, notamment pour porter plainte ou témoigner.

---

1. Maurice Cusson, « Dissuasion, Justice et communication pénale », art. cité.

INCARCÉRER PLUS LONGTEMPS LES MULTIRÉCIDIVISTES, UNE FAUSSE SOLUTION ?

Pour les délinquants endurcis, toutefois, la perspective d'être incarcéré n'est pas vraiment dissuasive. Un passage en prison fait partie des risques du métier. Pis, il peut contribuer à renforcer leur statut de caïd. D'où les doutes de juges, et même de policiers, sur l'efficacité dissuasive de la prison, car ils ne cessent d'interpeller ou de juger ceux qui n'ont pas été dissuadés, alors qu'ils ne revoient jamais ceux qui ont interrompu leur carrière délinquante de peur d'aller en prison !

Mais contrairement à une idée reçue, même pour ces profils endurcis que la peine ne dissuade plus, la prison n'est pas inefficace pour autant. C'est même le contraire : l'incarcération de ces profils permet de prévenir de nombreux crimes et délits, y compris les plus graves, homicides, viols et violences graves. Cela pour une raison simple, peu connue du grand public, alors qu'elle est établie par la criminologie depuis les années 1970 : une petite minorité de délinquants est responsable d'une très grande part des crimes et délits. Parmi les nombreuses études qui appuient ce constat[1], citons une enquête datant de 1986, réalisée à partir d'entretiens avec des détenus californiens condamnés pour vol avec violence. La moitié d'entre eux commettaient en moyenne moins de quatre délits par an, tandis que 5 % d'entre eux avaient avoué en commettre plus d'une centaine[2].

---

1. Pour la France, voir Sébastian Roché, *La Délinquance des jeunes. Les 13-19 ans racontent leurs délits*, Paris, Le Seuil, 2001.

2. Christy A. Visher, « The RAND Inmate Survey : A reanalysis », *in* Alfred Blumstein, Jacqueline Cohen, Jeffrey Roth and Christy

De nombreuses enquêtes ont confirmé ce phénomène, notamment dans le monde francophone. À Montréal, 5 % d'un échantillon représentatif d'adolescents étaient responsables de plus de 60 % des délits commis par les membres de cet échantillon. En France, Sebastian Roché a réalisé à la fin des années 1990 une enquête à l'aide d'un questionnaire portant sur un échantillon de 2 300 écoliers de treize à dix-neuf ans : 5 % d'entre eux se déclarent les auteurs de 48 % des petits délits et de 86 % des délits graves avoués par tous les répondants[1].

Par simplicité, et en raison de la remarquable similarité des ordres de grandeur trouvés dans les différents pays, on dit généralement que 5 % des délinquants sont responsables de plus de 50 % des crimes et délits. Cette observation a une conséquence considérable : elle signifie que, lorsque les individus appartenant à ces 5 % sont en prison, le nombre total de crimes et délits commis dans la société est très largement réduit. Chaque année passée par l'un de ces délinquants endurcis en prison réduit mécaniquement le nombre d'infractions graves. Cette observation est d'ailleurs confirmée par le ressenti de nombreux élus de quartiers difficiles, qui constatent que le quartier est nettement plus calme lorsque le « caïd » est en prison.

La fonction de neutralisation a donc un sens pour les délinquants d'habitude, et pas seulement pour les grands criminels. Lorsque l'on a affaire à un délinquant multiréitérant, chaque année de prison permet d'éviter un certain nombre de crimes et délits. Et ce même s'il a bien sûr vocation à sortir de prison et à se réinsérer dans la société.

Visher (dir.), *Criminal Careers and « Career Criminals »*, Washington DC, National Academy Press, 1986.

1. Voir la synthèse de la littérature de Maurice Cusson, « La délinquance, une vie choisie », *Revue internationale de criminologie et de police technique et scientifique*, vol. 54, avril-juin 2006.

La caractéristique de ces délinquants suractifs est de commettre des délits nombreux et variés : vols, violences, dégradations, agressions sexuelles. En France, 19 000 individus sont connus par les forces de l'ordre pour plus de cinquante affaires chacun : ceux-là forment ce noyau dur de la criminalité. Ils ne commettent pas seulement des « petits » délits. Ces délinquants suractifs commettent proportionnellement encore plus de crimes et délits graves (viol, agression avec l'intention de tuer ou blesser grièvement, vol avec violence) que les autres délinquants. On retrouve ici les chiffres de Sebastian Roché : les 5 % qui causent près de 50 % de la totalité des délits sont aussi responsables de plus de 80 % des délits les plus graves.

Ainsi, la prison fait mécaniquement reculer la criminalité. Plus elle détient un nombre important de ces délinquants suractifs, plus la société est sûre. Et contrairement à une idée reçue, cette neutralisation ne fait pas que « repousser » le problème au moment où ils sortiront de prison. Plus ces délinquants sont condamnés à des peines élevées, moins ils passent de temps en liberté, et moins ils peuvent commettre de délits au long de leur carrière criminelle. Il y a de surcroît un effet d'âge qui fait que la majorité d'entre eux cessera son activité criminelle passé trente ans. Non parce que la Justice a fini par réussir à les « réinsérer », mais parce que, l'âge aidant, ils finissent par avoir envie de « se poser », tendent à se mettre en couple et à avoir des enfants.

Libérer des détenus, une mesure sans impact sur la criminalité ?

Lors d'un débat tenu en juin 2012 sur une radio nationale auquel je participais avec Matthieu Bonduelle, président du Syndicat de la magistrature, celui-ci a pris un exemple qu'il croyait décisif pour montrer l'inefficacité de la prison. En 1981, à la faveur du décret de grâce et de l'amnistie voulue par Robert Badinter, expliqua-t-il, plus de cinq mille détenus ont été remis en liberté en quelques mois. Or, ajouta-t-il, « la terre ne s'est pas arrêtée de tourner ».

J'ai répliqué que, s'il était incontestable que la terre avait bien poursuivi sa rotation habituelle, la délinquance en France, elle, avait connu une explosion dans l'année qui a suivi. En 1981, le taux de criminalité était de 53,5 ‰. Il a fait en 1982 un bond sans précédent pour atteindre 63 ‰. Soit une augmentation de près de 20 % de la criminalité en une seule année ! Et ce ne sont pas seulement les vols qui ont augmenté, mais aussi les violences les plus graves : le nombre d'homicides et de tentatives d'homicide a fait un bond de 15 %, tandis que les viols augmentaient de 13 %.

Pourquoi ? Tout simplement parce que parmi les détenus libérés figuraient bon nombre de ces délinquants suractifs qui sont responsables de multiples délits, y compris les plus graves. L'amnistie a par ailleurs vraisemblablement amoindri la crédibilité de la Justice aux yeux de la masse des délinquants libérés (et des autres !), encourageant ainsi la commission de délits. L'augmentation de la délinquance n'a d'ailleurs cessé qu'en 1984, lorsque le nombre de détenus a retrouvé son niveau de 1980. De façon générale, on observe depuis 1980 que le recours accru à la prison a toujours fait reculer la criminalité, tandis que les politiques de « déflation carcérale » ont systématiquement contribué à la faire repartir à la hausse.

Le même effet que l'amnistie de 1981 a été observé aux États-Unis, lorsque des États ont été forcés, par leur

Cour suprême, de libérer en masse des détenus pour cause de surpopulation carcérale. Le chercheur Steven Levitt a montré que, pour chaque détenu remis en liberté par ce biais, quinze infractions graves supplémentaires annuelles ont été commises[1].

À l'inverse, l'évolution récente de la criminalité aux États-Unis révèle que, même si le « tout carcéral » qui y est pratiqué est abusif, ses effets sont indiscutables. De 1995 à 2010, les violences aux personnes ont quasiment été divisées par deux (passant de 7 à 4 ‰), alors qu'elles doublaient en France sur la même période.

Le « tout carcéral » des États-Unis n'est pas un modèle à suivre, mais, sur ce plan, la France a de la marge. Si elle avait la même politique répressive que les États-Unis, elle compterait plus de 400 000 détenus ! Bien loin – et c'est heureux – des 67 000 individus actuellement détenus et des 80 000 qui devraient l'être si toutes les peines de prison ferme en France étaient réellement exécutées.

Les prisons, une honte pour la République ?

La prison a très mauvaise presse en France. En partie pour de bonnes raisons, d'ailleurs. Faute d'avoir su répondre à l'augmentation de la criminalité par la construction de nouvelles prisons en nombre suffisant, la France connaît depuis près de quarante ans une surpopulation carcérale endémique. D'après le chercheur Pierre-Victor Tournier, 13 000 détenus étaient en surnombre au

---

1. Voir Steven D. Levitt, « The Effect of Prison Population Size on Crime Rates : Evidence from Prison Overcrowding Litigation », *The Quarterly Journal of Economics*, 111 (2), 1996, p. 319-51.

1ᵉʳ décembre 2012. Faute de rénovations, les établissements ont longtemps été vétustes, avec de nombreuses cellules insalubres. Mais, grâce à d'importants travaux et à la construction de nouveaux sites, les lieux de détention se sont nettement améliorés depuis quinze ans.

Pourtant, dans l'imaginaire de beaucoup de Français, toutes les prisons restent à l'image de l'effroyable description qu'en avait faite Véronique Vasseur dans son livre Médecin chef à la prison de la Santé[1]. Alors qu'un autre ouvrage important, mais passé inaperçu, a signalé depuis une tout autre réalité. Dans Le Taulier : confessions d'un directeur de prison, Olivier Maurel explique que le livre de Véronique Vasseur a été exploité pour « réduire le débat sur les prisons à un affrontement dogmatique et manichéen » : « Son livre, peut-être contre sa volonté, a laissé penser que toutes les prisons françaises étaient, à l'image de la Santé, sales et vétustes. Personne ne niera le fait qu'à l'époque cette prison était en très mauvais état. Elle a commencé à être rénovée depuis. […] À la suite de sa parution, des journalistes ont brandi l'exemple des dix à quinze prisons les plus délabrées et les plus insalubres de l'Hexagone pour faire croire à l'opinion publique que tout le système carcéral était dans cet état. […] Et la France se persuadait que toutes les prisons françaises étaient "pourries"[2]. »

Douze ans plus tard, on a retrouvé ce phénomène avec la médiatisation d'images effroyables de certaines cellules de la prison des Baumettes à Marseille. Pourtant, et même si cela paraît difficile à croire, tant le discours général est à l'unisson, la réalité est que la majorité des

---

1. Paris, Le Livre de poche, 2001.
2. Olivier Maurel, *Le Taulier : confessions d'un directeur de prison*, Paris, Fayard, 2010.

prisons en France est aujourd'hui en bon état et offre des conditions de dignité et d'hygiène convenables, si l'on met de côté la surpopulation carcérale. En 2018, les deux tiers des places de prison françaises auront été construites après 1990 ! Et ces nouvelles prisons sont particulièrement bien équipées. Un avocat pénaliste m'a récemment fait cette confidence : « Je ne devrais pas vous le dire, a-t-il commencé avec un sourire. Je suis allé récemment défendre un client incarcéré dans une prison récemment construite. Je lui ai demandé si ce n'était pas trop dur. "Deux étoiles", m'a-t-il répondu. »

Bien sûr, il ne s'agit pas de tomber dans la caricature inverse des « prisons quatre étoiles ». Mais la vérité est que l'image d'Épinal de prisons « honteuses pour la République » est au moins aussi caricaturale.

Un autre passage du livre Le Taulier est éclairant : « Après la parution du livre cité plus haut [Médecin chef à la prison de la Santé], une commission parlementaire fut constituée. Je me souviens d'avoir accueilli dans la maison centrale où j'exerçais à l'époque un parlementaire venu se rendre compte de l'état de la prison ainsi que des conditions de détention. Je lui fis faire le tour complet de la détention, y compris les cellules des détenus, où il trouva des locaux propres et bien rangés, avec téléviseurs, consoles de jeux, ordinateurs récents, coin cuisine, matériel hi-fi performant et flambant neuf, instruments de musique, etc. il se tourna vers moi avec un air un peu gêné et me demanda : "Tout cela est très bien, monsieur le directeur… Mais pourriez-vous me montrer des cellules insalubres ?" J'ouvris de grands yeux. "Je voudrais bien vous en montrer, monsieur, mais je n'ai pas cela sous la main. Je vous ai tout montré, de la cave au grenier – Je vous avoue que je suis un peu gêné, monsieur le directeur, avoua-t-il à voix basse. Je viens de visiter une prison dont le gymnase ferait pâlir de jalousie le maire d'une petite commune, des cellules bien ordonnées avec des téléviseurs neufs, des chaînes stéréo dernier cri, des instruments de musique. Comment expliquer cela à mes administrés, dont les enfants vivent parfois dans des cités universitaires vétustes et dont les grands-parents s'entassent dans de vieilles maisons de retraite ? Ils ne le croiraient pas… – Ne voulez-vous pas plutôt dire qu'ils ne le supporteraient pas ?" lui demandai-je avec quelque impertinence. – Il y a aussi un petit peu de cela…", avait-il concédé avec franchise. »

La prison est tout sauf un endroit facile à vivre. En plus de la privation de liberté, il faut subir les rapports de force, les tensions, et parfois les violences des codétenus. Tout doit être fait pour les minimiser, même si c'est particulièrement difficile lorsque l'on enferme, dans le même lieu, des personnes en majorité condamnées pour violence. Mais la France n'a pas à avoir particulièrement honte de l'état de la plupart de ses prisons. Ce dont elle peut avoir honte, c'est de ne pas en avoir construit assez et de tolérer la surpopulation carcérale. Elle devrait également avoir honte de la façon dont elle traite les victimes, quand le crime a gravement mis en cause leurs conditions de vie. Presque personne, pourtant, ne s'en émeut. Car cette question n'intéresse pas les tenants du dogmatisme pénal.

Troisième partie
LES RACINES DU DOGMATISME PÉNAL

On pourrait penser que les idées reçues en matière pénale sont le problème numéro un, la cause ultime des manquements de notre Justice. Mais ce serait passer à côté d'une question essentielle : si toutes ces croyances sont fausses, comment se fait-il qu'elles soient si répandues et qu'elles rencontrent un accueil si bienveillant ?

Alors qu'il suffit, au fond, de quelques données objectives pour comprendre que la Justice française est loin d'être sévère, que tous les délinquants, même sexuels, ne peuvent pas être soignés, ou que la prison reste un moyen efficace pour faire reculer une criminalité nourrie par une petite minorité de délinquants suractifs.

En fait, derrière ces idées reçues se cache un mal plus profond : un sentiment latent de culpabilité de la Justice, une crainte permanente de participer à un système injuste semblable à ces terribles régimes totalitaires qu'a vécus le XXe siècle. Là réside la première source du dogmatisme pénal.

Chapitre 7

Un humanisme hémiplégique

L'esprit critique se déconnecte lorsqu'il est confronté à des idées auxquelles il a envie de croire. Si le simplisme selon lequel le risque zéro n'existe pas, la pauvreté est la principale cause de la criminalité, ou la prison est l'école du crime, est aussi largement admis, c'est parce qu'il est en phase avec un phénomène aujourd'hui répandu : la réticence à punir les auteurs de crimes et de délits.

En dehors de circonstances particulières, personne ne peut se réjouir d'incarcérer des êtres humains. On peut estimer que cela répond à une exigence de justice, voire que c'est un mal nécessaire, mais on ne l'envisage jamais de gaieté de cœur. Mais ces dernières décennies ont vu apparaître un dogmatisme pénal caractérisé par une réticence épidermique à punir, quelles qu'en soient les conséquences.

De la volonté de punir au refus de punir

Dans le débat public sur la Justice pénale, il y aurait d'un côté ceux qui souhaitent « punir pour punir », parce que c'est justice et que le criminel l'a mérité, et de l'autre ceux qui, par pragmatisme et dans un souci d'efficacité, imaginent que la fermeté ne règle aucun problème. C'est, en substance, le propos tenu par le président de la commission des lois de l'Assemblée nationale, Jean-Jacques Urvoas : « Comment agir pour que le nécessaire temps de la sanction ne soit plus celui du châtiment ou de l'expiation ? Il faut sortir de cette logique purement punitive qui, au nom de la protection de l'intérêt des victimes, en génère de nouvelles, toujours plus nombreuses[1]. »

Les chapitres précédents auront montré que les choses ne sont pas aussi simples. Qu'il n'est nullement besoin d'être dans une logique « purement punitive » pour comprendre l'intérêt d'une Justice rigoureuse. Qu'une politique pragmatique, appuyée par des données criminologiques, devrait plutôt conduire à défendre le rôle de la prison. Loin de leur pragmatisme affiché, les contempteurs de la détention sont en réalité dans une logique moraliste – non pas punitive, mais antipunitive par principe. Et cette logique moraliste les conduit à négliger les données et les recherches en faveur de la fermeté.

Pour s'en convaincre, revenons aux deux conceptions traditionnelles de la peine. Ce sont les philosophes des Lumières Emmanuel Kant et Cesare Beccaria qui les incarnent le mieux. Imaginez, nous dit Kant, une île perdue dans le Pacifique. La communauté, en proie à une affaire de meurtre, a décidé de condamner à mort le criminel, pour le neutraliser et dissuader les autres d'en faire autant. Mais avant qu'ils puissent exécuter leur sentence, le volcan de l'île se réveille et menace de tout détruire. La communauté doit partir en catastrophe, de façon dispersée et sans espoir de se retrouver.

---

1. Jean-Jacques Urvoas, « Les vérités de Christiane Taubira », publié sur son blog le 7 août 2012.

Que devraient-ils faire du condamné à mort ? Ne faudrait-il pas tout simplement le laisser partir puisque, dans ces circonstances exceptionnelles, la dissuasion et la neutralisation n'ont aucun sens ? Non, répond Kant : le respect de la Justice impose qu'il soit châtié, même si cela n'a aucune « utilité[1] ». Cette conception morale de la Justice est appelée « rétributive » : on « rétribue » le crime ou le délit sans tenir compte des conséquences pour la société.

À l'opposé de cette philosophie, on trouve celle développée au XVIIIe siècle par un jeune philosophe italien, Beccaria, dans un livre intitulé Traité des délits et des peines : « Le but des peines n'est ni de tourmenter et affliger un être sensible, ni de faire qu'un crime déjà commis ne l'ait pas été [...]. Les cris d'un malheureux seraient-ils capables de faire revenir le temps passé et de révoquer les actes qu'il a commis ? Le but des châtiments ne peut être dès lors que d'empêcher le coupable de causer de nouveaux dommages à ses concitoyens et de dissuader les autres d'en commettre de semblables[2]. » L'idée, en un mot, est que la peine n'est justifiée que lorsqu'elle produit des conséquences positives pour la société tout entière.

Nous avons là une opposition entre une lecture « morale » et une conception « pragmatique » de la Justice. Dans le vocabulaire de la philosophie analytique anglo-saxonne, on parle d'une opposition entre la déontologie – qui s'appuie sur des principes intangibles – et le conséquentialisme, qui s'intéresse aux conséquences des actions sur la population.

Un tenant de la conception pragmatique n'a pas de conviction a priori sur l'intérêt de la répression. Il doit

---

1. Emmanuel Kant, *Éléments métaphysiques de la doctrine du droit*, 1896, trad. J. Barny, Paris, 1853, p. 201.

2. Cesare Beccaria, *Des délits et des peines*, *op. cit.*

évaluer si, tout bien considéré, la souffrance infligée au condamné est compensée par les bienfaits de la sanction pour la société dans son ensemble. Cette position peut conduire à être favorable ou défavorable à l'enfermement, selon qu'il est jugé efficace ou non. Au sein de la position « morale », par contraste, il peut aussi y avoir deux positions : celle qui souhaite punir par principe, défendue par Kant, mais aussi celle qui, par principe, se refuse à punir, ou en tout cas, souhaite l'éviter autant que possible.

La position rétributive, propunitive de Kant, longtemps dominante, a considérablement décliné dans les milieux juridiques, politiques, médiatiques et intellectuels, au point d'être désormais quasiment absente des débats publics sur la Justice. Mais paradoxalement, ce déclin n'a pas permis au pragmatisme de Beccaria de s'épanouir. Au contraire, une autre position morale, cette fois-ci antipunitive, s'est imposée. À tel point que la conception pragmatique, longtemps considérée comme un progrès du siècle des Lumières, et connue pour avoir permis l'humanisation des châtiments parfois effroyables et irrationnels de l'Ancien Régime, est désormais considérée comme « antihumaniste » par une partie de l'élite intellectuelle française[1].

Le nazisme et la peur de la violence étatique

Pourquoi ce retournement ? La réponse se trouve dans l'impact durable qu'ont produit sur nos mentalités les deux grands totalitarismes du XXe siècle. Nos sociétés ont

---

1. Sous l'influence notamment de Michel Foucault. Voir Xavier Bébin, *Pourquoi punir ?*, Paris, L'Harmattan, 2006, chap. 7.

été profondément marquées par l'horreur nazie, qui est devenue la référence du Mal absolu et la faute qu'il faut à tout prix éviter de reproduire.

Derrière le génocide nazi apparaît, comme dans le totalitarisme communiste, la dérive de l'appareil d'État. La barbarie la plus extrême est venue d'en haut, du pouvoir, et s'est déployée grâce à l'activisme méthodique de bureaucrates zélés comme Adolf Eichmann. Avec un bilan tellement effroyable – plus de 5 millions de Juifs assassinés selon un processus quasi industriel, et des massacres de masse de Polonais, d'Ukrainiens, de Russes et de Tziganes – qu'il peut difficilement être comparé à d'autres formes de monstruosités.

La barbarie suprême n'est donc pas venue d'en bas. Ce ne sont pas des citoyens – organisés en groupes terroristes ou en « gangs de barbares » – qui ont causé le plus grand mal. C'est même l'inverse : les justes étaient les résistants qui, les armes à la main, ont essayé de combattre la barbarie d'État et ont été impitoyablement réprimés. La conséquence a été une méfiance profonde et durable pour l'activité de l'État dès lors qu'il emploie la force ou décide de privations de liberté. Il ne s'agit pas seulement d'une saine vigilance vis-à-vis du respect par l'État des libertés publiques, mais également d'une tendance, parfois outrancière, à voir poindre l'horreur nazie derrière certaines opérations liées à l'ordre public. Cela va du slogan soixante-huitard « CRS = SS » jusqu'aux déclarations sans équivoque de la commissaire européenne Viviane Reding, à propos de la gestion par la France du problème des camps de Roms en 2011 : « Nous avons de sinistre mémoire les déportations pendant la Deuxième Guerre mondiale, alors recommencer cela, ce serait la fin de l'Europe. » Ici, la vigilance devient caricature.

Plus fondamentalement, la mémoire des crimes nazis a créé une profonde asymétrie dans notre respect de la personne humaine. Tant que l'État ne porte pas atteinte aux personnes, l'essentiel serait sauf, et le risque d'un retour au pire serait éloigné. Mais, curieusement, nous sommes nettement moins attentifs aux exactions que peuvent commettre des particuliers sur d'autres particuliers. Ce ne sont que des faits divers, d'autant moins dignes d'intérêt que la collectivité n'en serait nullement responsable. Cette asymétrie a de graves conséquences. S'il est sain d'être attentif aux risques d'abus de l'État, doit-on pour autant négliger les crimes et les délits commis faute pour l'État d'avoir exercé ses prérogatives en matière de sécurité ?

Si l'action de l'État peut être criminelle, son inaction peut l'être également. Prenons l'exemple de la castration chimique. Refuser par principe d'imposer des traitements antilibido à des délinquants sexuels à haut risque de récidive, c'est accepter de mettre en danger d'autres personnes. Il peut être nécessaire de contraindre des individus pour le bien d'autres individus, comme l'a expliqué un jour un pédophile dans une interview : « Il vaut mieux un pédophile malheureux qu'un enfant abusé[1]. »

Évidemment, la fin ne justifie pas n'importe quels moyens. Avant de promouvoir un traitement comme la castration chimique, il convient de s'assurer qu'il n'est pas contraire à la dignité humaine et, en l'occurrence, il ne l'est pas, puisque le traitement est réversible. Il faut ensuite évaluer la contrainte qu'il représente pour celui qui le subit, et voir si elle se justifie au regard du nombre de victimes potentiellement épargnées. Mais tout se passe comme si ce type de raisonnement n'avait pas

---

1. Xavier Deleu, « Pédophilie : de la pulsion à l'interdit », documentaire, 2011.

cours. Une réticence instinctive contre ce type d'actions étatiques jugées attentatoires aux libertés individuelles prédomine.

Facteur aggravant, l'action de l'État est visible de tous, alors que les conséquences de son inaction sont peu perceptibles. Les détenus que l'on prive de liberté sont répartis dans environ deux cents établissements pénitentiaires bien identifiés. Leur souffrance est facile à constater. Les victimes qui pourraient résulter d'une fermeté insuffisante sont beaucoup moins visibles : elles sont disséminées sur tout le territoire, et on ne peut appréhender leur souffrance que par des exemples individuels, dont on ne veut pas tirer de leçons générales, ou bien par des statistiques abstraites qui peinent à émouvoir (la phrase attribuée à Staline contient malheureusement une part de vérité : « un mort est une tragédie, un million de morts n'est qu'une statistique »). Lorsqu'un détenu se suicide, l'information est aussitôt connue et relayée. Personne n'est au courant, en revanche, lorsque des victimes mettent fin à leurs jours : femmes violées, parents d'enfants assassinés, ou même adolescents rackettés et harcelés.

Les effets de l'inaction de l'État sont non seulement plus difficiles à percevoir, mais également plus incertains. Avec la castration chimique, pour reprendre cet exemple, on sait avec certitude que des individus seront effectivement contraints de suivre le traitement, mais on ne sait jamais avec exactitude combien de victimes seront épargnées. De même, la privation de liberté des détenus est un fait acquis, alors que ses répercussions en termes de prévention de la criminalité demandent études et réflexion.

Cette incertitude est devenue un prétexte pour ne pas se préoccuper des résultats de l'inaction de l'État. Le législateur interdit les « fouilles intégrales » dans les prisons au motif qu'il s'agit d'une atteinte directe et évidente à l'individu, et il néglige la portée de sa décision, à savoir la diffusion, en prison, de drogues, de téléphones portables et d'objets dangereux pour les surveillants et les prisonniers eux-mêmes.

Le débat public donne l'impression que ce type de conséquences n'existe tout simplement pas. On se réjouit que les personnes placées en garde à vue puissent être assistées d'un avocat pendant les interrogatoires, on salue la réforme comme un progrès de civilisation, sans écouter les rabat-joie qui, comme le juge Gilbert Thiel, estiment que Guy Georges n'aurait jamais avoué quatre de ses crimes en garde à vue s'il avait eu un avocat, et que, de même, les membres du commando qui a assassiné le préfet Érignac n'auraient jamais avoué leur forfait[1].

Imaginons qu'un nouveau tueur en série, arrêté par la police, profite effectivement des garanties offertes par la loi sur la garde à vue pour échapper à une condamnation et faire de nouvelles victimes. Personne ne pourra jamais prouver – ou même savoir – qu'il aurait été confondu par l'interrogatoire policier s'il n'avait pas bénéficié d'un avocat. En somme, les effets réels de ce type de mesures sont invisibles au moment où elles sont prises.

Les statistiques finissent cependant par en révéler une partie. C'est ainsi qu'aux États-Unis l'obligation de notifier au suspect son « droit de garder le silence », qui date d'une décision de la Cour suprême de 1966, s'est accompagnée d'une baisse du taux d'élucidation des crimes et délits[2]. Mais le « taux d'élucidation » reste un concept abs-

---
1. *Libération*, 24 mars 2012, « Ainsi soit Thiel, juge et justicier ».
2. John Donohue, « Does Miranda Diminish Police Effectiveness ? », *Stanford Law Review*, 50, 1998.

trait, qu'on ne rapproche pas nécessairement d'un risque d'augmentation de la criminalité, et donc du nombre de victimes. Et il est toujours possible d'attribuer cette baisse à d'autres facteurs, même si c'est peu plausible.

Le refus de prendre en compte les conséquences de l'inaction de l'État peut avoir de graves répercussions sur ceux-là mêmes qu'on prétend défendre. La fermeture massive de lits en hôpitaux psychiatriques depuis les années 1980 n'a pas seulement eu pour effet de laisser des malades non stabilisés commettre des violences. Elle a aussi directement nui aux patients eux-mêmes, qui sont pour certains nettement plus apaisés lorsqu'ils sont pris en charge à l'hôpital, plutôt que livrés à eux-mêmes dans la rue, avec leurs angoisses, leur incapacité à gérer leur propre vie, voire la stigmatisation qu'ils subissent lorsqu'ils commettent des violences. Et pourtant, par un incroyable renversement, ce sont les psychiatres ayant défendu cette évolution qui sont considérés comme les « humanistes » de leur profession. De même, les opposants à la fermeté de la Justice pénale se présentent comme les « humanistes », sans se soucier du nombre de victimes qui résulte de leur réticence à punir. À force de se dresser contre l'État, ils finissent par miner la collectivité, désormais inquiète sur ses principes, secouée par l'insécurité et entravée dans son action. Cet humanisme hémiplégique paralyse la Justice.

Totalitarisme et droits de l'homme

Il faut dire que le deuxième grand totalitarisme, celui des régimes communistes, a durablement délégitimé l'idée que l'atteinte à la liberté de quelques-uns pouvait se justifier au nom du bien-être du plus grand nombre.

Car les crimes communistes ont toujours été commis au nom « des lendemains qui chantent », d'une humanité future totalement épanouie parce que libérée de toute oppression. Un des personnages de Camus, dans sa pièce de théâtre Les Justes, ne disait-il pas : « Je tue pour un monde où il n'y aura plus jamais d'assassins » ?

Avec cinquante à soixante-dix millions de morts causés par ce raisonnement stalinien, on peut comprendre qu'il existe désormais une réticence à contraindre quelques individus pour le bien du plus grand nombre. C'est dans ce cadre que le vocabulaire des droits (de l'homme) a pu s'épanouir. Car les droits attribués aux individus apparaissaient comme le meilleur rempart possible contre la tentation que l'État pourrait avoir d'y porter atteinte, même pour le bien de la société tout entière.

Nul hasard si le déploiement irrésistible du vocabulaire des droits de l'homme a eu lieu dans les années 1970 et 1980, avec l'essor de la mémoire de la Shoah et la fin définitive de l'attrait pour le totalitarisme communiste. Comme l'écrivait le philosophe Marcel Gauchet dès 1980, cette évolution n'avait rien d'évident : « Songeons au sourire de commisération à peu près général qui aurait accueilli, il y a seulement trois ou quatre ans, l'idée de soulever au fond pareille question, aujourd'hui débattue à l'enseigne du superchic. Aussi bien les prétendus "droits" que le soi-disant "homme" auraient paru soit d'une touchante incongruité pour les bienveillants, soit d'un obscurantisme suspect pour les vigilants[1]. » Mais le langage des droits de l'homme a l'immense avantage de refléter l'état d'esprit d'individus convaincus du caractère absolu et non négociable des idées qu'ils défendent.

---

1. Marcel Gauchet, « Les droits de l'homme ne sont pas une politique », in *La Démocratie contre elle-même*, Paris, Gallimard, 2002.

Pourtant, si certains droits fondamentaux sont de fait non négociables lorsqu'ils concernent les atteintes les plus graves à la dignité de l'homme (torture, privation arbitraire de liberté, etc.), il n'en est plus de même lorsqu'ils sont interprétés de façon trop extensible. Les droits de l'homme relèvent alors du domaine de la politique et de la nécessaire conciliation entre des exigences contradictoires – la sécurité des individus et les libertés individuelles.

Le langage des droits reflète parfaitement la réticence à prendre en compte les conséquences des actions de l'État sur le bien-être collectif. C'est pourquoi, en philosophie analytique, les droits appartiennent à la philosophie « morale » de la déontologie, plutôt qu'à la philosophie « pragmatique » dite conséquentialiste. Dans l'esprit des « droits », l'important est que l'État ne viole pas le droit des individus. Et tant pis si, par l'inaction de l'État, des citoyens subissent les exactions d'autres citoyens.

Il est particulièrement révélateur, à cet égard, de constater que l'expression « droit à la sécurité » est très peu répandue. Pis, elle est presque suspecte, comme peut en témoigner Gilles-William Goldnadel qui a essuyé de nombreuses critiques pour avoir donné cette appellation à l'association qu'il a créée dans les années 1990. Pourquoi ? Parce que les droits sont d'abord conçus pour nous protéger d'un État, capable de la barbarie suprême (le nazisme), ou de crimes de masse au nom du bonheur de tous (le communisme).

On comprend pourquoi les positions de principe sur la prison continuent de l'emporter contre la vision pragmatique, qui cherche à évaluer si la souffrance de l'enfermement imposée au condamné est légitime au regard des bienfaits qu'elle produit pour la société. Car l'examen dépassionné des avantages et inconvénients de la punition est impossible si, dans le même temps, se développe une vigilance extrême vis-à-vis des atteintes de l'État, accompagnée du refus d'envisager que celles-ci pourraient se justifier par la sécurité du plus grand nombre.

Méfiance face à la dissuasion et à la neutralisation

À l'origine de l'évolution récente, on trouve donc l'abandon de la philosophie rétributive « punitive » : l'idée qu'un criminel mérite le châtiment est définitivement passée de mode. Avec une conséquence forte : l'emprisonnement est moins considéré comme une sanction méritée que comme un sacrifice réalisé pour la protection de la société dans son ensemble.

Mais, de manière concomitante, les totalitarismes nous ont vaccinés contre cette logique du sacrifice. Car il s'agit, d'une certaine manière, de traiter l'homme comme un « moyen », alors que la morale kantienne l'interdit et exige qu'on ne le traite que comme une « fin en soi ». Kant n'avait aucune difficulté à concilier ce principe avec le châtiment intransigeant des criminels, car il estimait que ceux-ci méritaient leur punition. En revanche, si l'on écarte cette idée de châtiment mérité, les fonctions d'exemplarité de la peine et de neutralisation sont plus difficiles à justifier, car il s'agit alors de traiter l'homme comme un moyen pour des fins de sécurité collective.

Prenez la dissuasion générale. Son efficacité vient de l'application rapide et certaine de sanctions proportionnées. L'effet dissuasif ne peut donc provenir que de la somme de toutes les décisions de Justice, qui garantissent des sanctions prévisibles. Cela implique toutefois de se détacher en partie de l'individualité que l'on a en face de soi. Comme le dit Maurice Cusson : « Il se peut très bien qu'une personne qui vient d'être trouvée coupable d'homicide n'ait besoin d'être ni réhabilitée, ni intimidée, ni neutralisée. Elle n'en sera pas moins punie quand même pour maintenir la crédibilité de la menace du châtiment. Si la peine était décidée au cas par cas en ne tenant compte que de ses effets directs, le système de justice deviendrait imprévisible et cesserait d'être pris au sérieux[1]. »

Mais on voit bien les réticences de principe que peut susciter un tel raisonnement. Et de fait, des juges comme Serge Portelli combattent cette conception, qui reviendrait à faire de l'auteur d'une infraction un « objet de dissuasion », alors qu'il faut « juger l'homme[2] ». Et pour ceux qui sont mal à l'aise moralement avec cette fonction de dissuasion, le plus simple est d'en nier l'efficacité.

La neutralisation, en revanche, est plus difficile à contester sur le plan de l'efficacité : lorsqu'il est incarcéré, le criminel ne peut pas récidiver. De ce point de vue, la question de la neutralisation des grands criminels est un sujet qui sépare sans ambiguïté les moralistes des pragmatiques. Aux yeux de ces derniers, la perpétuité réelle est acceptable dans le cas de quelques criminels (peu nombreux) ayant commis des actes particulièrement graves et dont le risque de récidive sera toujours élevé (Guy Georges en étant l'exemple le plus emblématique). Car la préoccupation légitime que l'on a pour le criminel ne doit pas faire oublier la protection qui est

---

1. Maurice Cusson, *Pourquoi punir ?*, Paris, Dalloz, 1987, p. 150.
2. Serge Portelli, *Juger*, Paris, éditions de l'Atelier, 2011.

due à tous les autres membres de la société. C'est cela, le véritable humanisme : ne pas se désintéresser du sort du condamné (et encore moins l'exclure de l'humanité), mais ne pas se désintéresser non plus du sort de tous les autres citoyens, concernés par les conséquences d'une libération. Car ils sont, au même titre que lui, des êtres humains à protéger.

Cet argumentaire, je l'ai développé dans un article paru au Dalloz[1], ce qui a conduit Denis Salas, magistrat et auteur notamment d'un Essai sur le populisme pénal, à me répondre dans son dernier ouvrage[2]. C'est peu dire qu'il n'a pas été convaincu par mes arguments : pour lui, le discours « antihumaniste » que je tiens « oublie que les très longues peines produisent une usure des capacités vitales des détenus ». Cet argument est parfaitement juste, mais il n'enlève rien au fait que certains détenus restent dangereux, même après une longue peine. Il suffit de voir comment Albert Millet a tué une nouvelle fois, à soixante-dix-huit ans, alors qu'il a passé la moitié de sa vie en détention (suite à trois condamnations successives, deux pour meurtre et une pour tentative). Je maintiens donc ma thèse : il existe des cas où donner une nouvelle chance à un criminel dangereux, ce n'est plus de la générosité, ce n'est pas de l'humanisme, mais au contraire une mise en danger de la vie d'autrui.

À cela, Denis Salas ajoute un second argument : « La mise en danger vaut aussi pour soi-même : le taux de suicides en détention a été multiplié par cinq en cinquante ans. » Sur le fond, je ne suis pas sûr que les suicides en détention concernent les longues peines, la

---

1. Xavier Bébin, « La neutralisation sélective, une arme contre la criminalité ? », in *Essais de philosophie pénale et criminelle*, Dalloz, vol. 9, 2010.
2. Denis Salas, *La Justice dévoyée*, Paris, Les Arènes, 2012.

plupart des suicides intervenant dans les premiers mois qui suivent l'incarcération. Mais même si c'était le cas, la question reste de savoir si le risque de suicide du criminel justifie de mettre en danger la vie d'autrui. Or Denis Salas ne veut pas entrer dans un raisonnement de ce type, parce que sa vigilance semble entièrement tournée vers la souffrance infligée par la prison, et non vers celle que les criminels infligent à leurs victimes. Sans plus d'explications, il qualifie donc mon propos de « barbarie douce », m'épargnant gracieusement le terme de barbarie dure, peut-être parce que je ne fais pas partie de ceux qui estiment que les criminels sont des « monstres ».

La réticence épidermique à punir

Salas incarne ainsi à merveille le dogmatisme pénal. Il s'intéresse à la seule souffrance infligée par l'État, sans examiner les conséquences de ses positions de principe. C'est la perpétuité réelle qui est pour lui la « barbarie », pas le traitement que pourrait infliger un criminel dangereux à sa victime potentielle, qui n'est peut-être pour lui qu'un dommage collatéral. Le mal, le vrai, celui dont il se sent responsable, ne peut provenir que de l'État. Il est vrai que ce mal-là est palpable : nous le ressentons lorsque nous avons devant nous un condamné à une très longue peine. Alors que celui causé à la victime à la suite d'une libération anticipée n'est qu'une probabilité, si élevée soit-elle. Mais, selon les « moralistes », le sacrifice imposé à un individu ne peut être compensé par la hausse du bien-être de la société tout entière.

Salas incarne bien, par ailleurs, la tendance du dogmatisme pénal à masquer ses positions de principe par des arguments factuels peu convaincants (comme le risque de suicide des grands criminels), qui font penser aux poncifs véhiculés sur la « prison école du crime ». Ce dogmatisme pénal est irresponsable parce que, obnubilé par des grands principes, il refuse de voir les conséquences de leur application. Selon la formule ironique de Charles Péguy, l'homme kantien a les mains pures, mais il n'a pas de mains. Une manière de dire que le refus de voir les effets des « grands principes » peut aussi être une forme de lâcheté.

Voilà pourquoi la dissuasion générale et la neutralisation sont rarement défendues dans le débat public sur la peine et n'ont jamais été évoquées par la « conférence de consensus » sur la récidive. Tout se passe comme si on n'acceptait plus aucune forme de sacrifice, même d'individus qui ont violé la loi, et même pour le bien de la collectivité. La neutralisation et la dissuasion étant suspectes, la seule justification acceptable de la prison, dans le débat public, est désormais qu'elle puisse « changer l'homme », avoir un effet véritable sur la récidive de celui qui la subit. Or, dans ce domaine, l'efficacité de la prison est la moins probante. Il faut « individualiser la peine », ajoute-t-on. Mais cette individualisation n'est acceptée que dans un seul sens : l'atténuation de la peine. Et surtout pas lorsqu'il conviendrait d'aggraver la peine en raison de la dangerosité du criminel ; d'ailleurs, l'idée même de dangerosité est contestée par les tenants du dogmatisme pénal.

En fait, derrière les discours sur la nécessité d'individualiser la peine, pour qu'elle soit plus « utile » au détenu, derrière la promotion inconsidérée des libérations anticipées, parce qu'elles seraient le « meilleur outil de lutte contre la récidive », il y a une volonté de principe de réduire autant que possible la durée des peines, par simple réticence à punir.

Une preuve emblématique nous est donnée par un rapport sur les prisons publié en 2007 par la Commission consultative des droits de l'homme[1]. Dans un paragraphe intitulé « Le danger des mesures de sûreté », le rapport explique, avec le plus grand sérieux, non que ces mesures de surveillance après la peine seraient inefficaces, mais qu'elles sont dangereuses parce qu'elles risqueraient de réduire le nombre de libérations anticipées accordées aux détenus : « Si les personnes considérées comme dangereuses sont de toute façon suivies après la fin de leur peine, la peine n'a plus aucune raison d'être aménagée », s'inquiète dans ce rapport Michaël Janas, alors président de l'Association nationale des juges d'application des peines.

Récapitulons : le refus de principe de la dissuasion générale explique pourquoi notre appareil judiciaire tolère l'impunité. Le refus de la neutralisation, ou même de simples moyens de contrainte comme la castration chimique ou le bracelet électronique, explique l'impéritie de la prise en charge des criminels dangereux. Mais le dogmatisme pénal explique également pourquoi les victimes sont souvent laissées pour compte. Car la victime est gênante, dès lors que la priorité des priorités est d'éviter que l'État porte atteinte aux individus. Elle est tenue à distance, car l'empathie que l'on pourrait lui accorder risquerait – horresco referens – d'aggraver le sort des condamnés.

Le contraste est d'autant plus saisissant avec les victimes de médicaments (Mediator) ou d'accidents d'avion (Air France). Ces victimes-là ont droit à tous les égards

---

[1]. Commission nationale consultative des droits de l'homme, *Sanctionner dans le respect des droits de l'homme*. II. *Les alternatives à la détention*, Paris, La Documentation française, 2007, page 73.

médiatiques. Dans ces affaires-là, tous les moyens sont bons pour éviter les victimes futures, à commencer par le « principe de précaution ». Raison pour laquelle certains intellectuels ont pu avoir l'impression que notre société était devenue « victimaire ». Ce qui n'est pas le moindre des paradoxes. Car les victimes d'un crime, elles, sont totalement abandonnées à leur sort. L'idée qu'il faudrait prendre des précautions contre les criminels dangereux est rejetée comme populiste au moment même où la société ne tolère plus le moindre risque (songeons au nombre de vaccins achetés par l'État contre le risque de grippe aviaire). Rien de tout cela ne serait compréhensible sans la réticence fondamentale à punir.

Mais il manque un ingrédient supplémentaire à cette réticence. Peut-être même un élément essentiel : la réticence à punir est décuplée si l'on estime, de surcroît, que ceux que l'on est censé punir sont eux-mêmes des victimes.

Les criminels, des victimes de la société ?

À en croire des magistrats comme Denis Salas, punir est souvent une « double peine » qui s'abat lourdement sur des personnes éprouvées par la vie, victimes d'une famille maltraitante ou d'un milieu social défavorisé. Ne dit-il pas que « les juges découvrent à l'audience des individus et des familles frappés par le malheur. S'ils punissent des actes, ils témoignent aussi de ce moment où le criminel et la victime appartiennent à la même humanité[1] » ?

Pourtant, la majorité des enfants de familles défavorisées ne commet jamais d'infraction. Et même si les cri-

---

1. Denis Salas, *La Justice dévoyée, op. cit.*, p. 17.

minels appartiennent à la « même humanité » que les victimes, il n'empêche qu'il faut clairement séparer les rôles et protéger les victimes contre les criminels.

En fait, la réticence à punir est particulièrement vive dans les milieux favorisés, comme une mauvaise conscience. Lorsque l'on a eu la chance d'avoir une famille aimante et stable, et surtout accès aux meilleures conditions de vie, de scolarité et d'insertion dans le monde du travail, on ne s'imagine pas comment des personnes peuvent survivre à quatre dans un trente mètres carrés insalubre, avec le RSA. « Ne serais-je pas devenu délinquant, moi aussi, dans de telles conditions ? »

À l'inverse, ceux qui proviennent de milieux très modestes et qui n'ont jamais transgressé la loi raisonnent souvent de façon différente. Ils savent que ce ne sont pas de mauvaises conditions de vie qui suffisent à produire des délinquants endurcis, car ils ont côtoyé de près la pauvreté. Ils ont une conscience aiguë, en revanche, du fait que la violence et les vols s'abattent d'abord sur les familles les plus modestes et les personnes les plus vulnérables (personnes âgées et handicapées) ; que l'impunité nourrit la criminalité, et que celle-ci fait fuir les commerçants, les entreprises, et les emplois.

Mais celui qui est issu d'un milieu favorisé peut d'autant plus aisément laisser libre cours à sa mauvaise conscience qu'il ne subira pas lui-même les conséquences d'un manque de fermeté judiciaire. Il a les moyens de vivre dans des quartiers sûrs, de placer ses enfants dans des écoles sereines. Et s'il subit un cambriolage, il tendra à le prendre avec philosophie, car l'essentiel de ses biens est ailleurs. Ce qui n'est pas le cas de l'ouvrier qui réagira avec d'autant plus de colère qu'il a travaillé dur et longtemps pour s'offrir ce qui lui a été volé.

Sans surprise, l'INSEE a montré en 2006 que les habitants des quartiers modestes étaient beaucoup plus nombreux à souffrir de l'insécurité (35 %) que les habitants des quartiers plus aisés (14 %[1]). C'est un phénomène que l'on retrouve dans toutes les sociétés et à toutes les époques. En 1883, Pierre Waldeck-Rousseau défendait un projet de loi visant à écarter durablement les multirécidivistes en ces termes : « Ce ne sont pas les fils de la bourgeoisie qui en souffrent le plus, ce sont les fils de travailleurs, ceux qui vivent dans un contact forcé avec ces parvenus de la police correctionnelle et du crime[2]. »

L'élite de notre pays – hommes politiques, intellectuels, avocats, journalistes, magistrats, etc. – est ainsi d'autant moins sensibilisée aux conséquences de la criminalité qu'elle a rarement compté aussi peu de « fils de travailleurs » dans ses rangs. Les milieux populaires représentent la moitié de la population, mais l'ENA n'accueille que 12 % d'élèves qui en sont issus, et l'École nationale de la magistrature moins de 10 %.

Rarement placés au contact des réalités du crime, les élites en sont restées à la mythologie hugolienne des Misérables, sans réaliser que les vrais voyous ne ressemblent guère à Jean Valjean. Le journaliste Hugues Serraf de Rue 89 a bien décrit à quel point les délinquants des cités, qui bénéficient de la bienveillance d'une partie de l'intelligentsia parisienne, ont en réalité des valeurs qui lui sont radicalement opposées : « Évoluant dans un univers centré sur le profit, la violence, les hiérarchies dominants-dominés et le sexisme, les cailleras n'ont qu'un

---

1. T. Le Jeannic, « Insécurité : perceptions et réalités », *Données sociales*, La Société française, Insee, édition 2006.

2. Pierre Waldeck-Rousseau, *Annales de la Chambre des députés*, séance du 26 avril 1883, *JO* du 27 avril 1883, p. 120

projet : l'accumulation rapide et continue de biens de consommation coûteux qu'elles perçoivent comme les symboles de la réussite et du pouvoir (grosses cylindrées allemandes, bijoux en or, vêtements de marque...)[1]. »

L'INVERSION DES RÔLES ET DES VALEURS

La conjonction du traumatisme issu des deux totalitarismes et de la victimisation des délinquants génère ainsi des situations et des analyses aberrantes.

La police, représentant « la violence d'État », en vient parfois à être moins bien considérée que les délinquants, « victimes de l'exclusion ». Lors du déclenchement des émeutes d'Amiens au cours de l'été 2012, de nombreux reportages n'ont pas hésité à pointer la responsabilité des policiers, qui auraient « provoqué » les jeunes, alors que l'enquête ultérieure a prouvé qu'ils s'étaient contentés de contrôler un individu qui roulait en sens interdit. On retrouve ici le spectre de la Shoah, comme l'a admirablement décrit Gilles-William Goldnadel dans son livre Les Martyrocrates : « Hier, le Juif "stigmatisé" comme celui qui portait les stigmates de la souffrance, aujourd'hui, nous dit-on, c'est toute une jeunesse qui serait "stigmatisée" par une politique sécuritaire lâchant ses flics dans les quartiers. »

Le même Gilles-William Goldnadel montre qu'il existe un écart saisissant dans la manière dont la Justice traite respectivement les affaires « financières » et les crimes violents : « La chambre d'accusation de la cour d'appel de Paris avait la réputation non usurpée de confirmer

---

1. Hugues Serraf, « En banlieue, les délinquants sont de droite, et de droite dure », *Rue 89*, 31 juillet 2010.

avec une belle constance les décisions d'incarcération des juges d'instruction en matière financière. La même chambre a, exceptionnellement, décidé, contre l'avis du juge d'instruction, contre celui du parquet, de remettre en liberté un détenu qui avait gravement violenté sa femme après l'avoir menacée de mort [...]. Aussitôt après sa libération, l'homme s'est rendu à son domicile pour égorger la malheureuse après l'avoir torturée une nuit entière[1]. »

Comment expliquer ce « deux poids, deux mesures », sans admettre que les auteurs de criminalité violente sont parfois considérés comme des victimes ? Autre anomalie difficilement compréhensible : lorsqu'un commerçant subit un braquage ou qu'un homme se fait agresser chez lui par des individus armés, et qu'il a le malheur de répliquer pour défendre sa vie, il aura tendance à être considéré par la Justice comme un véritable criminel. Un exemple particulièrement frappant étant celui de René Dahan qui, agressé chez lui par trois hommes armés, a réussi à retourner l'arme contre l'un de ses agresseurs, et a passé pour cela quarante-cinq jours en détention provisoire avant, plusieurs années après, de bénéficier d'un non-lieu.

On retrouve cette confusion des rôles dans l'accueil réservé en France à la « Justice réparatrice », cette philosophie qui vise à promouvoir les rencontres entre les victimes et leurs agresseurs. Il flotte autour de ce concept l'idée que les criminels et les victimes devraient être mis sur un pied d'égalité, les uns et les autres étant en souffrance à cause d'une forme d'« accident de parcours ». Il suffit pour s'en convaincre de lire la publication de l'admi-

---

[1]. Gilles-William Goldnadel, *Les Martyrocrates*, Paris, Plon, 2004, p. 198.

nistration pénitentiaire décrivant l'une de ces rencontres criminels-victimes[1]. On nous dit qu'il s'est construit une « alliance des souffrances facilitant la reconnaissance mutuelle » : « D'une part, la prise de conscience par les détenus de la souffrance des victimes » et « d'autre part », des victimes « déstabilisées par la souffrance vécue par les détenus en détention ».

Un peu plus loin, on lit que la « ligne de partage » entre victime et criminel est devenue ténue, « les détenus ayant subi dans leur vie différentes formes de violence et d'abandon, alors que les victimes soulignaient la chance qu'elles avaient eue pour ne pas basculer, à certaines occasions, dans le passage à l'acte. Cette part d'ombre de chacun laissait la place à l'approfondissement des échanges, leur interconnexion et évolution ». On voit là l'impensé de certains promoteurs de la Justice réparatrice : il n'y aurait pas un criminel et une victime, mais plutôt deux victimes.

L'humanisme hémiplégique est ainsi renforcé : si les criminels sont aussi des victimes, il paraît légitime de les protéger d'une Justice trop ferme. Les victimes réelles et les victimes potentielles d'actes criminels passent après les supposées « victimes » en chair et en os qui peuplent nos prisons.

---

1. « Les rencontres détenus-victimes à la maison centrale de Poissy : un retour d'expérience », CIRAP, juillet 2011.

Chapitre 8

Le droit et l'obscurantisme

Le philosophe anglais Jeremy Bentham a beau avoir été fait citoyen d'honneur par les révolutionnaires français de 1789, cela ne l'a pas empêché de se moquer, plus tard, des « cercles de Paris où l'on faisait les lois si facilement, où l'on ne se fatiguait point l'esprit par l'exactitude et la précision des idées, où tout était décidé quand on avait renfermé quelque notion prétendue philosophique dans une phrase importante et sonore[1] ».

De fait, il faut bien admettre que c'est une tradition française que de préférer l'idée qui sonne le mieux, dans les débats intellectuels ou politiques, aux argumentations analytiques et rigoureuses. C'est aussi un penchant très français que de ne pas suffisamment s'appuyer, dans le domaine politique, sur des données précises, des rapports scientifiques ou des études statistiques. Cette culture alimente le dogmatisme pénal. Elle explique pourquoi tant d'idées fausses circulent si facilement dans les débats sur la Justice. En pratique, elle se mani-

---

1. Jeremy Bentham, « Sophismes anarchiques », in *Tactique des assemblées législatives suivie d'un traité des sophismes politiques*, Paris, Bossange, 1822, p. 306.

feste à la fois par un juridisme excessif, et par une sous-estimation du savoir criminologique.

Le droit : une hégémonie trompeuse

Lorsque l'on élabore une politique économique, on consulte l'économiste plutôt que le spécialiste du droit de l'économie. Mais lorsque l'on s'interroge sur la politique pénale, on a tendance à se tourner vers le juriste, plutôt que vers le criminologue. Ce paradoxe montre qu'il existe, dans le domaine pénal, une suprématie excessive du juriste au détriment des chercheurs en sciences sociales.

Certes, le droit n'est pas sans raison une discipline universitaire prestigieuse. Il permet de bien connaître les règles juridiques qui régissent la vie en société, et donc de mieux la comprendre. Il permet également de rédiger des textes de loi clairs, aux énoncés brefs et dénués d'ambiguïté. C'est un véritable art, au sein duquel le code civil napoléonien fait encore figure de modèle. Le droit, parce qu'il étudie des lois et règlements ayant vocation à s'appliquer dans la durée, nous force de surcroît à réfléchir aux conséquences de long terme des règles que nous adoptons, parfois contre nos réactions instinctives.

Prenons l'exemple classique du policier qui, pour « coincer » un mafieux notoire, responsable de dizaines d'assassinats, falsifie un témoignage ou crée de toutes pièces une preuve matérielle. Dans un tel cas, une réflexion sur les conséquences de long terme montre que la Justice doit relâcher le criminel en question, même si sa culpabilité sur le fond ne fait aucun doute. Les policiers doivent savoir que des manquements graves et volontaires à la procédure aboutiront non seulement à des sanctions disciplinaires, mais aussi à la remise en liberté du criminel. De cette manière, on s'assure que la police ne prend pas l'habitude de fabriquer des preuves, usage qui aboutirait immanquablement à des arrestations arbitraires et à la poursuite d'innocents. Deuxièmement, et même si toutes les apparences accusent le truand notoire, il est indispensable de maintenir, en toutes circonstances, la nécessité de prouver la culpabilité des accusés, sans quoi des innocents que les apparences semblent accuser seront immanquablement envoyés en prison. Or, c'est un principe indiscutable que de préférer un coupable en liberté plutôt qu'un innocent en prison.

De même, tant que la Justice ne s'est pas prononcée, il convient de respecter la présomption d'innocence, y compris dans le cas de suspects dont les aveux circonstanciés ont été confirmés par toutes les preuves matérielles, même l'ADN. Car le respect du principe de présomption d'innocence est si important sur le long terme qu'il doit être respecté en toutes circonstances, même lorsque la culpabilité du suspect ne fait aucun doute. Il faut aussi accepter qu'un accusé manifestement coupable puisse être acquitté « au bénéfice du doute », lorsqu'il n'existe pas de preuve matérielle. Car il convient de privilégier l'intérêt global de la société, qui est d'éviter de condamner à tort des innocents.

Pour qualifier ce type de raisonnements, on dit parfois qu'il s'agit des principes du « droit » contre ceux de la « morale ». Mais il s'agit en réalité d'une réflexion sur les effets à long terme d'une règle, contre une réaction spontanée et peu réfléchie sur son application dans un cas particulier. Il n'y a là aucun argument de nature purement « juridique », mais simplement un raisonnement fondé sur l'utilité publique.

La même mise à distance de la morale spontanée au profit de l'intérêt du plus grand nombre doit conduire le juge à renoncer à fonder la peine qu'il prononce sur la seule « culpabilité morale » du criminel. Beccaria avait expliqué pourquoi « l'intention coupable » du criminel ne peut pas être le seul critère de la Justice. D'abord parce qu'il est très difficile à apprécier : « La gravité du péché dépend de l'insondable malice du cœur, et les êtres finis ne peuvent la connaître[1]. » Une étude canadienne récente a d'ailleurs prouvé de façon spectaculaire cette idée en montrant que les psychopathes prototypiques, parce qu'ils excellent à la manipulation des juges et des experts, obtiennent des libérations conditionnelles plus tôt que les autres condamnés, alors que leur risque de récidive est plus élevé[2].

Ensuite parce que, comme le rappelle Beccaria, l'importance du tort causé à la société importe plus que l'intention du coupable : on peut faire le plus grand tort à autrui avec les meilleures intentions du monde, et inversement. Ce qui explique qu'un Jérôme Kerviel ait été condamné à trois ans ferme en 2012, alors que son intention n'était pas de nuire à quiconque, mais de réaliser, à son profit et à celui de son employeur, des performances boursières éclatantes. Cette peine a vocation à dissuader tous les traders qui seraient tentés de suivre son exemple.

C'est donc pour des raisons d'utilité publique que l'on doit éviter de réduire les jugements judiciaires à des jugements moraux. C'est parfois difficile : le dangereux criminel peut avoir subi les pires sévices dans son enfance et inspirer une vraie pitié aux juges et aux jurés. Il faudra néanmoins s'efforcer d'en faire abstraction et

---
1. Cesare Beccaria, *Des délits et des peines*, Genève, *op. cit.*
2. S. Porter, L. ten Brinke, et K. Wilson, « Crime profiles and conditional release performance of psychopathic and non-psychopathic sexual offenders », *Legal and Criminological Psychology*, 14, 109-118, 2009.

prononcer une peine suffisamment longue pour protéger la société de nouvelles victimes.

Les tenants du dogmatisme pénal, comme les magistrats Portelli et Salas, parlent de « populisme » et de « morale compassionnelle » pour qualifier ceux qui sont choqués, par exemple, par la remise en liberté de criminels pour des vices de procédure bénins. Mais les mêmes, qui semblent mettre en avant la nécessité rigoureuse du droit et de la règle contre les émotions spontanées, estiment que les fonctions de dissuasion et de neutralisation de la peine ne sont pas admissibles parce qu'elles « manquent d'humanité », et seraient le fait d'un « monstre froid[1] » !

Le droit contre la démocratie

Le droit occupe une place excessive dans les débats politiques, parce qu'on imagine à tort qu'il recélerait en lui-même des préconisations de fond. Or, l'étude des règles qu'une société humaine s'est données pour réguler les comportements de ses membres ne nous dit rien de la pertinence de celles-ci. Le droit ne nous dit pas si ces règles seront efficaces pour atteindre le but poursuivi. Ce sont les sciences sociales qui permettent de savoir, par exemple, si la présence d'un avocat en garde à vue risque de faire chuter les taux d'élucidation ou si la construction de places de prison permettrait de faire reculer la criminalité.

Pourtant, on imagine fréquemment qu'il suffit de connaître le droit pénal pour réformer le code pénal, ou

---

1. Antoine Garapon et Denis Salas, *La République pénalisée*, Paris, Hachette, 1996, p. 118.

bien le droit de la famille pour réformer le droit du divorce. Certes, les grands juristes, comme Jean Carbonnier ou Jean Pradel, sont souvent d'excellents connaisseurs des sciences sociales et des réalités sociologiques. Mais c'est plutôt la preuve que le droit en lui-même ne suffit pas pour se prononcer sur la pertinence des lois et règlements.

L'étude des règles ne nous dit rien non plus de leur adéquation avec ce que souhaitent les citoyens. En démocratie, le droit n'a pas de contenu qui serait valable indépendamment des choix politiques des citoyens. Il est donc particulièrement incongru et inquiétant de constater que, pour certains, le droit aurait une logique intrinsèque, et même un contenu autonome qui imposerait à nos sociétés d'édicter certaines normes.

Lors des primaires socialistes en 2011, des « personnalités du monde judiciaire » ont ainsi publié une tribune au titre révélateur (« De l'importance du droit dans la société ») pour affirmer leur soutien à la politique pénale de Martine Aubry. Au sein même de l'article, on pouvait lire : « Parce que nous sommes attachés au respect du droit, parce que nous sommes convaincus de la place primordiale du droit dans la vie de la société, nous voulons engager de grandes réformes symboliques et indispensables au retour d'un État de droit et à une refonte de la procédure conforme aux exigences de nos principes fondamentaux et à ceux de la Convention européenne des droits de l'homme[1]. » Et quelles sont ces réformes prétendument conformes au « droit » ? « L'abolition des lois sur la rétention de sûreté et sur les peines planchers », le retour à « l'esprit de l'ordonnance de 1945

---

1. *Libération*, 24 août 2011, « De l'importance du droit dans la société ».

sur la justice des mineurs », et même la réforme de la « loi sur les jurys populaires en correctionnelle ».

Les juristes engagés, signataires de cette tribune, voudraient donc faire croire aux citoyens que la suppression des peines planchers serait « le droit » et que leur mise en place serait « contraire au droit ». Que juger les mineurs comme en 1945 ne serait pas un choix politique particulier, mais bien la politique conforme « à nos principes fondamentaux ».

Rien n'est plus trompeur que cette présentation des choses. Pour prendre un autre exemple, ce ne sont pas les « principes du droit » qui imposent de rappeler à toute personne gardée à vue qu'elle peut conserver le silence. Cette règle traduit simplement un choix, celui d'éviter au maximum le risque de poursuivre à tort des innocents (qui pourraient risquer de s'auto-incriminer), avec le risque assumé d'élucider moins d'affaires criminelles. Mais une société peut légitimement faire le choix inverse, sans contrevenir aux « principes du droit ».

De même, ce n'est pas le droit qui interdit d'édicter des peines planchers « automatiques », mais une certaine conception du droit, qui varie au fil du temps. Il est révélateur, à cet égard, que le Conseil constitutionnel ait proscrit les peines « fixes » en se réclamant de la Déclaration des droits de l'homme et du citoyen de 1789, alors que les révolutionnaires qui avaient rédigé ce texte avaient décidé aussitôt après d'adopter… des peines fixes que le juge ne pouvait moduler.

On ne saurait sous-estimer à quel point il peut être dangereux d'assimiler une politique particulière (et donc partisane) au « droit ». Car cela revient en fait à retrancher du champ du débat démocratique une partie entière de la politique. Les citoyens n'ont plus leur mot à dire. Les seuls qui peuvent décider de ces questions sont une petite élite : ce sont les juristes qui savent ce que veut « le droit ». C'est un affaiblissement grave de la démocratie et de la capacité d'un peuple à décider de la façon dont il veut vivre que de vouloir l'empêcher de placer le curseur entre liberté et sécurité là où il le désire.

Le droit contre l'esprit critique : l'exemple des victimes

L'idée que le droit aurait un « contenu propre » n'est pas seulement intimidant pour celui qui n'a pas suivi d'études juridiques. Cette conception conduit de surcroît à neutraliser l'esprit critique des juristes eux-mêmes !

Nous avons été reçus en 2010, Stéphane Maitre et moi-même, par le « conseiller Justice » du Premier ministre, un magistrat, comme c'est la coutume. Avec la conviction qui l'anime, Stéphane Maitre a réalisé une brillante plaidoirie en faveur du droit d'appel des victimes dans la procédure pénale. Lorsqu'il eut terminé, le conseiller le regarda avec ce qu'il faut bien appeler un sourire de commisération et lui dit : « Mais enfin, maître, je suis surpris qu'un avocat de votre niveau tienne ces propos. Vous savez bien qu'en droit, la victime ne peut pas exercer de droit d'appel, parce que son rôle, dans le procès pénal, se restreint à demander des dommages et intérêts au civil – d'où son qualificatif, dans notre droit, de "partie civile". »

Il était naturellement loisible à ce conseiller d'être hostile au droit d'appel des victimes. Le problème est qu'il estimait que le droit, tel un oracle définitif, avait déjà statué sur la question, et qu'il n'y avait donc pas lieu d'y revenir. Plutôt que de faire fonctionner son esprit critique et d'évaluer la pertinence de la mesure novatrice que nous proposions, il l'excluait par principe, sans autre raisonnement, simplement parce qu'il avait appris à la faculté que, en droit, la partie civile est cantonnée à un rôle civil. Sa capacité de réflexion était neutralisée par le prestige du « droit » et des principes qui lui seraient consubstantiels.

Qu'en est-il, en l'occurrence ? La première crainte des juristes, s'agissant du droit des victimes, est le retour à la « justice privée » qui prévalait au Moyen Âge. Une justice sans ministère public (le « parquet »), dans laquelle c'est la victime elle-même qui engage les poursuites et demande à un juge de se prononcer. Ce système n'a pourtant rien d'une justice privée stricto sensu : c'est effectivement une enquête privée (réalisée par la victime plutôt que par l'État), mais c'est une justice publique, rendue publiquement par un juge indépendant. Nous avons même une rémanence de ce système dans notre droit du XXIe siècle, avec le système de la citation directe, qui permet à la victime de convoquer directement l'auteur présumé d'une infraction au tribunal, à charge pour elle de convaincre les juges de sa culpabilité.

Le problème de la généralisation d'un tel système n'est pas qu'il revienne à « privatiser » la Justice ; le problème est qu'il n'est tout simplement pas viable. Si l'on devait laisser à la victime le soin d'enquêter, de réunir les preuves et de les présenter devant un juge, on mettrait la société en danger, parce que la plupart des victimes n'en ont pas les moyens. Une société développée ne peut pas laisser le monopole de la poursuite pénale aux victimes, non pas parce que ce serait de la vengeance ou de la « justice privée », mais parce qu'elles ne sont pas armées pour le faire, et que la plupart des coupables resteraient donc impunis.

Le ministère public, qui joue ce rôle d'enquête et de poursuites, est donc indispensable. C'est un progrès de la Justice et de la sécurité publique. Mais son intervention n'est en aucun cas incompatible avec celle de la victime. Si la victime est en état de participer à la manifestation de la vérité, de « corroborer l'action publique », c'est un avantage pour la société tout entière. Il serait même absurde pour l'appareil judiciaire de se priver du précieux soutien de la personne qui a le plus à cœur que la justice soit rendue.

Il n'existe donc pas de raison purement juridique pour priver la victime de droits au stade de l'enquête pénale. De la même façon que l'avocat de la défense est un garde-fou indispensable contre certaines enquêtes potentiellement à charge, la partie civile peut être un garde-fou capital contre des instructions hâtives ou insuffisantes.

Une autre objection fréquente des juristes est que ce rôle, peut-être acceptable pendant l'enquête, ne le serait pas au moment du verdict, car la victime n'a pas son mot à dire sur « la peine ». La peine ne la concernerait pas ; elle ne concernerait que l'accusé et la société. Comme dans le cas de la justice privée, il s'agit d'un malentendu qui part d'une réalité incontestable. De même qu'il serait impensable et inefficace de donner à la victime le monopole des poursuites, il serait tout aussi impensable d'accorder à la victime un droit exorbitant sur le prononcé de la peine. Parce que la peine intéresse la société dans son ensemble et non pas seulement la victime. Beccaria exprime bien cette idée dans un passage où il explique que, si l'on donnait à la victime tout pouvoir sur la peine, la société risquerait d'être insuffisamment protégée : « Quelquefois on dispense de la peine l'auteur d'un petit délit quand la victime lui pardonne : acte conforme à la bonté et à l'humanité mais contraire au bien public, car un particulier ne peut pas supprimer par son pardon la nécessité de l'exemple[1]. »

C'est un fait indubitable : la peine ne concerne pas seulement la victime. Mais qui pourrait prétendre qu'elle ne la concerne pas de façon privilégiée, ou en tout cas de façon au moins aussi privilégiée que l'accusé qui, lui, a le droit de faire appel ? Le procès pénal comporte ainsi trois acteurs, et non seulement deux : le parquet, avocat de la société dans son ensemble, et les deux personnes pour lesquelles il est primordial que la décision rendue soit le plus juste possible : l'accusé parce qu'il risque la peine, et la victime parce qu'elle a subi l'infraction.

Cette approche se refuse à réduire la victime à une partie purement « civile » qui aurait tout juste le droit de demander une indemnisation financière de son préjudice. Car la victime est personnellement et directement concernée par les décisions pénales qui seront prises à l'encontre de son agresseur présumé. C'est elle qui risque des représailles immédiates si le juge refuse d'incarcérer celui qui l'a agressée – et contre qui elle a témoigné. C'est encore la victime qui sera condamnée à vivre dans le même quartier que son agresseur sexuel si la Justice « oublie » de prononcer une peine complémentaire d'éloignement. C'est toujours la victime, enfin, qui subit un véritable traumatisme psychologique si son agresseur bénéficie d'une remise en liberté dix ans plus tôt que prévu.

Il ne s'agit pas de donner à la victime un droit de veto sur toutes ces décisions. Car la Justice doit faire la part des choses entre l'intérêt de l'accusé, celui de la société et celui de la victime. Mais le juge doit pouvoir entendre toutes les parties dans les mêmes conditions, à égalité,

---

1. Cesare Beccaria, *Des délits et des peines, op. cit.*

avec les mêmes droits de recours. Que l'on adhère ou non à cette proposition, on admettra sans doute qu'il y a matière à débat. Et que ce n'est pas le droit en lui-même qui pourra le trancher dans un sens ou dans un autre.

La criminologie contre l'obscurantisme

Autant le droit est surévalué, autant la science est au contraire sous-utilisée dans les débats publics, voire parfois franchement ignorée. Pourtant, la science permet de déterminer ce qui est efficace et ce qui ne l'est pas, ce qui n'est pas inutile quand on doit décider d'une politique publique. C'est pourquoi, en matière pénale, la criminologie a un rôle éminent à jouer.

J'ai participé en mai 2012 à un congrès de criminologie à Montréal, organisé par l'Association internationale de criminologie francophone. La séance inaugurale fut marquée par deux interventions. La première, celle d'une Canadienne qui enseigne à Londres, portait sur les conséquences du « bullying » (maltraitance à l'école) sur ceux qui en sont victimes. L'exposé était remarquable : il s'appuyait sur des données précises et chiffrées, essayait de démêler ce qui relève de la cause et de l'effet et n'hésitait pas à puiser dans le domaine de la biologie pour objectiver les conséquences psychologiques sur les enfants[1].

Le second exposé était le fait d'un chercheur français du CESDIP, qui est le principal organe de recherche français sur la Justice pénale, lié au ministère de la Justice. De l'avis de tous les chercheurs suisses, belges ou

---

1. Louise Arsenault, « Les impacts psychologique et physiologique de la victimisation durant l'enfance ».

canadiens présents dans la salle, sa présentation fut désastreuse. Elle était contraire à l'éthique même de la science, qui impose modestie, données probantes et rigueur dans le raisonnement. Nous avons eu droit au contraire à une succession d'idées généralistes, non appuyées par des données empiriques et imprégnées de prises de position politiques.

Ce manque patent de rigueur scientifique est particulièrement problématique dans le cas de la criminologie, car cette discipline n'est pas enseignée à l'université comme science autonome. Elle y a été furtivement introduite, sous l'action courageuse du criminologue Alain Bauer, avant d'être supprimée par le nouveau gouvernement en août 2012, simplement parce qu'on la supposait liée à la présidence Sarkozy. Si bien que les meilleurs travaux criminologiques sont soit totalement ignorés, soit même accueillis avec hostilité.

Le cas le plus emblématique est le déchaînement de violence sans précédent qui a suivi la publication en 2005, par l'INSERM (Institut national de la santé et de la recherche médicale), d'un rapport intitulé Troubles des conduites chez l'enfant et l'adolescent. Ce rapport était le fruit d'un travail collectif considérable et visait à faire une synthèse de l'ensemble des données scientifiques existantes sur les troubles de conduite et du comportement et, notamment, de leurs relations avec la délinquance. L'INSERM a réussi le tour de force, sur un sujet souvent négligé en France, de rassembler toutes les observations qui font l'objet d'un consensus au niveau international et d'édicter des recommandations pour la France en s'inspirant de ce « qui marche » chez nos voisins.

Pourtant, à peine sorti, ce rapport a fait l'objet d'attaques, d'amalgames, de caricatures, et même d'une pétition, qui a rassemblé près de 200 000 citoyens, intitulée « Pas de zéro de conduite pour les enfants de trois ans ». Pourquoi ? Parce qu'il a commis le « crime » d'utiliser les différents niveaux de la science – génétique, neurosciences, épidémiologie médicale, psychologie et sociologie – dans un sujet lié à la délinquance. Ce rapport établissait que les troubles du comportement, et donc le risque de criminalité, avaient une composante génétique. Il recommandait de dépister le plus précocement possible, afin de les aider, les enfants souffrant de troubles du comportement.

Il ne s'agissait en aucun cas de céder au moindre « déterminisme génétique ». Personne ne pense, et les experts de l'INSERM encore moins que quiconque, qu'il existerait un « gène du crime ». Mais il existe des gènes associés à une plus grande impulsivité ou un moindre contrôle de soi, caractéristiques qui à leur tour accroissent la probabilité d'un comportement délinquant. Une simple probabilité n'étant en rien un déterminisme, l'environnement jouant naturellement un rôle considérable.

L'un des auteurs du rapport était le Canadien Richard Tremblay, professeur de pédiatrie et de psychologie. Atterré par les réactions françaises à ce rapport, il a accordé un long entretien au magazine Sciences humaines, où il précisait : « Nous disposons de très nombreuses études sérieuses, menées pas uniquement dans les pays dits "anglo-saxons" (Australie, Canada, États-Unis, Grande-Bretagne), mais aussi au Québec, aux Pays-Bas, en Scandinavie, en Allemagne, en Italie… Toutes montrent que lorsqu'un enfant présente de façon chronique des symptômes du trouble des conduites, le risque de délinquance juvénile grave est statistiquement aussi important que de développer un cancer lorsqu'on est un gros fumeur, ou un problème cardio-vasculaire lorsqu'on a un niveau élevé de mauvais cholestérol. » Or, « De nombreuses recherches indiquent que les interventions préventives précoces sont les plus efficaces pour favoriser la santé mentale et physique à long terme ».

Il concluait en deux temps. D'abord : « Les prisons de France sont pleines à craquer d'individus à qui l'on n'a pas offert les services dont ils avaient besoin, de peur de les stigmatiser... Alors que la preuve scientifique est faite qu'avec un soutien adéquat les parents et les enfants, loin d'être désavoués pour leurs difficultés, les surmontent mieux, et à long terme[1]. » Et ensuite : « Un peu plus de science et un peu moins de politique de la part des professionnels ferait un grand bien à tous ces jeunes qui souffrent. » Et à leurs éventuelles victimes, serait-on tenté d'ajouter...

UN CAS EMBLÉMATIQUE : LA RÉTENTION DE SÛRETÉ

Le juridisme et l'ignorance scientifique sont particulièrement saillants dans les débats concernant la loi sur la rétention de sûreté, votée en 2008.

La mesure instaurait une forme de « principe de précaution » envers les cinquante à cent criminels les plus dangereux de France. Pour faire partie de cette catégorie, il faut conjuguer plusieurs caractéristiques : avoir commis au moins un crime particulièrement grave (ayant conduit à être condamné à une peine d'au moins quinze ans de prison), avoir un trouble manifeste de la personnalité ou du comportement, et avoir un risque de récidive particulièrement élevé. Les criminels qui réunissent ces critères peuvent être placés, selon cette réforme, dans un

---

1. *Sciences humaines*, 17 janvier 2010, « Enfants violents : "Dépister n'est pas réprimer" ».

centre médico-socio-psychologique pour une durée d'un an, renouvelable indéfiniment, si une commission pluridisciplinaire le décide.

Le principe est simple et équilibré : les grands criminels dont le risque de récidive est jugé particulièrement élevé, à la fois par leur parcours de violence et par leurs troubles de la personnalité, peuvent se voir retenus dans des centres de soins tant qu'ils présentent un risque trop élevé pour la société. Deux profils criminologiques sont visés : les pédophiles prédateurs et les psychopathes prototypiques.

Francis Evrard fait partie de la première catégorie. À seize ans, il est envoyé en camp de redressement après avoir fait une première victime. Condamné à de multiples reprises pour attouchements et viols sur mineurs, il est condamné à vingt-sept ans de prison en 1989. Lorsqu'il sort de prison en 2007, au bout de vingt ans, il a passé les deux tiers de sa vie en détention. Tout le monde sait qu'il va recommencer. C'est à ce moment qu'il aurait pu être placé en rétention de sûreté si la mesure avait existé. De façon prévisible, il a profité de sa libération pour enlever et agresser le petit Enis (cinq ans). Puis a avoué aux enquêteurs qu'il avait fait, au cours de sa « carrière », au moins quarante victimes.

Patrick Trémeau, lui, est un violeur de femmes, dont le profil polymorphe (il commet également des vols de voitures, comme Guy Georges) suggère une psychopathie prototypique. Il est condamné pour « attentat à la pudeur » au début des années 1980, puis condamné pour un viol en 1987. Après être sorti de prison, il commet de 1993 à 1995 au moins treize viols, toujours de la même manière : sous la menace d'un couteau et dans l'obscurité d'un parking. Il est alors condamné à seize ans de prison. Ses victimes savent – et disent – qu'il va recommencer. Mais aucune mesure de sûreté n'est alors possible après la fin de sa peine. Lorsqu'il sort, au bout de dix ans, il viole trois femmes.

Dans d'autres pays, Patrick Trémeau aurait été condamné à perpétuité pour les treize viols qu'il avait commis. Quant à Patrice Evrard, s'il avait purgé l'intégralité de ses peines, il serait sorti à quatre-vingts ans, et non à soixante-sept. Les profils typiquement concernés par la rétention de sûreté ont toujours de lourdes et nombreuses condamnations à leur actif.

La mesure existe dans de nombreux pays, sous des modalités différentes : Allemagne, Canada, Suisse, Pays-Bas. Le système canadien est d'ailleurs nettement plus strict que la loi française, puisqu'il n'est pas nécessaire d'être condamné à une peine d'au moins quinze ans de prison pour pouvoir être reconnu comme « criminel dangereux » et enfermé sans limitation de durée. Par exemple, un homme a pu être placé sous ce statut après s'être introduit par effraction dans le domicile de sa voisine avec un fusil et s'être livré à un attouchement sur les seins de celle-ci. Mais il avait de très nombreux antécédents, concernant notamment des agressions sexuelles, dont certaines beaucoup plus graves que cette dernière[1]. L'approche Canadienne est plus cohérente d'un point de vue criminologique : la persistance et la répétition de crimes et de délits inquiétants prédit mieux la dangerosité qu'un seul acte, si grave soit-il.

Le principe de la rétention de sûreté est une manière intelligente de concilier le fait que certains individus ont

---

1. Rapport n° 174 fait au nom de la commission des lois du Sénat, relatif à la rétention de sûreté et à la déclaration d'irresponsabilité pénale pour cause de trouble mental (2008), p. 208.

manifestement un trouble psychologique (mais pas une maladie mentale) tout en étant responsables de leurs actes. La loi permet de cumuler la peine de prison ferme, qui s'adresse au criminel capable de discernement, avec un placement dans un centre spécialisé, qui vise l'homme atteint d'un trouble de la personnalité.

Ce placement s'apparente à celui des malades mentaux dangereux, placés dans des unités spéciales et fermées, les « unités pour malades difficiles », afin d'éviter qu'ils ne commettent des violences supplémentaires. Dans un cas comme dans l'autre, il ne s'agit aucunement de « punir » l'individu, mais simplement de l'écarter de la société pour protéger ses membres. C'est pourquoi il s'agit d'une « mesure de sûreté » et non pas d'une « peine ».

Beaucoup de juristes, pourtant, se sont élevés contre la rétention de sûreté. Tous les syndicats de magistrats s'y sont montrés hostiles. Un ancien garde des Sceaux, Robert Badinter, l'a exprimé avec force au journal de 20 heures : avec cette mesure, « on condamne quelqu'un non pas pour ce qu'il a commis, mais pour ce qu'il risque de commettre ». Ce qui est doublement faux : non seulement il ne s'agit pas de « condamner » (ce n'est pas une peine), mais le placement est réalisé en considération de la somme de tout ce qu'il a commis (indice majeur de dangerosité) et d'un trouble psychologique.

La loi a été votée par le Parlement, mais le Conseil constitutionnel a décidé de la censurer partiellement. Dans une décision incompréhensible, il a condamné la mesure à être inopérante pour de longues années, avec tous les risques de récidive grave que cela comporte. Car le Conseil a décidé que la rétention de sûreté ne pourrait s'appliquer que si elle a été prévue dans le jugement de la cour d'assises. Autrement dit, elle ne pourra concerner que ceux qui, condamnés à au moins quinze ans après 2008, sortiront de prison à partir de 2018.

Pourquoi cette décision, aux conséquences si graves ? Le Conseil constitutionnel ne donne pas le moindre motif. S'il s'était agi d'une peine, la décision aurait été compréhensible, car l'aggravation des peines ne doit pas être rétroactive. Imaginons en effet que la peine encourue pour un vol avec violence passe de cinq à dix ans. Dans ce cas, il serait doublement aberrant d'appliquer la nouvelle peine à ceux qui ont commis ce délit lorsqu'il « valait » cinq ans. Ce serait à la fois arbitraire – on doit savoir, par avance, ce que l'on risque – et inutile du point de vue de la dissuasion, le condamné ne pouvant pas avoir été intimidé par le doublement de la peine, puisqu'il avait commis son délit auparavant.

Mais la rétention de sûreté n'est pas une peine : son objectif n'est pas de sanctionner ni de dissuader, mais simplement de neutraliser des criminels dangereux. Exactement comme l'hospitalisation d'office vise à protéger la société de malades potentiellement dangereux. Mais le Conseil constitutionnel en a décidé autrement, pour des raisons qui ne sont pas sans rapport avec les confusions juridiques et criminologiques évoquées dans ce chapitre.

Et, preuve supplémentaire de son insuffisante culture criminologique, le Conseil a même ajouté une restriction complémentaire : pour que la rétention de sûreté soit applicable, le condamné doit avoir pu, dès le début de la détention, bénéficier des soins adaptés. Or, comme on l'a vu, les psychopathes prototypiques ne sont pas accessibles aux soins. Quant aux pédophiles prédateurs, pour lesquels la castration chimique pourrait être indiquée, leur traitement ne doit surtout pas commencer en détention, parce qu'il a des effets secondaires à long terme et qu'il risque ainsi d'être interrompu au moment où il sera vraiment utile, à savoir quand le criminel recouvrera la liberté. On retrouve en fait, dans cette décision du Conseil, l'illusion déjà évoquée précédemment selon laquelle les délinquants, sexuels notamment, pourraient « guérir ». Or, ceux qui ont de véritables troubles mentaux peuvent certes ne pas récidiver, mais ils ne guériront jamais.

On voit les dégâts provoqués par le juridisme et le manque de culture criminologique. Heureusement pour les auteurs de cette décision, ils ne risquent guère d'en subir les conséquences, ni même de devoir affronter le regard des victimes qui en résulteront.

CHAPITRE 9

Les logiques professionnelles

L'examen des causes profondes du dogmatisme pénal ne serait pas complet sans une exploration du rôle des logiques professionnelles de ses principaux acteurs : magistrats, avocats, psychiatres, journalistes, responsables politiques. Car les réformes et le débat public en matière pénale sont en grande partie influencés par quelques professions qui ont chacune une logique interne, voire leurs propres intérêts corporatistes. Dans le domaine pénal, ces logiques et ces intérêts sont un véritable obstacle au changement, fût-il attendu par les citoyens.

Les juges : les biais d'un métier sensible

Les magistrats pèsent peu électoralement (ils ne sont que 8 000), mais ils exercent un rôle déterminant dans la définition des politiques pénales. D'abord parce qu'ils monopolisent l'expertise pénale au sein du ministère de la Justice : la quasi-totalité des conseillers des cabinets ministériels et des bureaux spécialisés du ministère est constituée de magistrats. Ensuite parce que, à travers leurs syndicats, ils exercent une influence majeure auprès des responsables politiques et dans les médias.

Or, il n'est rien qui hérisse davantage l'hermine d'un magistrat que les textes qui, comme celui créant les peines planchers, réduisent leur faculté d'appréciation dans les jugements prononcés. Non pas seulement parce qu'ils sont perçus comme une marque de méfiance vis-à-vis de leur capacité à prononcer des jugements adaptés. Mais surtout parce que la limitation de leur marge de manœuvre réduit l'intérêt et le prestige de leur métier de magistrat.

Le « mal » suprême est incarné par les « lignes directrices sur la détermination de la peine » (sentencing guidelines), adoptées aux États-Unis dans près de la moitié des États et au niveau fédéral[1]. Elles se présentent sous la forme de grilles sur lesquelles sont inscrits, verticalement, le niveau de gravité de l'infraction et, horizontalement, le passé judiciaire du prévenu[2]. Le juge doit alors lire la peine inscrite pour le cas qui lui est présenté.

Les fourchettes de peines américaines sont particulièrement étroites : il ne doit pas y avoir plus de six mois – ou 25 % de la peine – entre le minimum et le maximum. L'existence de cas sortant de l'ordinaire n'est pas négligée pour autant, car le juge peut, en dehors même des circonstances prévues par la loi, s'écarter de la fourchette prévue, à condition de motiver son jugement.

On comprend que, indépendamment du débat de fond sur l'individualisation de la peine, ce système puisse

---

1. Voir Pierre Landreville, « Va-t-on vers une américanisation des politiques de sécurité en Europe ? », *in* Laurent Mucchielli et Philippe Robert (dir.), *Crime et sécurité, l'état des savoirs*, Paris, La Découverte, 2002, p. 424-433.
2. Voir Jean Pradel, *Droit pénal comparé*, Paris, Dalloz, 2008, p. 538.

constituer, en France, un repoussoir absolu pour des hommes et des femmes ayant fait au moins cinq ans d'études et réussi un concours difficile. Le pénal n'attire déjà pas, sauf exceptions qu'il convient de saluer, les cerveaux les plus brillants de la magistrature, qui choisissent généralement le droit civil, considéré comme plus subtil. Présider un tribunal correctionnel est au départ une expérience humaine relativement riche, mais devient vite une fonction très répétitive, car les situations se ressemblent beaucoup. Si, de surcroît, ces magistrats en étaient réduits à cocher une case dans la grille pour déterminer le niveau des peines, l'intérêt de leur métier en serait encore amoindri.

C'est la raison pour laquelle les magistrats tiennent tant au « jugement moral » que permet l'individualisation de la peine, et qu'ils ne veulent pas être réduits à un rôle de « répression du crime ». Croire que l'on pourrait « sonder les cœurs » pour en connaître l'intention morale profonde est largement illusoire, mais c'est plus excitant que de se restreindre à une constatation du délit commis, accompagnée d'une appréciation statistique du risque de récidive. D'où, également, la tendance des juges à négliger l'objectif de dissuasion générale, car il suppose une forme d'harmonisation des peines prononcées, pour qu'elles soient prévisibles, plutôt que l'arbitraire qui résulte de décisions totalement laissées à l'appréciation des magistrats.

La défense, par les juges, de l'intérêt de leur métier explique également pourquoi les juges d'application des peines (JAP), eux aussi, souhaitent disposer d'une grande latitude dans la modulation des peines. La possibilité d'octroyer une libération conditionnelle, dès que la peine d'emprisonnement a été exécutée à moitié, est plus « intéressante » et plus riche professionnellement qu'un système où les trois quarts de la peine au minimum devraient être accomplis. De même, les JAP sont réservés quant aux projets de libération conditionnelle automatique (aux deux tiers de la peine, par exemple), alors même que ces dispositifs sont favorables aux condamnés. Car, comme les peines « fixes », ils ôtent au magistrat ce qui fait le sel et le prestige de leur profession : leur capacité à choisir et à prendre des décisions.

Ce rôle de décideur et d'arbitre explique aussi pourquoi les juges sont souvent accusés d'avoir des difficultés à reconnaître leurs erreurs, et même à accepter qu'ils pourraient en commettre. En réalité, c'est la logique même de leur métier qui érode la capacité des juges à l'autocritique. Car leurs jugements, si pertinents soient-ils, feront dans la plupart des cas au moins un mécontent. Dans la majorité des jugements commerciaux, familiaux (garde d'enfant, divorce), successoraux ou prud'homaux, il existe une partie satisfaite et une partie mécontente. Et le mécontent, même s'il a objectivement tort, aura toujours tendance à reporter la faute non sur lui-même – ce serait trop facile –, mais sur le juge et sa compétence.

Il est donc naturel que les juges « s'immunisent », d'une certaine façon, contre les critiques. « On ne satisfera jamais tout le monde », ont-ils tendance à dire, non sans raison. Et c'est pourquoi ils développent un mécanisme de défense contre toutes les critiques, y compris, malheureusement, contre celles qui sont pertinentes et qu'ils devraient écouter.

Dans le domaine pénal, il existe de surcroît des biais dans la façon dont les magistrats abordent un jugement. Un biais psychologique, tout d'abord, qui rend la dissuasion générale difficile à appliquer. Car l'accusé est présent dans la salle, en face du juge, tandis que les victimes qui subiront une agression dans le futur, si les peines prononcées par l'ensemble des magistrats sont insuffisantes, ne sont que des statistiques[1]. Il est donc naturel que les juges aient parfois du mal à percevoir l'utilité d'ajouter le mal de l'emprisonnement au mal déjà commis.

Un biais lié à leur formation, ensuite, pourrait expliquer pourquoi les magistrats de Nanterre ont pris cette décision incompréhensible de ne pas interdire à un agresseur sexuel de revenir habiter le même immeuble que sa victime. Au cours de leur scolarité, les magistrats ont appris que la Justice n'était pas la vengeance, et qu'un bon jugement pénal nécessitait, autant que possible, de mettre à distance ses propres émotions, afin de ne pas être aveuglé par celles-ci.

Ainsi, un président d'une cour d'assises a pu refuser que les jurés voient les photos prises juste après l'agression de la victime, qui la montraient totalement défigurée, avant qu'elle n'entreprenne de multiples opérations chirurgicales. La victime elle-même avait pourtant explicitement demandé que les jurés puissent accéder à ces photos, afin qu'ils mesurent la violence de l'agression. Mais le magistrat a estimé que leur capacité de jugement rationnel pourrait être amoindrie par ces images effroyables[2].

Le problème est que cette émotion, neutralisée lorsqu'elle pourrait conforter la victime et servir la Justice, est accueillie avec bienveillance lorsqu'elle est favorable à l'accusé. Personne ne songerait à empêcher l'avocat de la défense de susciter l'empathie du juge et des jurés vis-à-vis de l'enfance de l'accusé et des conditions dans lesquelles il a grandi. Pour les juges, ce récit

---

1. Voir Richard Posner, « An Economic Theory of the Criminal Law », *Law Review*, 85, 1985, p. 1213.
2. Documentaire « Le jour où j'ai été juré d'assises », de Sarah Lebas.

sentimental fait même nécessairement partie du « jugement moral » qui leur paraît indispensable à une bonne décision. À l'inverse, beaucoup de magistrats estiment qu'il faut, pour ne pas avoir un jugement faussé, se préserver de l'émotion liée à la souffrance de la victime.

Le magistrat honoraire Philippe Bilger, longtemps avocat général aux assises, a témoigné de pratiques qui confirment cette hypothèse : « Il y a des présidents de cour d'assises qui considèrent que, au-delà de la place naturellement prépondérante qu'on donne à l'accusé, il faut en plus lui donner une considération exclusive, et aucune à la victime. Il y a un déséquilibre, dans l'appréhension intellectuelle et l'équité morale, de certains présidents de cour d'assises qui considèrent que le monopole du cœur doit être réservé à l'accusé[1]. »

Tout ceci ne signifie pas que l'on ne doit pas écouter les magistrats lorsqu'il s'agit de réformer le droit pénal ; ils sont bien placés pour apporter des arguments utiles au débat. Mais leurs prises de position doivent être accueillies avec recul, leurs propos n'étant pas « parole d'Évangile ». Si l'Union syndicale des magistrats, par exemple, s'est si fortement opposée à la suppression du juge d'instruction, ce n'est pas seulement parce que la réforme lui paraît dangereuse, mais d'abord parce qu'une bonne partie des adhérents de l'USM sont… des juges d'instruction, qui ne tiennent pas à voir leur poste disparaître.

De même, si les trois quarts des procureurs ont signé début 2012 une « résolution » demandant leur indépendance vis-à-vis du ministère de la Justice, ce n'est pas seulement par souci du bien commun, mais vraisembla-

---

1. Colloque de l'Institut pour la Justice sur le droit des victimes, 1er février 2011.

blement aussi parce que cela libérerait leurs pratiques professionnelles d'une tutelle ministérielle parfois pesante. L'indépendance totale leur donnerait encore davantage de liberté pour mener la politique pénale qu'ils estiment adaptée. En un mot, plus d'indépendance signifie davantage de pouvoir, de marge de manœuvre et moins de contrainte hiérarchique. Quelle profession ne le souhaiterait pas ?

Les avocats : intérêts bien compris et inclinations naturelles

Lors d'un séjour d'étude au Canada fait en 2012 avec le professeur Jean Pradel et le psychiatre Alexandre Baratta, nous avons été reçus par le sénateur Boisvenu, père d'une fille assassinée et fondateur d'une association de victimes. Il nous a expliqué comment le gouvernement, avec son concours, avait renforcé les « peines minimales » contre les délinquants : « Les avocats se sont fermement opposés au projet. Il faut bien dire qu'il allait directement contre leurs intérêts, puisque les peines minimales permettent d'écarter plus longtemps les délinquants d'habitude, ce qui réduit le nombre de passages devant les tribunaux et donc le nombre d'affaires que les avocats peuvent traiter – et facturer. » Cette idée était sans doute excessive, mais son propos avait le mérite de mettre en lumière les intérêts qui peuvent se cacher derrière les grands principes.

Les barreaux représentent une profession libérale, qui ne vit que de la facturation d'un service à une clientèle. Ils oublient donc rarement – et c'est bien naturel – l'intérêt professionnel et financier de leur profession. Or, les avocats sont extrêmement influents dans la définition des politiques menées. À la fois parce qu'ils forment une bonne partie du personnel politique et parce qu'ils sont très présents dans les médias.

La réforme de la garde à vue intervenue en 2011 est en partie le résultat d'un lobbying redoutable du barreau de Paris. L'intérêt de la profession était évident : si l'avocat a le droit d'assister son client pendant les interrogatoires de garde à vue, cela représente de nombreuses heures facturables (à l'État, le plus souvent, via l'aide juridictionnelle) et permet de donner un revenu supplémentaire à des avocats pénalistes qui, pour la plupart, ne vivent pas dans l'opulence.

Bien sûr, le barreau, particulièrement soucieux de ne pas apparaître comme le défenseur d'intérêts catégoriels, prend bien soin de s'appuyer sur des motifs d'intérêt général. C'est tout à fait normal : les lobbies, même s'ils défendent des intérêts particuliers, concourent à la vitalité du débat démocratique et à la richesse des argumentations en déployant les idées les plus convaincantes en faveur de leur thèse. Et le décideur, même s'il opte finalement pour la solution inverse, doit avoir été confronté aux arguments contradictoires les plus complets possible, à défaut desquels il ne peut être sûr d'avoir pris la meilleure décision.

Là où le barreau a fait preuve de tartufferie, c'est lorsqu'il a poursuivi en justice le commandant de police Patrice Ribeiro, secrétaire général de Synergie officiers, qui avait eu le malheur de dire tout haut – en des termes un peu crus il est vrai – ce que de nombreux spécialistes pensaient tout bas, parlant, au sujet de la réforme de la garde à vue, d'un « activisme du lobby des avocats, pour la satisfaction commerciale de cette profession ». La meilleure preuve de la validité du diagnostic de Ribeiro est l'évolution étonnante du discours des avocats sur ce sujet. Pour gagner la bataille de l'opinion sur la nécessité d'une réforme de la garde à vue, les avocats ont d'abord porté le fer, au cours de l'année 2008 et 2009, sur le nombre « excessif » de gardes à vue pratiquées par les policiers. Cette idée a résonné favorablement chez les Français en raison de l'augmentation très forte – et en grande partie injustifiée – des gardes à vue visant les automobilistes. Conséquence : la plupart des citoyens sans histoires connaissaient quelqu'un dans leur entourage qui a vécu une garde à vue, souvent sans raison suffisante.

La thèse d'une dérive policière dans l'utilisation de la garde à vue a donc fait son chemin, sous l'influence des avocats. En oubliant, au passage, un fait essentiel : la hausse du nombre de gardes à vue, hors délinquance routière, loin d'être un choix policier, était d'abord une contrainte judiciaire. La Cour de cassation, estimant que la garde à vue représentait un cadre protecteur pour les suspects, a imposé la garde à vue aux policiers dans des cas où ils auraient préféré l'éviter. Les débats publics ont aussi oublié que l'autre explication majeure de la hausse du nombre de gardes à vue dans les années 2000 était la conduite d'une politique plus rigoureuse contre la délinquance, qui s'est traduite par une nette hausse du taux d'élucidation des infractions et une baisse du taux de criminalité.

Quoi qu'il en soit, on a rapidement pu constater que ce discours sur le nombre supposé excessif de gardes à vue n'était qu'un levier stratégique destiné à délégitimer cet outil policier, afin de préparer les esprits à la présence de l'avocat aux côtés du gardé à vue. Car sitôt que le gouvernement, sous la contrainte des juges constitutionnels et européens, a accepté d'introduire l'avocat en garde à vue, le barreau a mis fin à toute demande d'en réduire le nombre ! Le discours des avocats sur le nombre excessif de gardes à vue a immédiatement disparu, et avec lui les articles de journaux et les reportages sur ce thème.

Encore une fois, il est légitime pour une profession de défendre ses intérêts. C'est aux journalistes et responsables politiques de faire la part des choses, et de ne pas prendre les arguments des avocats pour argent comptant. C'est d'autant plus impératif que leurs convictions, bien réelles, sont biaisées par leur activité professionnelle. La plupart des avocats pénalistes sont attachés aux droits de la défense les plus étendus et dédaignent la répression, qu'ils jugent aussi injuste qu'inefficace. Mais à bien y réfléchir, pourquoi défendraient-ils le contraire ?

On ne peut pas expliquer, à longueur de plaidoiries, que la prison n'est pas la solution et qu'elle ne fera qu'endurcir son client sans finir par en être soi-même convaincu. On ne peut pas défendre un criminel avec succès sans éprouver pour lui de la compréhension et même de la compassion. On ne peut pas chercher à tout prix à faire libérer son client, fût-il violent et dangereux, en cherchant le moindre vice de procédure, la moindre erreur qui pourrait faire capoter un dossier mal engagé, sans minimiser, en son for intérieur, les conséquences d'une remise en liberté pour la protection de la société.

Autrement dit, la croyance en l'efficacité de la répression et le métier d'avocat de la défense sont peu compatibles. Les psychologues appellent cela une dissonance cognitive. Elle conduit les avocats à abandonner toute conviction éventuelle sur l'utilité de réprimer le crime, et à adhérer de manière résolue au dogmatisme pénal.

Qu'on me comprenne bien : je ne remets pas en cause la légitimité de l'action de l'avocat de la défense – elle est incontestable. Simplement, cette action-là, lorsqu'elle est menée avec force et avec talent, est plus confortable psychologiquement lorsqu'elle s'accompagne de convictions anti-enfermement. Ou, plus précisément, de convictions fondées sur la promotion de droits fondamentaux, quelles que soient leurs conséquences pour la société. C'est pourquoi les avocats de la défense ne sont pas les mieux placés pour parler de l'intérêt de la société dans son ensemble.

C'est pourquoi, aussi, les avocats pénalistes ne sont pas toujours très pugnaces dans la défense des victimes. Lors d'un colloque organisé en février 2011 par l'Institut pour la Justice à l'Assemblée nationale, l'ancien magistrat Philippe Bilger n'a pas hésité à parler tout haut de ce problème que personne ne soulève : « Pour quelle raison la victime a-t-elle parfois le sentiment qu'elle n'a pas la place qu'elle mérite lors du procès ? En partie peut-être à cause de l'attitude de certains avocats de partie civile, qui considèrent que le seul beau rôle de l'avocat est de défendre l'accusé et qui défendent parfois une victime du bout des lèvres et de l'esprit. Parfois on se demande même s'ils ne sont pas de l'autre côté de la barre, sans s'en rendre compte. »

Une partie de la profession est même ouvertement hostile à l'action de la partie civile dans le procès pénal. En septembre 2012, l'association des avocats pénalistes m'avait invité à débattre face à l'avocat Éric Dupont-Moretti. Le sujet de la table ronde, écrit en toutes lettres dans le programme, était sans équivoque : « Faut-il chasser les victimes du prétoire ? »

Au total, j'ai moi-même pu constater, au contact des victimes, que beaucoup d'avocats de partie civile manquaient de combativité, pendant l'instruction et à l'audience. Au-delà de leurs convictions philosophiques, il existe malheureusement une raison prosaïque à cela. L'essentiel de l'activité d'un avocat pénaliste reste la défense des mis en cause. Les affaires correctionnelles représentent l'immense majorité des procès, et la victime, quand il y en a une, n'a pas toujours les moyens d'y être représentée, ou même la volonté de l'être.

Or, l'avocat doit prendre garde à ne pas perdre sa crédibilité vis-à-vis des juges du siège. Il sera moins convaincant si les juges constatent qu'il développe des thèses différentes, voire opposées, selon qu'il défend un délinquant ou une victime, sur la gravité des faits, l'utilité de la prison ou la souffrance de la victime. L'avocat pénaliste a ainsi tendance à faire un choix et à privilégier le discours qu'il tient dans le cadre de la part majoritaire de son activité, à savoir la défense. Il ne s'agit pas, cela va sans dire, d'une règle intangible, et je connais personnellement des avocats de partie civile admirables de courage et de pugnacité.

Un dernier mot sur les avocats pénalistes : la méfiance épidermique qu'ils ont à l'égard de l'« opinion publique », qu'ils surnomment aimablement la « catin des prétoires », est en partie compréhensible. Tous les citoyens ne comprennent pas l'intérêt des droits de la défense. Ils se demandent comment des avocats peuvent assister les pires criminels. L'avocat pénaliste n'est donc pas toujours populaire aux yeux de la masse des citoyens, ce qui le conduit naturellement à se méfier d'elle et de ses demandes, y compris celles qui vont dans le sens de la protection et de la sécurité.

Les psychiatres : la défense d'un statut

Les psychiatres jouent un rôle déterminant dans la procédure pénale. Leur diagnostic sur la dangerosité des accusés et des condamnés pèse lourd sur le quantum de la peine et le niveau de précaution décidé par les juges.

Il y aurait beaucoup de choses à dire sur la formation de ces experts et sur leur manque de culture scientifique et criminologique, mais concentrons-nous sur un point : leur opposition, parfois brutale, à l'utilisation des échelles dites « actuarielles » pour évaluer la dangerosité des criminels. Comme on l'a vu, il s'agit de guides qui recensent tous les facteurs de risques associés statistiquement à la récidive et qui aident l'expert à évaluer la dangerosité avec plus de fiabilité et d'objectivité.

Si l'on examine les logiques professionnelles qui sont à l'œuvre, on voit que ces outils présentent un premier problème pour le psychiatre : ils peuvent parfaitement être utilisés par un psychologue bien formé ! Ce qui risque de faire perdre aux psychiatres le monopole qu'ils possèdent actuellement sur les expertises de dangerosité. Plus grave encore, ces outils réduisent en partie le prestige lié à leur fonction ; ils représentent une leçon d'humilité pour les experts, puisque, comme toutes les enquêtes l'ont montré, ils prédisent mieux la récidive que les évaluations « intuitives ». Tout simplement parce que, si expérimenté qu'il soit, l'expert ne peut pas évaluer avec la bonne pondération tous les critères associés à la récidive. Il donnera trop d'importance à l'un d'entre eux, ou pas assez à un autre. Il sera influencé par les affaires saillantes de récidive qu'il a connues personnellement, même si elles ne sont pas représentatives. En un mot, il fait moins bien, en moyenne, qu'un raisonnement statistique. Lorsque l'on a fait dix ans d'études, ce constat est un peu vexant.

Ces outils présentent de surcroît une menace élevée pour une petite catégorie de psychiatres : ceux qui ont acquis une excellente réputation et un grand prestige auprès de leurs collègues et des magistrats. Car les échelles actuarielles ont pour effet de niveler la hiérarchie entre experts. Certes, leur compétence et leur culture criminologique restent déterminantes. Mais ces échelles mettent fin, inévitablement, à l'effet « gourou » que l'on accorde aux experts, dont on comprend mal le savoir et à qui l'on attribue une intuition quasi magique.

Les journalistes :
Le syndrome de l'avant-garde éclairée

En novembre 2011, l'Institut pour la Justice a lancé, avec Joël Censier, père de victime, un appel à la mobilisation citoyenne autour du « Pacte pour la Justice », synthèse des propositions de réforme de la Justice défendues de longue date par l'association.

La pétition s'est répandue comme une traînée de poudre sur Internet. À tel point que le Syndicat de la magistrature déclarait être dans « un état de sidération » devant le nombre d'emails qu'il recevait à ce sujet. En trois semaines, le Pacte a recueilli 1,5 million de signatures électroniques. Et au total, ce sont 1 750 000 citoyens qui ont soutenu nos propositions, un record sans précédent. La seule mobilisation équivalente datait de 2007, année où le « Pacte écologique » de Nicolas Hulot avait rassemblé 750 000 signatures sur Internet.

Tout le monde a entendu parler du Pacte écologique. Mais quasiment personne n'aura entendu parler, dans les médias, du Pacte pour la Justice. Pas un seul mot sur TF1 et France 2, qui ouvrent à cette époque leurs journaux sur les deux cents « indignés » de la Défense. Pas un mot sur RTL, France Info ou France Inter. Pas une ligne dans Le Monde. Quelques mentions dans la presse écrite ou les médias en ligne, souvent critiques envers le contenu du Pacte et de l'appel qui l'accompagne. Il est impossible d'expliquer cet incroyable silence si l'on ne mesure pas la résistance du monde journalistique aux réformes préconisées, en raison de la réticence à punir décrite plus haut. Si l'on ajoute à cela la croyance, faute de culture scientifique, dans les contrevérités les plus répandues sur la criminalité et l'efficacité de la prison, on comprend que le dogmatisme pénal devienne la seule position rationnelle envisageable pour nombre de journalistes.

Mais le rôle d'un journaliste n'est-il pas d'informer le plus objectivement possible, indépendamment de ses propres partis pris ? Pas en France en tout cas. Là, cette profession se donne pour mission d'éduquer le citoyen ordinaire plutôt que de l'informer. Il s'agit de sortir le vulgum pecus de ses « bas instincts », de ses « peurs irrationnelles » et de sa volonté de punir. Lui faire admettre la supériorité du droit et des droits contre son désir un peu primaire de sécurité.

Un bon exemple est la façon dont les médias traitent la question des prisons. Tous ceux qui ont visité les prisons nouvellement construites ont fait le même constat que ce sénateur, évoqué plus haut, qui avait découvert un « gymnase qui ferait pâlir de jalousie le maire d'une petite commune », des « cellules bien ordonnées avec des téléviseurs neufs » et, de façon générale, une situation matérielle plus enviable que bon nombre de maisons de retraite vétustes[1]. Depuis, le nombre de nouvelles prisons de ce type s'est multiplié. C'est pourquoi, lorsque, à l'été 2011, un jeune journaliste à l'esprit libre et critique me demande si je n'ai pas d'idée de sujet, « même politiquement incorrect », je mentionne ce

---

1. Olivier Maurel, *Le Taulier. Confessions d'un directeur de prison*, op. cit.

thème qui pourrait au minimum faire l'objet d'un débat. Si la dignité des détenus est non négociable, le niveau de confort et le coût des nouvelles prisons devraient pouvoir se discuter, surtout à un moment où les finances publiques sont dans le rouge. L'idée plaît au journaliste, qui imagine déjà un titre choc : « Les nouvelles prisons sont-elles trop confortables ? » Mais il n'écrira jamais cet article. « Je me suis fait traiter de facho par ma rédaction », m'a-t-il expliqué en souriant. Il venait de réaliser qu'il était impossible, dans les médias français, de parler des prisons sous un autre angle que celui de la surpopulation, de l'indignité des conditions de vie ou, s'agissant des nouvelles prisons, de leur déshumanisation.

Le journaliste en France se voit comme la sentinelle du peuple, le guidant vers le progrès. Et cette posture est renforcée par les grandes étapes de la mémoire journalistique. L'affaire Dreyfus les a placés en situation de juges de la Justice. Albert Londres, leur référence la plus haute, a dénoncé le bagne. Aussi chaque journaliste rêve-t-il de reproduire ces hauts faits, sans se rendre compte que la situation actuelle est très différente. Et en oubliant comment leurs confrères se sont fourvoyés en défendant le violeur Luc Tangorre, en se faisant les auxiliaires de Mesrine ou en véhiculant les revendications de Carlos. La profession gagnerait à faire un véritable examen critique de la situation plutôt qu'à vouloir reproduire les heures de gloire de son passé.

Les responsables politiques : résignation et inertie

Le positionnement des hommes et femmes politiques français est marqué par un paradoxe. En toute logique, ils devraient être à l'écoute de cette « majorité silencieuse » qui demande davantage de protection. Ils devraient être attentifs aux besoins des plus vulnérables, les victimes, qui demandent plus de considération. Que ce soit par souci de l'intérêt du plus grand nombre, ou par une volonté plus prosaïque d'être réélus, les responsables politiques devraient fuir le dogmatisme pénal. Car les sondages, les uns après les autres, montrent que les citoyens attendent davantage de fermeté de leur système judiciaire[1].

Mais rien n'y fait : c'est même le gouvernement qui a le plus affiché sa fermeté et sa détermination à lutter contre l'insécurité qui a fait voter en 2009 une des lois les plus permissives de ces vingt dernières années, la fameuse « loi pénitentiaire » ! Les risques d'impopularité étaient pourtant énormes : permettre aux condamnés à des peines allant jusqu'à deux ans de prison ferme – deux ans ! – de ne pas passer un seul jour en détention ne pouvait pas passer inaperçu.

La loi aurait même pu être pire encore : lorsque j'ai été reçu par le conseiller « Justice » du président de la République de l'époque, pour lui exprimer l'inquiétude de l'Institut pour la Justice vis-à-vis de ce projet, je me suis rendu compte que personne, à l'Élysée, ne s'était avisé que le texte entrait en contradiction, pour les récidivistes, avec les « peines planchers », votées deux ans plus tôt. In extremis, et suite à notre échange, les récidivistes ont finalement été exclus du texte. Mais cela n'a pas suffi, et le président Sarkozy n'a pas cessé de traîner cette loi comme un boulet, et a dû finir par confesser, en pleine campagne électorale, que c'était une erreur. Qu'une telle faute politique ait pu être commise par un homme qui a conquis sa

---

[1]. Voir par exemple le sondage CSA réalisé en mars 2012 pour l'Institut pour la Justice : AFP, 29 mars 2012, « Une majorité de Français pour une Justice plus sévère ».

popularité par sa fermeté affichée contre la criminalité en dit long sur la puissance du dogmatisme pénal, et la difficulté à réformer l'appareil judiciaire.

Comment l'expliquer ? Une première raison est qu'un responsable politique qui ambitionne une carrière nationale (et non purement locale) peut difficilement réussir sans être apprécié des grands médias. Rachida Dati l'a bien compris, et c'est pourquoi elle a voulu cette loi pénitentiaire, qui devait gommer l'image trop « répressive » qui lui collait à la peau depuis les lois sur les peines planchers et la rétention de sûreté. Car les médias sont un miroir déformant de la réalité de l'opinion publique. Les peines planchers et la rétention de sûreté ont suscité de nombreuses unes et d'innombrables reportages et articles sur leur caractère « controversé », alors qu'elles étaient plébiscitées par les Français. À l'inverse, les dispositions les plus impopulaires de la loi pénitentiaire, qui multipliait les libérations anticipées, n'ont pas suscité le moindre questionnement de la part des médias.

Mais les députés de terrain, élus localement, ne devraient-ils pas faire contrepoids ? Encore faut-il qu'ils soient informés de ce qui se prépare. Or, dans le cas de la loi pénitentiaire, la plupart des députés que j'ai rencontrés n'avaient rien vu venir. Une fois mis au courant, ils étaient souvent inquiets, mais se sentaient totalement impuissants. « On compte sur vous pour faire du bruit et les empêcher de faire cela », m'avait dit un député de la majorité.

Le vrai pouvoir demeure à l'Élysée, et surtout au ministère de la Justice. C'est celui qui « tient la plume » du texte de loi qui a le réel pouvoir. Or, qui rédige les projets de loi en matière pénale ? Les magistrats de la direction des affaires criminelles et des grâces. Et leur pouvoir de blocage est particulièrement important. Le magistrat spécialiste de la législation pénale a tout simplement refusé de rédiger, à l'été 2007, le texte sur les peines planchers que lui avait pourtant commandé le garde des Sceaux, en conformité avec un engagement phare de la campagne présidentielle de 2007.

Le pouvoir d'inertie de l'appareil d'État est difficile à mesurer de l'extérieur, mais très frappant lorsqu'on essaie de faire changer les choses de l'intérieur. Dans un colloque, j'ai pu entendre la responsable des statistiques et des études du ministère de la Justice déclarer publiquement qu'elle avait refusé, pour des raisons de principes, de réaliser des études sur l'évaluation actuarielle de la dangerosité, alors même que son ministre lui en avait fait la demande !

L'expertise elle-même, largement concentrée dans les mains du ministère de la Justice, est donc biaisée par la prégnance du dogmatisme pénal. Les parlementaires, qui n'ont pas les moyens de produire leur propre expertise, sont largement impuissants. Ils font certes appel à des avis extérieurs, lorsqu'ils examinent un texte de loi, mais ce sont le plus souvent des syndicats de magistrats, des psychiatres ou des avocats, lesquels donnent rarement une tonalité différente.

C'est ce qui fait d'ailleurs l'intérêt d'organisations comme l'Institut pour la Justice, qui produisent une expertise indépendante et défendent des idées dénuées de tout intérêt catégoriel ou de logique corporatiste. Il en va ainsi des propositions de réforme présentées dans les chapitres suivants.

Quatrième partie
LA JUSTICE À REFAIRE

Face à ce diagnostic, quelles solutions crédibles et réalistes proposer ? L'opinion publique a tendance à pointer la faute des juges et à leur demander des comptes. Et il est vrai que les magistrats ont leur part de responsabilité. Mais on oublie qu'ils sont liés par une procédure pénale inadaptée, et qu'ils doivent appliquer des lois contradictoires et rarement financées.

C'est le pouvoir politique qui est responsable de l'organisation de la magistrature, des règles de droit pénal et de procédure pénale, ainsi que des moyens de les faire appliquer. C'est lui qui a laissé la Justice dériver loin des préoccupations des citoyens.

Le salut de notre Justice ne viendra pas seulement de l'abandon du dogmatisme pénal par les milieux judiciaires, mais passera aussi par une réforme en profondeur de la loi pénale et de l'organisation du système.

Chapitre 10

Les trois urgences

Réformer le système judiciaire est une tâche immense. Mais des réformes simples peuvent être mises en place rapidement, pour peu qu'il y ait une réelle volonté politique. Il y a urgence. On ne peut plus accepter la situation décrite dans les trois premiers chapitres, à savoir une forte impunité liée à des peines incertaines et peu exécutées, une défaillance manifeste dans la prise en charge des criminels dangereux, ainsi que des victimes mal considérées, dont les droits sont limités.

Contre l'impunité : un système pénal dissuasif

Un système pénal dissuasif n'est pas un système particulièrement sévère, mais crédible : les peines doivent être certaines, rapides et prévisibles, pour faire reculer l'impunité et permettre aux citoyens de retrouver confiance dans leur système judiciaire.

Certes, la sanction ne peut jamais être totalement certaine, car seule une petite partie des délinquants sont identifiés par la police. Mais c'est une raison supplémentaire pour que ceux qui sont condamnés reçoivent une vraie sanction, et que celle-ci soit réellement appliquée. Cela passe d'abord par l'abandon des peines purement symboliques que sont les « rappels à la loi » ou les « sursis ». Toutes les condamnations en justice doivent être assorties d'une forme de « droit de timbre », dont le montant pourrait aller de deux cents euros pour un rappel à la loi jusqu'à mille euros pour une peine de prison avec sursis. Ainsi, aucun délinquant n'aurait plus l'impression d'être « relaxé » en cas de condamnation symbolique.

Un droit de timbre de ce type permettrait de rétablir une juste hiérarchie dans l'échelle des sanctions. L'automobiliste qui commet une infraction au code de la route doit payer parfois des sommes dépassant la centaine d'euros, sans le moindre sursis, alors que des individus condamnés pour des délits de droit commun s'en sortent le plus souvent sans débourser le moindre centime. La somme prélevée pourrait par ailleurs être affectée à l'indemnisation des victimes, ce qui renforcerait l'équité du système, puisque ce seraient les délinquants, et non les citoyens respectueux des lois, qui participeraient en priorité à l'indemnisation des victimes.

Au-delà de cette contribution, adaptée aux délits les moins graves, il est primordial de bien exécuter les peines prononcées. Tous les parents le savent : il n'est rien de plus antiéducatif que de promettre une sanction à son enfant et de ne jamais la mettre à exécution. Pourtant, une bonne partie des peines prononcées par la Justice ne sont jamais exécutées. C'est le cas des travaux d'intérêt général et des amendes (en 2007, la moitié seulement des amendes étaient recouvrées). Mais c'est aussi le cas des peines de prison ferme, pourtant réservées aux délinquants les plus endurcis.

Un tiers environ des peines de prison ferme prononcées par les tribunaux ne sont jamais exécutées : certaines sont commuées en d'autres sanctions, d'autres restent totalement inexécutées. Pourquoi ? Tout simplement parce que les prisons françaises ne sont pas en nombre suffisant. Plusieurs calculs montrent qu'il faudrait au minimum 80 000 places de prison pour exécuter réellement les peines, alors que la France atteindra péniblement les 63 000 places à la fin du programme en cours[1].

La construction de nouvelles prisons doit donc être un objectif impérieux, condition sine qua non de la crédibilité du système pénal. Elle permettrait également de mettre fin à la surpopulation carcérale, endémique depuis plusieurs décennies, et qui engendre des souffrances absurdes et inutiles.

Mais est-ce bien raisonnable en période de disette budgétaire ? Au regard du coût de la criminalité pour la société, la réponse, sans équivoque, est positive. D'après l'économiste Jacques Bichot[2], le noyau dur de la criminalité représente un coût de près de 80 milliards d'euros pour la collectivité. La gestion par l'État de 30 000 places de prison supplémentaires coûterait environ un milliard d'euros par an, mais elle ferait ainsi économiser plus de dix milliards d'euros à la collectivité, si, comme on peut le supposer au vu de nombreuses études, elle permet de faire reculer la criminalité de 15 %.

Exécuter les peines ne suffit pas : encore faut-il les exécuter rapidement. C'est tout particulièrement le cas

---

1. Voir Xavier Bébin, « L'inexécution des peines de prison », Institut pour la Justice, 2010 (disponible en ligne), ainsi que l'étude d'impact annexée à la loi de programmation relative à l'exécution des peines du 27 mars 2012.

2. Jacques Bichot, « Le coût du crime et de la délinquance », *Études & Analyses*, n° 16, Institut pour la Justice, 2012 (disponible en ligne).

pour celles visant les mineurs délinquants. Aucun parent n'a la moindre crédibilité s'il sanctionne son enfant six mois après la faute commise. C'est pourtant ce qui se produit chez les mineurs, avec le problème supplémentaire que les délais de jugement sont d'autant plus importants que la gravité du crime commis est élevée !

Le manque de moyens et les rigidités procédurales sont en partie responsables de cette lenteur, mais pas uniquement. Il existe chez les juges pour enfants une telle réticence à sanctionner les mineurs qu'ils considèrent bien souvent la période précédant le jugement comme un temps utile pour « observer » l'évolution du jeune. Et lorsque le mineur ne commet pas de nouveaux délits (ou réussit à ne pas se faire prendre) au cours de cette période, les juges se félicitent d'avoir ainsi pu éviter de le sanctionner et prononcent au mieux une sanction symbolique. Ce processus, antiéducatif et antidissuasif, est d'autant moins sérieux que la Justice ne peut savoir avec certitude si le mineur a vraiment récidivé ou non, puisqu'elle n'est informée que d'une infraction sur cinq tout au plus.

On retrouve un raisonnement similaire, cette fois chez les majeurs, pour justifier le système déraisonnable des « aménagements de peine ab initio ». Une peine de prison ferme prononcée par un tribunal correctionnel, lorsqu'elle est inférieure à deux ans, n'est pas mise à exécution : elle est transmise à un juge d'application des peines qui, de longs mois plus tard, alors que le condamné est en liberté, décidera finalement soit de maintenir la peine, soit de la transformer en une sanction « alternative ». Il n'est pas besoin d'être un expert en gestion pour comprendre que l'on gagnerait du temps et de l'argent public en décidant, dès le jugement du tribunal, de la nature définitive de la peine (prison ou alternative), et en l'exécutant immédiatement. Car ces « doubles jugements », là où un seul suffirait, représentent un temps de magistrat et de greffier multiplié par deux.

Cette procédure est de surcroît écœurante pour les victimes (qui sont présentes devant le tribunal correctionnel mais n'ont plus leur mot à dire devant le juge d'application des peines), décourageante pour la police (qui retrouve dans la rue le délinquant condamné à la prison ferme), et antipédagogique pour le délinquant lui-même. Comment une procédure qui cumule manifestement tant d'inconvénients a-t-elle pu être mise en place ? Parce qu'il fallait lutter contre la surpopulation carcérale et que le moyen le plus rationnel de le faire – construire de nouvelles prisons – a longtemps paru impensable dans un univers dominé par le dogmatisme pénal. Il faut donc supprimer cette procédure dès que possible et rétablir la crédibilité et la rapidité de la peine prononcée par le tribunal. Qu'elle soit une peine de « probation », un placement sous bracelet électronique ou une peine de prison ferme, la décision du tribunal correctionnel doit être définitive (sauf appel de l'une des parties) et exécutée sans délai.

Appliquer des peines prévisibles

Aujourd'hui, tous les délinquants d'habitude savent que la peine peut varier du simple sursis à deux ans ferme, selon la personnalité du juge devant lequel ils vont comparaître. En conséquence, le sursis leur paraît ridicule et les deux ans excessifs. Mieux vaudrait qu'ils soient certains de recevoir six mois ferme. On l'a dit, pour que le système pénal soit dissuasif, chaque citoyen doit précisément savoir à quoi s'en tenir s'il viole la loi. La sanction doit bien sûr être adaptée en partie au profil du condamné, mais pas au point de rendre le système imprévisible, voire arbitraire.

Pourtant, depuis 1993, la loi pénale ne donne plus aucune indication au juge sur le niveau de la sanction qu'il doit prononcer dans les cas « standards ». Pour un vol avec violence, le juge peut décider aussi bien d'une amende avec sursis que de cinq ans ferme. La loi ne prévoit que des peines maximales – trois ans, cinq ans, dix ans, etc. – qui sont très supérieures aux peines prononcées. Résultat : chaque juge, même s'il s'en défend, possède sa propre échelle de peines pour les situations les plus fréquentes. Cela rend le système pénal difficilement prévisible, et de surcroît peu démocratique, puisque les citoyens et leurs élus ne décident plus vraiment des peines qu'ils souhaitent voir appliquées. Il n'est pas question, pour y remédier, d'établir, comme aux États-Unis, des « sentencing guidelines » que le juge doit obligatoirement respecter. Mais il faudrait au minimum suivre l'exemple de la Grande-Bretagne et des Pays-Bas[1], qui ont élaboré des barèmes complets sur la nature et le quantum de la peine appropriés à chaque grand type d'infraction, en fonction du casier judiciaire de l'individu. Ces barèmes donnent une boussole particulièrement utile aux juges.

L'arbitraire ne doit pas seulement être réduit au moment où la peine est prononcée, mais également au moment de l'application de celle-ci. Les citoyens ne peuvent pas comprendre qu'un condamné à dix ans puisse sortir au bout de quatre ans. Ou qu'un détenu

---

1. Voir Richard S. Frase, « Comparative Perspectives on Sentencing Policy and Research », *in* Michael Tonry et Richard S. Frase (éd.), *Sentencing and Sanctions in Western Countries*, New York, Oxford University Press, 2001, p. 259-293.

condamné à un an de prison puisse recouvrer la liberté au bout de six mois, du simple fait des remises de peine automatiques et supplémentaires. Ces réductions de peine n'ont pas le moindre intérêt, si ce n'est de désengorger des prisons pour éviter d'en construire de nouvelles. Les remises de peine ont été introduites en 1972, au moment où la délinquance entamait sa forte croissance. Elles sont devenues automatiques en 2004. Les remises de peine « supplémentaires » sont apparues en 1975 et ont été distribuées avec de plus en plus de facilité.

Ces deux dispositifs de réduction de peine doivent être purement et simplement supprimés. Lorsqu'un détenu se comporte mal, il doit être sanctionné – et pas seulement se voir retirer une partie de ses réductions de peine. Seule la possibilité d'obtenir une libération conditionnelle doit être maintenue, afin de récompenser les détenus qui font des efforts particulièrement notables pour se réinsérer. Mais, contrairement au principe introduit par la loi Dati, la libération anticipée ne doit plus être la « règle », mais bien l'exception justifiée par de fortes garanties de réinsertion.

En outre, tous les condamnés, même ceux dont la conduite est exemplaire, devraient purger au moins les trois quarts de leur peine avant de pouvoir bénéficier de ce régime de faveur. Cela permettrait de redonner du sens et de la crédibilité aux peines prononcées par les tribunaux, tout en conservant une incitation à bien se comporter.

Si la libération conditionnelle devient à la fois exceptionnelle et d'une durée relativement courte, il est nécessaire d'instaurer un autre mécanisme permettant d'imposer des obligations aux délinquants après leur sortie de prison. Car tous les professionnels s'accordent sur un point : pour réduire la récidive, les sorties de prison doivent être suivies d'une période de mise à l'épreuve, de « probation ». Dans de nombreux pays, cette période de probation fait partie du temps total de la peine fixée par les tribunaux. En Angleterre, par exemple, la libération conditionnelle est quasiment automatique à mi-peine, afin de pouvoir surveiller le condamné pendant un temps significatif à sa sortie de prison.

Mais on pourrait obtenir le même résultat avec un système plus transparent et mieux compréhensible par le citoyen. Il prévoirait que, sauf exception, les peines prononcées seraient « mixtes » : une partie sous forme d'emprisonnement, et une partie sous forme de probation. Et, sauf décision motivée, la durée de probation devrait être égale à celle de la durée d'emprisonnement prévue par les juges. Ce ne serait d'ailleurs que la généralisation de ce qui s'est fréquemment produit après la mise en place des peines planchers en 2007. Lorsque la peine plancher était de deux ans, il était fréquent que le juge, pour l'atteindre, prononce une peine d'un an d'emprisonnement assortie d'un an de sursis avec mise à l'épreuve. Mais il faudrait en faire la norme : un condamné à deux ans ferme se verrait systématiquement imposer une période de probation de deux ans à sa sortie de prison. Un condamné à trois ans ferme serait, lui, « sous main de justice » à sa sortie pendant encore trois ans. Et ainsi de suite.

Contre les criminels dangereux : un principe de précaution

Des peines rapides, certaines et prévisibles : voilà les ingrédients d'un système judiciaire crédible, dissuasif, et d'autant plus efficace que les citoyens lui accordent leur confiance. Mais les multirécidivistes et les criminels dangereux doivent se voir imposer des contraintes particulières. Car il serait absurde de traiter de la même manière tous les délinquants, dans la mesure où 5 % d'entre eux commettent plus de 50 % des crimes et délits.

Trois types de profils doivent faire l'objet d'une attention toute particulière. Les premiers, peu dangereux mais très nuisibles socialement, sont les multirécidivistes spécialisés dans les atteintes aux biens : cambrioleurs professionnels, pickpockets de métier, ou encore voleurs diversifiés (de métaux, de véhicules, etc.). Ils commettent rarement des violences mais sont responsables d'une part gigantesque des vols en tout genre.

Le deuxième type de profil est le malfaiteur « polymorphe » décrit au chapitre 5. Impulsif, ayant le goût du risque, il préfère la vie libre et festive de la délinquance aux contraintes strictes du monde professionnel. Il entre généralement tôt dans la délinquance et commet tous types de délits : vols, dégradations et violences, y compris sexuelles si l'occasion se présente. Il constitue un profil idéal pour la criminalité organisée, qu'il va souvent rejoindre pour commettre des braquages ou des trafics de stupéfiants. Seuls (Tony Meilhon), ou en bande organisée (Karim Boudouda), une partie d'entre eux commettront également les violences les plus graves (meurtres et viols), soit parce qu'elles font partie du métier (règlements de compte, tirs sur les policiers pour s'enfuir), soit parce qu'ils vont être confrontés à une frustration jugée intolérable : regard déplacé, refus de leurs avances par une femme, etc. Ce profil, comme le précédent, est facilement reconnaissable à la quantité impressionnante de mentions sur le casier judiciaire et au caractère extrêmement varié de ces condamnations.

Le troisième profil ne cumule pas toujours les arrestations, mais présente un risque élevé de commettre les crimes les plus graves. Il s'agit d'abord des psychopathes « prototypiques », comme Guy Georges, qui ressemblent à la catégorie précédente, mais s'en distinguent par une indifférence totale à la souffrance d'autrui, ce qui les rend capables des crimes les plus odieux. Il s'agit ensuite des prédateurs sexuels spécialisés, comme Francis Evrard. Ces profils-là, à la différence des précédents, peuvent parfois être repérés dès leur premier crime, en particulier lorsque le mode opératoire est particulièrement inquiétant (Matthieu, meurtrier présumé d'Agnès, Alain Pénin, Manuel da Cruz). Cette troisième catégorie rassemble les profils ayant des troubles aigus de la personnalité ou du comportement.

La priorité est d'abord d'identifier l'ensemble de ces profils multirécidivistes parmi la masse des délinquants. Pour certains, notamment les voleurs professionnels, c'est relativement simple. Mais pour d'autres, l'utilisation des échelles statistiques d'évaluation de la récidive s'impose en France. L'une d'elles, la « psychopathy check-list » de Hare, permet ainsi de distinguer les psychopathes prototypiques (catégorie 3) des délinquants « antisociaux » (catégorie 2). De manière générale, ces outils élaborés par des criminologues sont le moyen le plus fiable pour évaluer un risque de récidive d'actes de violences ou d'agressions sexuelles.

Tolérance zéro

Les criminels et délinquants identifiés comme faisant partie d'une de ces catégories doivent faire l'objet d'une attention particulièrement vive de tous les acteurs de la chaîne pénale : forces de l'ordre, procureurs, juges, juges d'application des peines et conseillers d'insertion et de probation. C'est parfois une question de vie ou de mort :

deux femmes gendarmes ont payé de leur vie de ne pas avoir été averties que l'homme qu'elles s'apprêtaient à interpeller pour un cambriolage en juin 2012 était en réalité un criminel polymorphe extrêmement violent, bien connu des tribunaux[1].

Pour ces trois profils, voleurs en série, délinquants polymorphes et psychopathes prototypiques, les forces de l'ordre et les procureurs doivent appliquer une tolérance zéro. Cela signifie que toutes les plaintes déposées contre eux doivent faire l'objet d'une enquête et de poursuites pénales rigoureuses. Si cela avait été appliqué dans le cas de Tony Meilhon, Laëtitia serait sans doute encore en vie.

Maurice Cusson explique bien l'intérêt de cette stratégie pour prévenir les crimes les plus graves : « Étant des faits rares et imprévisibles, les crimes graves ne donnent pas facilement prise à une action policière directe. Le détective a beau s'exténuer à vouloir élucider le hold-up perpétré par un agresseur cagoulé disparu sans laisser de traces, il sait qu'il livre une bataille perdue d'avance. Par contre, le braqueur a pour faiblesse d'être un transgresseur polymorphe. Il a la mauvaise habitude de porter une arme prohibée, de sauter les tourniquets du métro, de ne pas payer ses amendes, d'acheter et de revendre de la drogue... toutes occasions pour l'épingler […]. C'est un bon moyen d'attraper le gros gibier[2]. »

Pour que cette stratégie fonctionne, les juges du siège doivent jouer le jeu et prononcer des peines adaptées. Certes, le voleur en série ou le délinquant polymorphe ne sont pas des catégories juridiques. Mais ce sont des profils criminologiques qui, au regard des multiples condamna-

---

1. *Le Parisien*, 18 juin 2012, « Gendarmes tuées : le meurtrier présumé a un casier judiciaire chargé ».
2. Maurice Cusson, *Prévenir la délinquance : les méthodes efficaces*, *op. cit.*

tions dont ils ont déjà fait l'objet et de leur risque important de récidive, doivent être traités avec la plus grande vigilance.

Ainsi, le tueur des deux femmes gendarmes aurait dû être condamné à la peine plancher qu'il avait encourue, une semaine seulement avant son crime. Pour la même raison, l'auteur présumé de la fusillade de la discothèque de Lille n'aurait pas dû bénéficier de mansuétude dans l'exécution de la peine de deux ans de prison à laquelle il avait été condamné en 2008.

Il faut mettre en œuvre une forme de « neutralisation sélective » des délinquants et criminels les plus dangereux ou les plus actifs. Elle consisterait, pour les magistrats (et les jurés), à prononcer la peine maximale prévue par le code pénal lorsque le profil l'exige. Dans cette logique, Tony Meilhon, après ses trois braquages et au regard de son passé judiciaire, aurait dû être condamné à au moins quinze ans de prison (peine proche des vingt ans qu'il encourait), plutôt qu'à six.

Bien sûr, cette neutralisation sélective ne saurait outrepasser les bornes de la proportionnalité et de la Justice, il ne s'agit pas de transposer en France les fameuses lois « two and three strikes » adoptées aux États-Unis entre 1993 et 1995, qui vont jusqu'à la perpétuité pour des infractions mineures, comme la possession de marijuana[1]. La neutralisation sélective telle qu'elle est conçue ici s'inscrit au contraire dans les principes du droit français. Il s'agit d'allier le juste à l'utile : prononcer une peine élevée sans qu'elle soit disproportionnée, afin de mieux protéger la société en neutralisant temporairement les délinquants suractifs, sans pour autant renoncer à leur réinsertion.

---

1. Voir L. Kurki, « International Standards for Sentencing and Punishment », *in* M. Tonry et R. Frase (éd.), *Sentencing and Sanctions in Western Countries*, *op. cit.*, p. 331-378.

À leur sortie de prison, les voleurs en série et délinquants polymorphes devraient faire l'objet d'une surveillance intensive pendant deux à trois ans. Le bracelet électronique GPS est un excellent moyen de garantir l'effectivité de cette surveillance et de dissuader les velléités de récidive. Il garantit que, dès la commission d'un nouveau braquage ou cambriolage, ceux qui le portent seront non seulement identifiés par la police, mais également condamnés par la Justice, grâce aux preuves fournies par les données de navigation. Le parquet pourra prouver par exemple que l'individu sous bracelet s'est rendu, de nuit, dans la maison dont le propriétaire s'est rendu compte le lendemain qu'elle a été cambriolée.

La surveillance intensive doit également être appliquée par le conseiller de probation, qui doit pouvoir faire des visites à domicile impromptues, par exemple pour vérifier que le condamné ne possède pas de drogue. Là aussi, la tolérance zéro doit prévaloir : le moindre écart doit être sanctionné non pas directement par la prison, mais par une série de sanctions intermédiaires, allant de l'amende jusqu'au renforcement des contraintes horaires (interdiction de sortir le week-end, etc.).

La dissuasion ainsi exercée aiderait le criminel à rentrer dans le droit chemin. Mais, pour renforcer son efficacité auprès de ceux qui sont désireux de changer de vie, elle doit s'accompagner des programmes de réinsertion qui ont fait leurs preuves dans la réduction de la récidive. Il s'agit des psychothérapies cognitives et comportementales, qui aident le délinquant à maîtriser son impulsivité, à mieux se contrôler et à mieux percevoir certaines réalités, comme la souffrance de la victime.

Pour les multiréitérants, généralement appelés « marginaux », qui souffrent d'une maladie mentale et d'addiction, et qui multiplient les séjours à l'hôpital et en prison, une prise en charge psychiatrique soutenue doit être préférée à la surveillance intensive. Elle doit être établie dès la sortie de prison, afin d'éviter la situation trop fréquente dans laquelle des condamnés, souffrant de maladie mentale, se retrouvent livrés à eux-mêmes à leur libération, ce qui accroît le risque qu'ils interrompent leur traitement et récidivent.

Pour cette catégorie de délinquants, il faut également développer des dispositifs innovants, qui se situent entre l'hospitalisation et la liberté totale. L'un d'entre eux, développé en Alsace, est particulièrement prometteur : des « appartements thérapeutiques » permettent la visite régulière d'une infirmière, et évitent l'hospitalisation, sans pour autant laisser seules des personnes incapables de se prendre en charge sans aide extérieure.

Des mesures à vie

Pour les profils de prédateurs sexuels et les psychopathes « prototypiques », la surveillance intensive doit être mise en place sur une très longue période, et parfois à vie – le risque de récidive élevé de ces profils ne s'amenuisant pas nécessairement avec le temps. La tolérance zéro, la neutralisation sélective en cas de nouvelle infraction et le suivi renforcé doivent être appliqués sur une très longue période. Avec, pour certains profils de délinquants sexuels, la prescription d'une castration chimique, elle aussi sur une longue période. Car le traitement, lorsqu'il a une efficacité, ne fonctionne que tant qu'il est suivi. Sitôt qu'il est interrompu, les pulsions reviennent.

Pour une partie de ces profils, toutefois, les mesures de surveillance et de suivi ne suffisent pas. On a même vu que pour les psychopathes prototypiques, les psychothérapies de groupe pouvaient accroître la récidive plutôt que la réduire. Pour ces profils particulièrement dangereux, ayant commis des crimes graves, seul l'enfermement à vie représente un équilibre satisfaisant entre le degré de contrainte que l'on peut raisonnablement imposer à un individu et le risque qu'il fait courir à la société. Dans leurs cas, la perpétuité doit être réelle, et non durer vingt ans en moyenne, comme c'est le cas aujourd'hui, où même les profils les plus dangereux ont vocation à sortir de prison. Guy Georges, malgré sa dangerosité extrême et la quantité de crimes qu'il a commis, pourra demander une libération conditionnelle en 2020. Il aura cinquante-huit ans. Certes, il ne l'obtiendra sans doute pas du premier coup, mais, si la philosophie actuelle reste dominante, il finira par recouvrer la liberté. Ce système là ne peut que provoquer de nouveaux drames.

Et lorsque ces profils à très haut risque n'ont pas commis un crime passible de la perpétuité, il peut être justifié de les maintenir enfermés après leur peine : c'est le principe de la rétention de sûreté, qui concerne une centaine de grands criminels au maximum. Le magistrat Didier Gallot est bien placé pour en connaître l'utilité, lui qui a été confronté, impuissant, à l'un de ces prédateurs. C'était aux Sables-d'Olonne. Un homme qui avait enlevé et violé des petits garçons s'apprêtait à sortir de prison, après une peine de quinze ans. L'administration pénitentiaire et les magistrats savaient qu'il allait recommencer. Mais ils ne disposaient d'aucun outil juridique pour l'en empêcher. Quelques jours après sa sortie de prison, l'individu s'est approché d'un enfant sur la plage. Il lui a raconté que sa petite fille avait eu un accident et qu'il avait besoin de son aide. Il lui a demandé de le suivre. In extremis, heureusement, des adultes se sont approchés et l'ont mis en fuite.

L'homme a été arrêté et traduit devant le tribunal correctionnel. Les magistrats du siège, au premier rang desquels Jean-Paul Garraud, ont eu parfaitement conscience de sa dangerosité et du drame qui venait d'être évité. Ils ont appliqué, à raison, le principe de neutralisation sélective : cinq ans ferme, le maximum prévu par la loi, simplement parce que l'homme avait mis la main sur l'épaule de l'enfant ! Mais ils ne pouvaient pas faire plus compte tenu du droit en vigueur. Quelques années plus tard, en lisant le journal, Didier Gallot a appris ce qu'il avait tant redouté : une nouvelle récidive de cet homme, accompagnée cette fois du meurtre du petit garçon. Cette affaire hante encore Didier Gallot. Elle a aussi longtemps hanté Jean-Paul Garraud qui, devenu député, a tout fait pour que la France se dote de la rétention de sûreté, une mesure qui aurait évité la mort de cet enfant. Une mesure réellement humaniste.

Renforcer le droit des victimes

Le diagnostic du professeur Robert Cario est sans appel : « À prendre le temps d'y regarder de plus près, l'immense majorité des victimes d'infractions pénales peine à voir reconnaître ses droits, aux plans tant judiciaire que psychologique et social. C'est sans doute par là que se construit la victimisation secondaire, authentique maltraitance judiciaire et sociale des victimes et de leurs proches[1]. »

Se préoccuper des victimes est une exigence impérieuse d'équité. S'il y a un sens à parler aujourd'hui de « damnés

---

1. Robert Cario, *Victimologie. De l'effraction du lien intersubjectif à la restauration sociale*, Paris, L'Harmattan, coll. « Traité de sciences criminelles », vol. 2-1, 2006, p. 35.

de la terre », ce sont d'abord les victimes qui peuvent prétendre en faire partie : après la souffrance insupportable du crime, elles doivent faire face à l'indifférence et parfois à la maltraitance des autorités. Leur redonner toute leur place et leur dignité n'est pas seulement une question de justice ; c'est aussi la condition d'une meilleure qualité et d'une plus grande sérénité de notre système judiciaire.

On n'imagine pas toujours à quel point l'assistance effective d'un avocat est le seul moyen, pour la victime, de se faire entendre et de faire valoir son point de vue. La victime connaît rarement la Justice et se trouve en situation de vulnérabilité après le choc du crime. Sans avocat, ses droits restent virtuels.

Les victimes d'agression grave, lorsqu'elles arrivent au commissariat pour déposer plainte, devraient ainsi avoir la possibilité de s'entretenir au préalable avec un avocat de permanence, pour être informées de leurs droits et se familiariser avec les étapes longues et complexes de la procédure judiciaire. L'avocat pourrait également être de bon conseil sur la façon de donner du poids et de l'efficacité à leur déposition. Dans le cas des viols et agressions sexuelles, par exemple, l'avocat pourrait recommander à la victime d'éviter certaines déclarations qui, faites sous le coup de l'émotion, se retournent contre elle et permettent à l'agresseur d'obtenir une relaxe injustifiée.

La victime doit également pouvoir être assistée d'un avocat au cours de son dépôt de plainte à la police ou à la gendarmerie, une manière de s'assurer que, pour les infractions graves, les forces de l'ordre et le parquet donneront suite. Ce droit, ainsi que le précédent, est l'exact équivalent du droit des mis en cause à être assistés d'un avocat pendant leur garde à vue. Car un système équilibré ne doit pas seulement viser à éviter de poursuivre des innocents. Il doit aussi chercher à minimiser les risques que des coupables ne soient pas poursuivis.

Pour le reste de la procédure, de l'instruction jusqu'à l'application des peines, le droit à l'avocat doit être étendu et l'aide juridictionnelle développée. Dans le cas des procédures rapides, comme la comparution immédiate, la simplicité et l'automaticité doivent être le principe : la victime n'a pas le temps de remplir les dossiers d'aide juridictionnelle en quarante-huit heures et doit donc, comme le mis en cause, disposer d'un avocat commis d'office pour la défendre.

Dans le cas des crimes, l'aide juridictionnelle est aujourd'hui de droit, quels que soient les revenus de la victime. Il faut étendre cette possibilité aux délits les plus graves, car de nombreuses victimes dépassent les plafonds prévus tout en ayant des ressources trop modestes pour se payer un avocat. Et puis, élément fondamental, repris à son compte en 2012 par le bâtonnier de Paris : il est temps que la défense d'une victime soit autant rémunérée – et non pas deux fois moins –, dans les barèmes de l'État, que la défense d'un mis en cause.

Pour les victimes, être défendues par des avocats, c'est la garantie d'un procès équitable. Pour la Justice, c'est un moyen d'éviter les erreurs judiciaires, car une erreur commise aux dépens de la victime est aussi une erreur judiciaire. Mais c'est aussi un levier pour faire évoluer les mentalités des avocats pénalistes : si la défense de la victime devient une part plus importante de leur activité, ils deviendront nécessairement plus sensibles à leur souffrance et les défendront avec plus de pugnacité.

L'assistance effective d'un avocat est nécessaire mais non suffisante. Pour que la victime puisse faire valoir ses droits, il faut que ceux-ci soient égaux et symétriques à ceux de son agresseur tout au long de la procédure. On objecte parfois que ce serait faire droit à la « vengeance ». Mais c'est confondre le désir légitime de justice et la soif de vengeance. Le désir de justice est un sentiment moral qui conduit à rechercher l'équilibre et la réparation. La vengeance, elle, répond à un sentiment de colère et appelle une action personnelle : celui qui veut se venger ne laissera à personne d'autre le soin de le faire. La victime qui s'en remet à la Justice et devient partie au procès pénal fait confiance à l'institution judiciaire pour accomplir sa mission de réparation. Encore faut-il qu'elle puisse être écoutée et faire valoir son point de vue dans les mêmes conditions que son agresseur présumé.

Un violeur condamné à dix ans de prison a le droit de faire appel même s'il espère simplement ramener sa condamnation à huit ans. Pourquoi la victime d'un viol, elle, ne pourrait-elle pas faire appel en cas d'acquittement de son agresseur présumé ? Pourquoi ne pourrait-elle pas demander un autre procès si elle estime que la peine prononcée n'est manifestement pas proportionnée à la gravité de ce qu'elle a subi ?

Il est certes impossible de garantir que ce type de décision ne sera jamais guidé par un désir de vengeance. Mais personne ne songerait à refuser aux condamnés le droit de faire appel sous prétexte qu'ils sont parfois prêts à faire n'importe quoi pour échapper à une sanction méritée. Quand bien même la victime serait présumée favorable à la sévérité des peines, en quoi cela pourrait-il être un argument contre le droit d'appel ? L'accusé n'est-il pas naturellement demandeur de la clémence ? C'est au juge de faire la part des choses, après avoir entendu toutes les parties dans les mêmes conditions, avec les mêmes droits de recours.

Trop longtemps, le procès pénal a été réduit à un face-à-face exclusif entre l'accusation et l'accusé, dans lequel la victime fait figure de gêneur. Il est temps de refonder le procès pénal autour d'une idée simple : la victime est au moins autant concernée par les décisions de Justice que le mis en cause. La proportionnalité de la peine lui importe personnellement. La liberté ou l'incarcération de son agresseur aura un impact direct sur sa vie personnelle. La victime ne risque pas la prison, mais elle risque d'être doublement victime si la Justice fait une erreur.

Une indemnisation rapide et décente

Pour les parents d'un enfant assassiné, l'indemnisation financière a quelque chose de dérisoire. Mais pour la plupart des victimes de violence, l'indemnisation est le seul moyen de faire face à des frais médicaux, à des soins psychologiques, voire à une incapacité de travailler qui peut durer des années. Ou même à la nécessité de déménager, qui peut survenir après une agression violente. La réalité de l'indemnisation, pourtant, est dramatique. De son agresseur, la victime reçoit rarement plus que quelques dizaines d'euros. Et pour être indemnisée par la collectivité, la victime doit entreprendre un long et douloureux combat administratif. C'est sur ces deux axes qu'il convient de progresser.

Tous les moyens doivent être développés pour contraindre l'agresseur à payer ce qu'il doit. Et ce n'est pas à la victime de faire des démarches en ce sens. Si l'État déployait, pour les victimes, la moitié de l'énergie dont il fait preuve pour récupérer les impôts auprès des fraudeurs du fisc, le problème serait en partie résolu.

L'indemnisation collective des victimes doit également être réformée pour ne pas reposer essentiellement sur les ressources des citoyens respectueux des lois. Elle doit puiser d'abord dans les revenus des délinquants, via le produit des amendes pénales. C'est un système qui a fait ses preuves à l'étranger, en particulier au Canada : une partie du produit des amendes est dédiée à l'indemnisation des victimes.

Quant à la procédure d'indemnisation, lorsque le tribunal correctionnel ou la cour d'assises a fixé le montant des dommages-intérêts accordés à la victime, l'État devrait les lui verser immédiatement. Car c'est juste après le crime que la victime en a le plus besoin, et non des années plus tard. Il incomberait alors à l'État de récupérer la somme, auprès de l'agresseur et auprès des fonds collectifs dédiés à l'indemnisation des victimes.

Lors de mon séjour d'étude au Canada, j'ai rencontré l'Ombudsman fédéral des victimes, une institution indépendante qui veille à ce que l'administration respecte le droit des victimes, traite leurs réclamations, recueille les informations sur leurs besoins, et établit des recommandations à destination des pouvoirs publics. En France, il existe une institution équivalente pour les détenus – le Contrôleur général des lieux de privation de liberté –, mais rien n'est prévu pour les victimes. Il est temps de créer un Protecteur des droits des victimes pour que le « pays des droits de l'homme » mérite cette appellation.

Chapitre 11

Changer nos juges

Parce que les magistrats y sont hostiles, la loi sur la rétention de sûreté votée en 2008 n'est quasiment jamais appliquée. Elle avait pourtant introduit une mesure particulièrement utile appelée « surveillance de sûreté ». Moins polémique que la « rétention », qui consistait en un enfermement, cette « surveillance » permettait de suivre, après leur peine, des criminels condamnés à au moins quinze ans de prison et toujours considérés comme dangereux. Pourtant, cette mesure de surveillance n'a été imposée qu'à une vingtaine de criminels en quatre ans, sur plus d'un millier d'individus susceptibles de se la voir imposer. Pourquoi ? Par principe : le président de l'Association nationale des juges d'application des peines m'a expliqué, avec une franchise désarmante, qu'il jugeait cette loi « inique ».

Pour réformer la Justice, la loi ne peut pas tout. Certes, elle seule peut permettre aux victimes d'être sur un pied d'égalité juridique avec leur agresseur. Elle seule peut garantir l'application effective des peines, plutôt que leur « détricotage » après jugement. Elle seule peut instaurer des mesures de surveillance à vie pour les criminels dangereux. Mais la loi ne peut pas tout prévoir.

Le meilleur système juridique au monde ne peut pas fonctionner convenablement s'il n'est pas mis en œuvre par des juges de qualité. C'est pourquoi on ne peut pas envisager de réforme de long terme sans réfléchir à la sélection et à la formation de ceux qui rendent la justice au nom des citoyens.

En matière pénale, le bon sens rejoint souvent l'analyse approfondie. Toutefois, il est deux solutions fréquemment plébiscitées par l'opinion publique qui méritent d'être mieux expliquées et dont l'efficacité doit être nuancée : les jurés populaires et la responsabilité des magistrats.

Remplacer les juges par des jurés ?

La solution paraît simple : qui, mieux que les citoyens eux-mêmes, pourrait prendre des décisions rendues « au nom du peuple français » ? D'ailleurs, les décisions des cours d'assises, où les jurés sont plus nombreux que les magistrats professionnels, ne sont-elles pas plus respectées que celles des tribunaux correctionnels ?

De fait, les jurés contribuent indiscutablement à la qualité des décisions des cours d'assises. Ils concourent en particulier à maintenir un lien entre le sentiment de justice des citoyens et les décisions des tribunaux. Soit dans l'indulgence – ils n'hésitent pas à acquitter des policiers, gendarmes ou citoyens en situation de légitime défense –, soit dans la sévérité – ils n'hésitent pas non plus à prononcer la perpétuité en cas de crime grave. Autre apport essentiel : les jurés contraignent les juges à s'extraire des logiques purement juridiques, pour rendre la Justice accessible, compréhensible et surtout acceptable par tout un chacun.

Mais les jurés ne sont pas la solution miracle ; en témoigne le fait que, depuis 2008, une poignée seulement de condamnations d'assises ont été assorties d'un placement en rétention de sûreté. Et ce alors même que les juges et les jurés ont vu passer des dizaines de profils dangereux qui remplissaient toutes les conditions prévues par la loi. On dira que les jurés sont, sur ce point, tributaires des juges, qui doivent les informer de l'existence de cette mesure et leur expliquer son utilité. Mais on touche précisément aux limites des jurés : parce qu'ils ne sont pas juristes, ils seront toujours influencés d'une manière ou d'une autre par des juges.

Ne pourrait-on pas, dès lors, supprimer totalement la présence des juges dans les jurys d'assises ? Mais dans ce cas, il faut s'attendre à une recrudescence du nombre d'acquittements. Les trois magistrats professionnels ont été introduits dans les jurys d'assises au milieu du XXᵉ siècle pour lutter contre des acquittements jugés trop nombreux. Les jurés tendent à acquitter davantage que les juges professionnels pour une raison simple : ils sont plus influencés par les discours des avocats et leurs fameux « effets de manche ».

Des avocats comme Éric Dupont-Moretti réussissent à influencer les jurés en leur expliquant que, le doute devant profiter à l'accusé (ce qui est juste), les jurés doivent prononcer l'acquittement s'ils ont le moindre doute sur sa culpabilité (ce qui est faux). Même dans l'affaire la plus simple, on peut toujours avoir des doutes sur la culpabilité de l'accusé. Il a avoué ? Mais il arrive que des innocents avouent. Des témoins l'accusent ? Ils ont peut-être mal vu ou sont de mauvaise foi. Une trace de son ADN, reine des preuves, n'a-t-elle pas été retrouvée sur la scène du crime ? Mais on peut toujours imaginer qu'un criminel ingénieux l'ait récupérée et l'ait utilisée pour éviter d'être poursuivi.

Il existe et existera toujours un doute. La question est de savoir si ce doute est « raisonnable » au regard de l'ensemble des éléments de preuve qui sont présentés. L'hypothèse d'un complot machiavélique peut toujours justifier les preuves contenues dans un dossier criminel. Mais le doute que peut faire naître une telle hypothèse n'est pas raisonnable ; celle-ci n'est pas suffisamment crédible pour dispenser l'accusé d'être condamné.

Même si l'on préfère, à juste titre, laisser un coupable en liberté plutôt que d'incarcérer un innocent, on ne peut pas supprimer totalement le risque qu'un innocent soit poursuivi. Il peut arriver, dans des circonstances exceptionnelles, que toutes les preuves accusent en apparence un individu réellement innocent. Mais, dans un cas comme celui-là, on ne peut pas éviter qu'il soit condamné. Ou alors, il faudrait purement et simplement supprimer les cours d'assises et les tribunaux correctionnels. Au prix, naturellement, d'une recrudescence des meurtres, viols et violences qui s'abattraient sur des citoyens… innocents.

Les jurés pourraient évidemment comprendre ce raisonnement si on leur donnait le temps d'y réfléchir, mais c'est rarement le cas. En outre, les jurés, contrairement aux juges, n'ont pas été préparés psychologiquement à envoyer des personnes en prison. Ils sont placés subitement dans une situation où ils doivent décider du sort d'un homme. C'est une terrible responsabilité qui peut conduire, lorsqu'on n'en a pas l'habitude, à demander un niveau de preuve plus élevé que ce que recommande la raison.

De fait, l'expérience joue un rôle incontestable dans la qualité des jugements rendus. Un jeune juge peut être impressionné par l'apparente sincérité d'un homme qui crie sa bonne foi et hurle à l'erreur judiciaire. Il a davantage de recul lorsqu'il a constaté que le même homme revenait à plusieurs reprises devant lui, à nouveau arrêté par la police pour les mêmes faits. L'expérience permet aussi de connaître les techniques de défense habituelles des délinquants et des criminels et de reconnaître, derrière des paroles apparemment sincères, un discours stéréotypé ou préparé avec un avocat.

La formation criminologique est aussi un élément déterminant dans le prononcé de peines adéquates. Les jurés ne peuvent qu'être attendris par le récit de l'enfance maltraitée d'un criminel récidiviste. Mais ils doivent aussi savoir que les dommages qui ont été infligés à cet homme dans son enfance sont parfois irréversibles, et que cette maltraitance augmente le risque de récidive, ce qui oblige à faire un arbitrage entre la pitié qu'il suscite et la protection de la société.

Mais ce n'est pas tout. Les jurés, contrairement à ce que l'on peut croire, ne représentent pas la société française dans sa diversité. Parce qu'il faut sacrifier plusieurs journées de travail pour participer aux assises, les fonctionnaires et les retraités sont surreprésentés parmi les jurés, et les commerçants, artisans et chefs d'entreprise y sont sous-représentés. On trouve aussi plus fréquemment des professions « intellectuelles » que des ouvriers dans les jurys d'assises. Or les uns et les autres n'ont pas forcément la même conception de la Justice et ne sont pas nécessairement soumis à la même insécurité quotidienne.

Plus problématique encore : le système des jurés aboutit à devoir consacrer beaucoup plus de temps à chaque affaire. C'est pourquoi, aux États-Unis, les jurés ne se réunissent que pour une infime minorité d'affaires, celles dans lesquelles l'accusé n'a pas plaidé coupable. En France, on feint de croire que l'on parvient à juger tous les criminels en cour d'assises, et non pas seulement une minorité d'entre eux. Mais la réalité est tout autre : la majorité des viols et des vols à main armée, qui sont des crimes justiciables des assises, est « requalifiée » en délits pour qu'on puisse les juger plus rapidement, car les cours d'assises sont engorgées.

De ce point de vue, l'introduction des jurés dans les tribunaux correctionnels en 2011 était loin d'être une priorité. L'effet immédiat de cette réforme a été de réduire le nombre d'audiences – et donc d'accroître des délais de jugement déjà excessifs. Si l'on voulait accroître la part des citoyens dans les décisions de Justice, il aurait mieux valu renforcer les moyens alloués aux cours d'assises afin d'éviter les cas de correctionnalisation et de juger – enfin – les crimes comme des crimes. Et si l'on voulait obtenir des peines plus sévères, il aurait fallu au préalable réformer le système d'application des peines : car les « jurés populaires » auront beau prononcer des peines de deux ans de prison ferme, ce sont bien des juges – les juges d'application des peines – qui décideront in fine si le condamné ira en prison ou non.

La conclusion n'est pas qu'il faut se passer des jurés populaires, ils sont utiles et apportent une bouffée d'oxygène dans les cours d'assises. En revanche, il apparaît que le recours à des jurés n'est pas une solution viable en toutes circonstances. Des juges de qualité, bien formés et en phase avec les préoccupations des citoyens, demeurent une nécessité.

Responsabiliser les magistrats ?

Au cours des dernières années, j'ai donné des dizaines de conférences, à travers toute la France, sur les questions de Justice. Chaque fois, au moment de l'échange avec le public, j'ai été interpellé sur la question de la responsabilité des magistrats. Beaucoup de Français estiment qu'un juge qui commet une erreur doit être sanctionné, surtout si cette erreur a consisté à remettre en liberté anticipée un criminel qui récidive dès sa sortie de prison.

À cette question, j'ai toujours expliqué que la réponse devait être nuancée. Certes, toute personne exerçant un pouvoir éminent doit être mise en position de rendre des comptes, car « ce n'est jamais sans danger que l'on soustrait un homme aux conséquences de ses actes », selon la formule de Frédéric Bastiat. Mais le juge est dans une situation particulière, qui n'est ni celle du médecin, ni celle du chef d'entreprise, et qui justifie qu'on le traite différemment lorsqu'il prend ses décisions.

Entendons-nous bien : lorsque le comportement du magistrat est en cause, il n'existe aucune raison de prévoir un traitement de faveur. Dans ce cas, contre l'impunité actuelle, il faut appliquer avec rigueur le droit civil et disciplinaire, qui prévoit depuis bien longtemps la possibilité de sanctionner les magistrats fautifs.

Le juge Laurence Vichnievsky, dans son livre Sans instructions, avait expliqué à quel point cette possibilité juridique était peu utilisée : « On peut regretter la frilosité de notre hiérarchie, qui hésite à stigmatiser l'un des siens et qui préfère, dans la plupart des cas, s'accommoder de situations effarantes – il m'est arrivé de rencontrer des "cas", tel ce membre du parquet n'hésitant pas à faire part à l'audience de ses convictions religieuses extrêmes ou cet autre collègue s'endormant systématiquement à l'audience, de trop de sommeil ou de trop d'alcool... Tout au plus cherchera-t-on à limiter les risques par une mise à l'écart discrète de l'intéressé qui sera maintenu dans ses fonctions sans avoir nécessairement à les exercer. L'institution s'applique encore à elle-même le principe du "pas de vagues" souvent mis en œuvre dans la gestion des dossiers[1]. »

La responsabilité du juge doit également pouvoir être engagée en cas de non-respect du formalisme procédural, dont les conséquences peuvent être extrêmement graves. Il s'agit des cas où un accusé est remis en liberté à cause d'une faute de frappe[2], d'une erreur de date[3] ou d'une erreur de formulaire[4]. Il s'agit également des cas, comme dans l'affaire du meurtre de Jérémy Censier à Nay, où un tueur présumé est relâché parce qu'un acte de procédure n'a pas été effectué dans les délais prévus par la loi[5]. Aujourd'hui, le droit prévoit la possibilité d'engager la responsabilité financière du juge dans tous ces cas de figure. Lorsqu'un justiciable subit un grave préjudice du fait d'une faute commise par la Justice, il peut obtenir réparation financière auprès de l'État, lequel peut se retourner contre le magistrat pour récupérer les sommes qu'il a dû verser par sa faute. Mais cette procédure, appelée « action récursoire » de l'État, n'a jamais été mise en œuvre !

---

1. Laurence Vichnievsky, *Sans instructions*, Paris, Stock, 2002.
2. *Le JDD*, 24 octobre 2010, « Un violeur relâché par erreur ».
3. AFP, 26 novembre 2010, « Cinq dealers présumés remis en liberté par erreur ».
4. *L'Union*, 30 juin 2010, « Un violeur remis en liberté suite à l'erreur d'un juge ».
5. *Sud-Ouest*, 15 septembre 2011, « Le meurtrier présumé remis en liberté ».

De manière générale, les sanctions disciplinaires sont rares. Elles sont prononcées par le Conseil supérieur de la magistrature (CSM), seul habilité à juger les fautes disciplinaires des magistrats. On compte seulement 2,4 sanctions par an en moyenne depuis 1959, pour un corps composé de près de 8 000 personnes[1]. La réforme de 2008 devait apporter un progrès non négligeable en réduisant la proportion de magistrats membres du CSM (pour limiter les tentations corporatistes), et en permettant aux justiciables de saisir directement le CSM à l'encontre d'un magistrat qui aurait commis un manquement professionnel. Mais les conditions de saisine sont tellement restrictives que l'un des seuls justiciables à avoir pu actionner cette procédure est… le journal Le Monde dans son différend avec Philippe Courroye.

Toutefois, la mise en jeu de la responsabilité des magistrats est beaucoup plus délicate lorsque l'on touche à leur « cœur de métier », qui consiste à décider, juger, trancher. L'examen d'un cas sensible mais révélateur, l'affaire d'Outreau, le montre. Le juge d'instruction, Fabrice Burgaud, avait reçu la plus faible des sanctions possibles par le Conseil supérieur de la magistrature, à savoir la « réprimande ». Au regard du désastre judiciaire de cette affaire – des accusés acquittés après plusieurs années de détention provisoire –, cette décision a suscité beaucoup d'émotion et a été très largement perçue comme la conséquence du corporatisme et de la culture de l'impunité existant dans la magistrature.

---

1. Rapport n° 3499 de la commission des lois de l'Assemblée nationale sur le projet de loi organique relatif à la formation et à la responsabilité des magistrats, enregistré le 6 décembre 2006.

Toutefois, la lecture attentive de la décision du Conseil supérieur de la magistrature[1] fait apparaître une vision assez différente de celle construite par les avocats de la défense et véhiculée par les médias. Si le juge Burgaud n'a certainement pas mené l'enquête parfaite, il apparaît que son instruction était tout sauf indigente[2].

Un des principaux reproches faits au juge est de ne pas avoir été suffisamment attentif et réactif aux évolutions – voire aux revirements – des déclarations que lui ont faites accusés, victimes et témoins. Mais il faut garder à l'esprit que cette affaire était d'une complexité exceptionnelle, qu'elle a comporté des dizaines d'interrogatoires et des centaines de vérifications. Par ailleurs, on peut comprendre que le juge Burgaud n'ait pas poussé certains témoins dans leurs retranchements, lorsque l'on veut bien se rappeler que ces témoins étaient pour la plupart des enfants victimes de graves sévices sexuels (dans cette affaire, douze enfants ont bel et bien été reconnus comme victimes de sévices sexuels et indemnisés par l'État). À aucun moment, le jeune magistrat ne s'est rendu coupable de fautes aisément punissables, comme l'absence de conscience professionnelle, la méconnaissance de la loi ou des procédures, ou encore un manquement vis-à-vis des devoirs d'impartialité et de respect des droits de la défense.

Ce n'est pas le juge Burgaud qui a placé les accusés d'Outreau en détention provisoire, même si la façon dont il a mené son enquête a évidemment pesé lourd devant le juge des libertés et de la détention. Mais imaginons, pour aller au bout du raisonnement, que ce soit lui qui

---

[1]. Décision du Conseil supérieur de la magistrature du 24 avril 2009.

[2]. Serge Garde, « Outreau, l'autre vérité », documentaire, mars 2013.

ait pris cette lourde décision. Aurait-il dû être sanctionné ? La réponse, à mon sens, doit être négative, car, quelles qu'aient été les limites de son enquête, une telle décision n'était pas manifestement absurde au regard des éléments dont il disposait.

Lorsque l'on est en présence d'une décision comme celle de maintenir en détention ou de remettre en liberté, il existe une part inévitable d'aléa et d'incertitude. Or, on ne peut pas tenir quelqu'un pour responsable des conséquences inattendues d'une décision dès lors que deux personnes raisonnables auraient pu aboutir à des conclusions opposées.

Imaginons que l'on mette en cause systématiquement la responsabilité personnelle des juges, lorsque les criminels présumés placés en détention provisoire sont finalement acquittés par la cour d'assises. Dans un tel système, les juges seront inévitablement incités à ne plus prendre aucun risque et à ne placer aucun accusé en détention provisoire. On imagine les conséquences désastreuses que cela provoquerait, tant cette mesure est indispensable dans de nombreux cas pour protéger la société d'individus dangereux, pour préserver la victime ou le témoin de représailles, ou encore éviter la fuite de l'accusé. Après coup, il est toujours aisé de voir qu'une erreur a été commise. Mais c'est beaucoup plus difficile lorsque l'on veut bien se mettre à la place de celui qui doit juger au moment où il le fait, avec toutes les informations dont il dispose.

Le même raisonnement peut s'appliquer aux libérations conditionnelles. La colère de l'opinion publique contre un magistrat « coupable » d'avoir remis en liberté un criminel qui a récidivé peu après sa sortie de prison est compréhensible. Mais ce type de décision ne constitue jamais une « faute » sanctionnable, au sens où la décision n'est jamais – ou quasiment jamais – « manifestement absurde » au regard non pas des réalités criminologiques, mais des lois en vigueur.

Gardons en mémoire que ce sont bien les lois pénales qui ouvrent la possibilité à un criminel condamné à perpétuité, avec vingt-deux ans de sûreté, de sortir de prison au bout de seize ans. C'est bien la loi pénitentiaire de 2009 qui a fait de la libération conditionnelle la règle – et non plus l'exception. Ce sont ces lois-là qui doivent être réformées en priorité, et il est illusoire en ce domaine de mettre en cause la responsabilité de magistrats qui doivent de surcroît, comme on l'a vu, compter avec des expertises psychiatriques déficientes.

Perspectives pour un « grand corps malade »

La magistrature est un corps éminent de l'État, c'est aussi un corps malade. Un symptôme qui ne trompe pas est la fuite des cerveaux. J'ai rencontré au cours de ces quatre dernières années plusieurs magistrats particulièrement brillants âgés d'une quarantaine d'années. La plupart d'entre eux ont aujourd'hui quitté la magistrature, pour rejoindre des cabinets d'avocats. Ils ne voyaient pas quel avenir la magistrature pouvait leur offrir.

Dans la plupart des pays étrangers, qui n'ont pas notre École nationale de la magistrature, le processus est généralement l'inverse : on ne peut accéder au statut de magistrat qu'à partir d'une expérience réussie dans un métier du droit, ce qui conduit des avocats de talent à devenir juges après dix ou quinze ans d'exercice.

En France, la fonction de juge est déconsidérée. Et la responsabilité de cette situation incombe en bonne partie aux responsables politiques qui, depuis le début de la

Ve République, n'ont jamais accordé à la Justice les moyens et le budget que cette mission régalienne exige. Deux exemples très concrets donnent une idée des conditions de travail des juges. Un magistrat m'a confié que, la première fois qu'il était entré dans son tribunal, il a cru qu'on le faisait passer par l'escalier de service, tellement l'état des lieux était déplorable. Le même magistrat utilise régulièrement le code de la route et celui des douanes : ce sont des instruments de travail. Mais, faute de crédits, sa hiérarchie ne l'autorise à en changer que tous les deux ou trois ans, alors que les textes évoluent chaque année. Au chapitre des conditions de travail dégradées, il faut également mentionner l'archaïsme du système informatique. C'est ainsi que le tout nouveau logiciel « métier », appelé « Cassiopée », ne fonctionne qu'avec un navigateur totalement obsolète, Internet Explorer 6 (au moment où la version 10 est en préparation). Cela peut paraître anecdotique, mais la qualité du système informatique est aujourd'hui une condition indispensable d'efficacité dans toutes les organisations.

Les juges perdent aussi beaucoup de temps avec des tâches annexes, car ils ne disposent pas d'assistants, de secrétaires ou de moyens matériels suffisants. Or le cœur du métier de juge est de décider de cas complexes, et non d'effectuer des tâches administratives ou juridiques dont des professionnels non magistrats pourraient être chargés.

« Le budget de la Justice doit être augmenté, mais le manque de moyens ne doit pas être un alibi », selon la formule très juste de Philippe Bilger. La paupérisation de la Justice n'explique pas tous les dysfonctionnements, loin de là, mais c'est un problème qui ne peut pas être ignoré.

Le budget de la Justice et de l'administration pénitentiaire représente moins de 3 % du budget de l'État. Ce seul chiffre montre à quel point l'État a perdu le sens des priorités. La Justice est le garant de la paix sociale, ainsi que de la sécurité et des libertés des citoyens. Cette mission n'est-elle pas plus importante que la construction d'une nouvelle ligne de TGV, pour ne prendre que cet exemple ? Peut-on accepter que les juges reçoivent, au mois de juillet, une lettre de leur hiérarchie leur disant, en toutes lettres : « À partir d'aujourd'hui, vous ne paierez plus vos cocontractants jusqu'à la fin de l'année », faute de crédits ? Surtout quand on sait que les « cocontractants » sont essentiellement les experts judiciaires, qui ont un rôle essentiel à jouer dans le rendu d'une bonne Justice.

En contrepartie d'une sérieuse augmentation des moyens alloués à la Justice, il faudra mettre en œuvre une profonde réforme de l'organisation et des méthodes de management. La chancellerie est l'un des ministères les moins bien gérés, tout simplement parce que les postes de gestion sont occupés par des magistrats, qui n'ont pas été formés à cela. Le problème se pose au sein de l'administration centrale, place Vendôme, mais aussi dans chaque tribunal, géré aujourd'hui par le président, le procureur et le greffier en chef, qui doivent dans le même temps accomplir des tâches juridictionnelles de fond. Il serait pertinent de créer des « secrétaires généraux de juridictions », affectés uniquement au management, et que leur formation préparerait vraiment à gérer les ressources humaines, l'administration et la comptabilité des tribunaux.

Les juges doivent avoir les moyens de faire leur travail. Mais cela n'implique pas de recruter davantage de magistrats ; la solution est au contraire d'en diminuer le nombre, afin de recentrer leur action sur le cœur de métier : décider, trancher. Tout le reste – mettre en forme des dossiers, faire des travaux de recherche et de documentation, rédiger des projets de jugement dans des affaires simples – devrait être pris en charge par des juristes de bon niveau qui seraient recrutés pour assister les magistrats.

Jean-Claude Magendie, ancien premier président de la cour d'appel de Paris, estime ainsi que l'on pourrait ramener le nombre de magistrats de 8 000 à 3 000[1]. Sans doute pourrait-on même aller encore plus loin, en réservant la fonction de « magistrat » à des professionnels chevronnés de la Justice, qui ne pourraient y accéder qu'au terme d'une expérience professionnelle de dix ans dans un métier du droit (juge, avocat, notaire, commissaire de police, etc.). Ces « magistrats » auraient ainsi autour d'eux des « équipes de justice » qui prépareraient les décisions et veilleraient à ce qu'elles soient bien exécutées. Cette fonction éminente de « magistrat » retrouverait une véritable considération, et serait en conséquence rémunérée à la hauteur des responsabilités exercées. Ce système permettrait d'ailleurs de remédier à un phénomène particulièrement décourageant pour les magistrats à haut potentiel : les juges les moins compétents et les juges franchement défaillants (manque de travail, alcoolisme, etc.) tendent à bénéficier de promotions avant les juges les plus méritants ! Car proposer un mauvais juge à l'avancement est le meilleur moyen, pour le responsable d'un tribunal, de s'en « débarrasser ».

---

1. Jean-Claude Magendie, *Les Sept Péchés capitaux de la justice française*, Paris, Léo Scheer, 2012, p. 77.

Des juges mieux formés et moins politisés

L'accession au statut de magistrat dès la sortie de l'École nationale de la magistrature (ENM), à vingt-cinq ou vingt-sept ans, a des effets particulièrement pervers, qui expliquent le caractère déconnecté des réalités de bon nombre de juges.

La faculté de droit est déjà un moule, qui tend à produire chez les étudiants un « juridisme » à courte vue. Le passage par l'ENM ne fait que consacrer cette uniformité en laissant croire à des esprits encore jeunes et malléables que la connaissance du « droit » peut suffire à faire un bon juge. Or le droit n'est qu'un outil : pour être un bon juge pénal, il ne suffit pas de connaître sur le bout des doigts le droit pénal et la jurisprudence, mais il est tout aussi impératif de bien connaître la criminalité et la criminologie.

C'est pourquoi il est impératif d'ouvrir la magistrature à une plus grande diversité de parcours, et surtout d'attirer les professionnels qui ont réussi plutôt que ceux qui espèrent y trouver un rythme de travail plus confortable. Un système qui réserverait la fonction de magistrat à des professionnels ayant déjà une expérience, permettrait de limiter les risques de « pensée unique » et de « juridisme abstrait ». Bref, il conduirait à briser le moule un peu uniformisant et stérilisant de l'ENM, que le juge Didier Gallot, avec sa causticité habituelle, avait surnommée l'« École nationale des mules ».

Même avec des professionnels d'expérience, la formation continue restera un enjeu fondamental. Récemment, un psychiatre formé aux méthodes scientifiques d'évaluation de la récidive a effectué une formation sur ce thème auprès d'une quarantaine de présidents de cour d'assises. Il m'a confié que ces professionnels avaient été (positivement) abasourdis par sa conférence : ils avaient compris qu'ils devaient se méfier des expertises menées de façon intuitive, sans référence à des critères criminologiques précis.

Mieux former les magistrats aux fondamentaux de la criminologie serait ainsi le levier le plus efficace pour faire progresser l'expertise psychiatrique dans notre pays. Car si les magistrats prennent l'habitude de solliciter uniquement les experts formés à la criminologie, les psychiatres n'auront pas d'autre choix que de se former aux méthodes d'évaluation utilisées dans les autres pays occidentaux.

Pour être en prise avec les réalités criminelles et délictueuses, il ne suffit pas d'y être formé ; il faut aussi s'y intéresser. C'est pourquoi il est nécessaire de réformer la fonction de « juge des enfants », pour mettre fin à sa double compétence « civile » et « pénale ». Aujourd'hui, c'est le même juge, en France, qui protège les enfants victimes de maltraitance et qui sanctionne les mineurs coupables d'avoir commis un crime ou un délit. Résultat : les magistrats qui s'orientent vers la fonction de juge des enfants le font bien souvent dans la perspective de sauver des enfants en danger, et non dans celle de sanctionner les auteurs d'infractions. De là provient l'impunité dont bénéficient de nombreux mineurs délinquants. Le « juge qui protège » ne doit pas être aussi le « juge qui sanctionne » : ce n'est pas le même métier ni la même finalité. Celui qui juge les mineurs délinquants ne doit faire que du pénal. Les fonctions civiles actuelles du juge des enfants pourraient alors être confiées au « juge aux affaires familiales », qui deviendrait le vrai juge de la famille.

Dans la même logique, parce que la spécialisation des magistrats est nécessaire pour mieux combattre une criminalité de plus en plus complexe, il serait utile de réorganiser les parquets autour de pôles spécialisés : criminalité organisée, délinquance itinérante, stupéfiants, etc. Cette organisation, inspirée de la réussite des juges d'instruction spécialisés dans l'antiterrorisme, a déjà été mise en place avec succès au sein de plusieurs tribunaux.

Pour que les citoyens retrouvent confiance dans leurs magistrats, il ne suffit pas que ceux-ci soient compétents et bien formés. Encore faut-il qu'ils soient également irréprochables sur le plan de la neutralité politique et qu'ils ne puissent pas être soupçonnés de déloyauté dans l'application des lois votées par le Parlement. Il est difficilement compréhensible, de ce point de vue, qu'un syndicat de magistrats qui représente un tiers des juges votants aux élections professionnelles puisse se permettre d'appeler à voter pour l'un des deux principaux candidats à l'élection présidentielle. C'est pourtant ce qu'a fait le Syndicat de la magistrature en 2012, en faveur de François Hollande.

Le mal est profond : cet appel au vote était en réalité l'aboutissement parfaitement prévisible d'une dérive entamée depuis longtemps. Le haut magistrat Jean-Claude Magendie explique bien comment le « devoir de réserve » qui s'impose aux magistrats s'est étiolé sous les coups de boutoir d'une minorité de juges « qui revendiquent le statut de la magistrature en ce qu'il les protège mais qui rejettent les devoirs qu'il leur impose en contrepartie » : « Diviseur à l'intérieur, n'hésitant pas à s'en prendre à la personne de magistrats qui ne lui plaisent pas, le Syndicat de la magistrature a jeté la suspicion sur la Justice dans l'opinion. Toute décision finit, en effet, par n'être plus perçue dans sa réalité objective, mais selon l'appartenance philosophique et politique du juge qui l'a rendue : si des magistrats se déclarent ouvertement de gauche, c'est que les autres sont de droite et que les appartenances respectives des uns et des autres dictent leur pratique et orientent leurs décisions[1]. »

Le Syndicat de la magistrature porte une lourde responsabilité dans cette évolution, mais il n'est pas seul en cause. Le syndicat majoritaire, l'Union syndicale des magistrats, n'a pas hésité non plus à manifester son opposition de principe à des lois comme celles instituant les peines planchers et la rétention de sûreté. Et à quelques semaines des élections présidentielles, il a lui aussi cherché à peser sur le résultat des urnes en publiant un bilan au vitriol du quinquennat écoulé, avec un titre tout en nuances : « 2007-2012 : les heures sombres ».

Et ce n'est pas la création d'un nouveau syndicat à l'été 2012, intitulé Magistrats pour la Justice (MPJ), qui permettra d'atténuer cette confusion des genres. MPJ a beau avoir le mérite de rejeter le dogmatisme pénal, il encourt par principe les mêmes reproches que ceux adressés à l'USM. Les magistrats n'ont pas à s'exprimer publiquement sur la politique pénale menée par le gouvernement ou les lois votées par le Parlement ; ils doivent se contenter de les appliquer avec neutralité et loyauté. Pour inverser la tendance, il suffirait d'obliger les syndicalistes magistrats à respecter leur devoir de réserve. Car cette obligation n'a jamais cessé de leur incomber : ce sont les gouvernements successifs qui, par leur lâcheté, en tolérant des déviations progressives à ce principe, ont fini par renoncer totalement à le faire respecter.

Cela pose nécessairement la question du maintien du syndicalisme dans la magistrature, tant celui-ci est

---

1. Jean-Claude Magendie, *Les Sept Péchés capitaux de la justice française*, *op. cit.*, p. 30.

aujourd'hui associé à des postures idéologiques. Le dépérissement vraisemblable des syndicats n'empêcherait pas les magistrats de faire connaître les exigences de leur métier, via des associations professionnelles qui existent déjà. L'Association nationale des magistrats instructeurs et l'Association nationale des juges d'application des peines sont des institutions qui parviennent à jouer ce rôle sans pour autant renoncer à leur obligation de réserve.

Mettre fin à la politisation des juges n'est pas seulement indispensable à la guérison de ce grand corps malade qu'est la magistrature. C'est aussi un levier pour atteindre un objectif encore plus important : rendre la Justice aux citoyens.

Chapitre 12

Rendre la Justice aux citoyens

La Justice n'appartient ni aux juges, ni aux responsables politiques. En démocratie, elle appartient au peuple, et c'est en son nom qu'elle est rendue. Mais le peuple suscite la défiance des milieux judiciaires. Nombre de juges et d'avocats en ont comme seule image celle des foules qui, avant 1981, hurlaient « à mort » devant les cours d'assises, voire semaient des troubles au XIXe siècle. Pour eux, les masses incarnent forcément l'émotion, la vengeance, l'excès.

Comment, avec de tels préjugés, ne pas vouloir éloigner autant que possible le peuple des questions judiciaires ? C'est ainsi qu'ils ont pensé devoir tenir les citoyens à l'écart des grandes décisions relatives à la réponse pénale. En oubliant un petit détail : la politique pénale doit impérativement être soumise aux mêmes exigences démocratiques que toute autre politique publique. Car le despotisme, même s'il est celui d'une élite éclairée, finit toujours par se désintéresser du bien-être de la masse des citoyens. Et tend à se forger une conception idéologique de ce que le peuple devrait vouloir, souvent bien éloignée de la réalité.

Une transparence absolue vis-à-vis des citoyens

La Justice est souvent représentée sous les traits d'une femme aux yeux bandés, signe de son impartialité. Par un curieux renversement, beaucoup d'intervenants du monde judiciaire estiment aujourd'hui que la Justice est mieux rendue lorsque ce sont les citoyens qui ont les yeux bandés. Selon eux, la politique pénale et pénitentiaire gagnerait à être élaborée dans la plus grande discrétion.

Robert Badinter a ainsi déclaré qu'il avait souvent mené, lorsqu'il était garde des Sceaux, « une politique de non-communication tellement ce [qu'il faisait] était ressenti par l'opinion publique comme favorable aux criminels ». Est-ce pourtant bien démocratique de cacher à l'opinion les mesures que l'on décide, au motif qu'elle y sera hostile ? Quel contraste avec la transparence absolue qui a accompagné l'abolition de la peine de mort ! Le président de la République l'avait annoncée dans sa campagne, et le Parlement l'avait votée après en avoir débattu publiquement. Certes, l'opinion publique y était majoritairement opposée. Mais la démocratie représentative ne signifie pas que l'on soit obligé de gouverner au gré des sondages, mais que l'on s'engage sur une politique qu'on assume. Si les citoyens n'en sont pas satisfaits, ils ont la possibilité, aux élections suivantes, de choisir une majorité qui mènera une politique différente. Encore faut-il, bien sûr, que les citoyens aient bien été informés de la politique qui a été menée.

Or la politique de « non-communication » du pouvoir est fréquente en matière pénale. C'est dans la discrétion la plus absolue qu'il a été décidé, en 2004, que les courtes peines de prison ferme auraient désormais vocation à être « aménagées », donc subies en dehors de la prison.

Et lorsque la loi pénitentiaire de 2009 a poussé cette logique encore plus loin, en portant le seuil de ces « courtes » peines à deux ans ferme, le gouvernement s'est bien gardé de communiquer sur cette révolution pénale – il préférait mettre en avant sa loi sur les peines planchers.

Au fil des réformes, le langage du droit pénal lui-même est devenu source d'opacité et de confusion pour le citoyen. Car de nombreux termes n'ont pas le même sens en droit pénal et dans la langue courante. Pour le citoyen ordinaire, un homme déjà condamné pour agression sexuelle est un récidiviste s'il commet un viol. Mais il ne l'est pas aux yeux de la loi, qui ne retient pas la récidive lorsqu'un crime suit un délit. Pour la plupart des gens, une peine de prison avec sursis signifie que, en cas de nouvelle condamnation, le sursis tombe et la prison ferme doit s'appliquer. Il n'en est rien : on peut, après une peine de prison avec sursis, enchaîner plusieurs « sursis avec mise à l'épreuve » sans jamais mettre les pieds en prison.

Les citoyens qui lisent dans le journal qu'un agresseur a été condamné à huit mois ferme n'imaginent pas une seconde que cet homme n'ira vraisemblablement jamais en prison, parce que sa peine aura été « aménagée ». Et lorsqu'ils entendent qu'un grand criminel est condamné à la perpétuité, avec vingt-deux ans de période de sûreté incompressible, ils ne peuvent pas se douter que ce même criminel sortira peut-être de prison au bout de seize ans seulement. La transparence doit impérativement s'appliquer au langage du droit pénal.

Elle doit aussi gagner la chancellerie. Toutes les administrations françaises ont le goût du secret. Mais s'il devait y avoir un palmarès dans l'opacité des administrations, la médaille d'or reviendrait au ministère de la Justice ; je peux en témoigner : à l'Institut pour la Justice, je me suis heurté des dizaines de fois à l'impossibilité d'obtenir communication d'un fait, d'un chiffre, d'une donnée. Un exemple parmi cent : je n'ai jamais réussi à obtenir des chiffres sur le taux d'application des peines planchers pour chaque tribunal. C'est pourtant un moyen intéressant de mesurer le niveau de fermeté des différents tribunaux. J'en avais compris l'intérêt quand, au hasard d'une question parlementaire adressée au garde des Sceaux par un député de Seine-Saint-Denis, j'avais appris avec stupeur que le tribunal de Bobigny ne prononçait que 2 % de peines planchers ferme, là où la moyenne nationale était de 18 %. Ce qui ne pouvait signifier que deux choses : soit les récidivistes de Seine-Saint-Denis présentent des garanties de réinsertion neuf fois plus élevées qu'ailleurs, soit les juges du tribunal de Bobigny sont neuf fois plus permissifs que les autres.

Dans un autre domaine, après la mort des deux femmes gendarmes à Collobrières en 2012, les citoyens auraient été intéressés de connaître rapidement le casier judiciaire exact du principal suspect. Or, dans les jours qui ont suivi ce drame, il fut juste annoncé qu'il avait été condamné à de nombreuses reprises et qu'il avait comparu devant le tribunal correctionnel peu avant le double meurtre. Le journaliste d'un grand quotidien a eu beau demander davantage de précisions sur son passé judiciaire à la chancellerie, celle-ci a refusé de répondre ! On comprend l'intérêt personnel du garde des Sceaux à ne pas livrer des informations qui risqueraient de ternir l'image de la magistrature. Mais on ne peut pas accepter pour autant cette rétention d'informations, qui empêche le citoyen de se faire une idée sur la façon dont les criminels dangereux sont jugés et surveillés.

Dans le même ordre d'idées, il est incompréhensible que le ministère de la Justice freine des quatre fers le projet louable de créer un appareil statistique commun entre les forces de l'ordre et la Justice, qui permettrait de suivre avec précision le cheminement d'un dossier, depuis le dépôt de plainte jusqu'au jugement. Cette innovation mettra peut-être au jour des réalités peu favorables à l'efficacité de notre appareil judiciaire, mais elle constituera un levier extrêmement utile pour le réformer et améliorer la réponse pénale.

Les Français ont le droit de tout savoir sur le fonctionnement de leur Justice. Mettons un terme à la culture du secret, entretenue par des personnes qui pensent avoir le droit de cacher des informations aux citoyens. C'est en leur nom que la Justice est rendue. Et ce sont eux, plus prosaïquement, qui financent par leur impôt l'administration de la Justice et les fonctionnaires qui l'animent.

L'œuvre de Justice elle-même doit se faire sous l'œil du citoyen. Afin que l'indépendance (nécessaire) des magistrats ne dérive pas en une irresponsabilité, l'action de la justice doit se dérouler sous le contrôle du peuple français, ultime contre-pouvoir aux dérives éventuelles de chaque pouvoir.

Toute personne en position de pouvoir est davantage « responsabilisée » lorsqu'elle sait que son action ne passera pas inaperçue. Pour prendre un exemple récent, le procureur de la République Bernard Beffy a reconnu qu'il n'aurait sans doute pas rendu un réquisitoire aussi humiliant à l'égard de Maurice Boisart (ce maire mis en cause pour avoir donné une gifle à un adolescent), s'il avait su que les médias en rendraient compte[1].

C'est pourquoi les audiences à huis clos, fermées au public, doivent rester l'exception. Aujourd'hui, toutes les décisions d'application des peines ont lieu à huis clos. Elles ont pourtant une importance majeure, puisqu'elles peuvent conduire à remettre en liberté un criminel avant que soit exécutée la moitié de la peine prononcée par la cour d'assises. Pour des raisons pratiques (les audiences ont généralement lieu en prison), on peut bien sûr envisager des restrictions à leur ouverture au public. Mais au minimum, la presse devrait être autorisée à suivre ces audiences et retranscrire leur contenu.

Le même type de « publicité restreinte » devrait être la règle dans le cas des atteintes les plus graves commises par les mineurs. On se souvient que le « gang des barbares », dirigé par Youssouf Fofana, qui avait enlevé, torturé et tué le jeune Illan Halimi, avait dû être jugé à huis clos, simplement parce que deux mis en cause (sur 27 !) étaient mineurs au moment des faits. Même la presse n'avait pas pu rendre compte de ce procès qui était pourtant emblématique de certaines réalités de la France d'aujourd'hui.

Cette situation absurde avait d'ailleurs conduit un député PS et un député UMP à déposer une proposition de loi visant à permettre de lever le huis clos, à l'avenir, lorsque les circonstances le justifient. Sans surprise, les avocats pénalistes de mineurs s'y sont opposés, craignant l'irruption de la « catin des prétoires » (l'opinion publique) dans leurs audiences. De façon plus étonnante, les sénateurs (UMP) ont tout fait pour enterrer le

---

[1]. *La Voix du Nord*, 2 mars 2012, « Procureur Beffy : "J'ai tout fait pour éviter le procès" ».

texte, pourtant voté par leurs collègues de l'Assemblée nationale. Et même l'Association de la presse judiciaire s'est opposée à cette proposition de loi censée ouvrir aux journalistes la porte des tribunaux !

C'est dire si le principe de publicité des audiences, malgré son importance primordiale, ne pèse pas très lourd dans le monde politique et judiciaire. Avec toujours le même raisonnement : l'opinion publique ne serait pas suffisamment éclairée pour connaître et observer sereinement le fonctionnement de sa Justice.

Une politique pénale plus démocratique

Pour assurer la sécurité des citoyens, trois leviers de politique pénale sont déterminants : les instructions données aux procureurs, l'élaboration du droit pénal et de la procédure pénale, ainsi que la gestion des prisons et des personnels de probation. Si les procureurs classent sans suite des infractions graves, la délinquance peut s'épanouir en toute impunité. Si le droit pénal empêche de placer sous bracelet électronique GPS de jeunes braqueurs récidivistes à l'issue de leur peine de prison, cela réduit l'efficacité de la lutte contre la criminalité. Si, enfin, le nombre de places de prison n'est pas suffisant pour exécuter les peines prononcées par les magistrats, cela met à mal le travail de la police, qui en est souvent réduite à arrêter de nouveau des individus censés être en prison.

Or, ces trois leviers, fondamentaux pour la sécurité publique, sont dans les mains non pas du ministre de l'Intérieur, mais du garde des Sceaux. Pourtant, qui, au sein d'un gouvernement, est considéré comme responsable de la sécurité des Français ? Qui, année après année, livre à la presse les chiffres de la délinquance ?

Qui s'est déplacé à Echirolles après le lynchage odieux de deux jeunes à l'automne 2012 ? Qui, sinon le ministre de l'Intérieur ?

Aux yeux de l'opinion publique, c'est bien le ministre de l'Intérieur qui est responsable de la sécurité. Certes, l'action des forces de l'ordre a un impact direct et immédiat sur la criminalité : la présence policière, à elle seule, dissuade des délinquants de passer à l'acte – c'est l'intérêt des patrouilles. Mais l'impact le plus important de l'efficacité policière n'est qu'indirect : il résulte de sa capacité à retrouver les malfaiteurs et à les présenter à la Justice. Mais si celle-ci ne les condamne pas à des peines proportionnées, ou si les peines, faute de place, ne sont pas exécutées, le travail policier reste sans effet sur la délinquance.

Le ministre de la Justice devrait donc être au moins autant comptable des chiffres de la délinquance que celui de l'Intérieur. Car il existe une seule chaîne pénale, des policiers jusqu'aux agents de probation, en passant par les procureurs, les juges du siège et les surveillants de prison. Et c'est de l'action conjointe de tous les maillons de la chaîne que dépend la sécurité de la population.

Mais tous les maillons ne se sentent pas concernés avec la même intensité par l'exigence de sécurité. Culturellement, les fonctionnaires du ministère de la Justice y sont beaucoup moins sensibles que ceux du ministère de l'Intérieur. Christiane Taubira n'a fait qu'exprimer le sentiment profond de son ministère lorsqu'elle a déclaré, devant la commission des lois de l'Assemblée nationale : « Je ne confonds pas la demande de sécurité et celle de justice. Dans mes fonctions, je n'ai la responsabilité que de répondre à la demande de justice[1]. »

---

1. Audition de Christiane Taubira, séance du 5 juillet 2012.

Cette ambivalence est l'une des causes profondes du manque d'efficacité de la lutte contre la criminalité. Le conseiller d'un précédent ministre de l'Intérieur me l'avait confirmé. À plusieurs reprises, il avait souhaité modifier des éléments du droit pénal ou de la procédure pénale pour mieux lutter contre la délinquance. Il avait donc transmis des demandes en ce sens au ministère de la Justice, qui centralise l'expertise en ce domaine. Le problème, m'a-t-il dit, est que toutes ses demandes étaient regardées avec méfiance, la sécurité des citoyens n'étant pas la préoccupation centrale de ces techniciens du droit. Pis : en cas de désaccord entre le ministère de l'Intérieur et le ministère de la Justice, c'est bien souvent la Justice qui l'emporte, simplement parce qu'elle possède les meilleurs juristes.

Pour éviter ce type de tiraillements, des grandes démocraties comme les Pays-Bas rassemblent dans un seul ministère les principaux maillons de la chaîne pénale. L'indépendance de la Justice est garantie par un « ministère du Droit », qui s'occupe essentiellement de la gestion des carrières et de la discipline des magistrats. Les principaux leviers de la politique pénale, eux, sont concentrés dans un seul ministère, ce qui est un gage d'efficacité et de transparence démocratique. Dans ce système, un seul ministre, bien identifié, est comptable des résultats en termes de sécurité publique. Cela évite ainsi la coupure artificielle entre un ministère de l'Intérieur censé assurer la sécurité et un ministère de la Justice censé protéger les libertés. Les deux ministères, par leur action conjointe, sont responsables aussi bien de la sécurité des Français que de leurs libertés.

Un ministère unique représenterait une sorte de révolution qui a peu de chances de se produire en France en raison des résistances corporatistes. Mais une évolution nécessaire consisterait au minimum à confier l'administration pénitentiaire au ministère de l'Intérieur – ce qui s'est d'ailleurs déjà produit dans le passé – et à créer, au sein de ce ministère, une cellule spécialisée dans le droit pénal et la législation pénale, pour mettre fin au monopole de la toute-puissante « direction des affaires criminelles » du ministère de la Justice.

Des procureurs en phase avec les attentes des citoyens

Les citoyens ne s'en rendent généralement pas compte, mais l'action des magistrats du parquet est d'une importance considérable pour leur propre sécurité. Un exemple frappant a été donné par un communiqué de la préfecture de police de Paris le 10 août 2012 : « 5 août, Neuilly-sur-Seine (92), 22 h 30, la brigade anti-criminalité (BAC) locale remarque deux hommes qui tentent de s'engouffrer dans des halls d'immeubles à la suite de résidants. Ils parviennent à leurs fins alors qu'une jeune femme regagne son domicile. L'un des individus porte à hauteur du visage de celle-ci un petit couteau et la menace de lui crever les yeux tandis que son complice s'empare de son sac à main. Les policiers interviennent et, à leur vue, les deux agresseurs s'enfuient, se débarrassant de leur butin. Ils sont rapidement rattrapés et interpellés. Âgés de dix-huit et dix-neuf ans, ils sont placés en garde à vue. Au vu du mode opératoire et du signalement des deux mis en cause, les enquêteurs effectuent un rapprochement avec une vingtaine de faits similaires commis récemment dans la commune par un groupe de quatre individus. L'exploitation des enregistrements des caméras de vidéoprotection confirme que les deux hommes arrêtés font partie de l'équipe. Déférés le 7 août, ils ont été remis en liberté sans suites judiciaires. »

Ces individus, soupçonnés d'une vingtaine de vols avec violence, ont donc été « remis en liberté sans suites judiciaires » sur décision du... procureur de la République. Avec les conséquences que l'on imagine. Certes, on peut toujours espérer qu'après une telle « générosité » ces malfaiteurs auront, comme Jean Valjean devant la bonté de l'évêque de Digne, une révélation qui les remettra sur le droit chemin ! Mais le plus vraisemblable est qu'ils reprendront leur activité lucrative qui s'avère bien peu risquée (une chance sur vingt de se faire arrêter, et aucune suite judiciaire en cas d'arrestation).

On mesure l'importance des décisions du parquet. Lorsque celui-ci ne fait pas son travail, la préfecture de police, impuissante, essaie d'alerter les médias par communiqué. À l'extrême, ce sont les policiers eux-mêmes qui décident de se rebeller. C'est ce qui s'est produit le 9 février 2012 : à l'appel d'un syndicat de gardiens de la paix, des policiers se sont regroupés devant le tribunal d'Évry pour protester contre le « laxisme du parquet », et en particulier contre sa tendance à fermer les yeux sur les violences commises contre les policiers[1].

Le procureur de la République a toute latitude pour engager des poursuites ou classer sans suite une affaire. C'est un rôle d'autant plus considérable que le nombre de plaintes déposées est largement supérieur aux capacités de la Justice à les traiter : il existe donc en permanence des choix cornéliens à faire entre ce qui mérite d'être poursuivi en priorité et ce qui ne le mérite pas. Le procu-

---

1. *Libération*, 9 février 2012, « Manifestation policière devant le tribunal d'Évry ».

reur est aussi celui qui décide d'autoriser ou non le placement en garde à vue. À l'audience, c'est lui qui requiert les peines qui lui semblent adaptées. Ces choix ont une incidence directe et concrète sur la sécurité des citoyens. Ces derniers ont donc leur mot à dire sur les priorités décidées par les parquets. Ce sont eux les mieux placés pour décider, au moins indirectement, quelles infractions ils souhaitent que la Justice combatte en priorité.

C'est pourquoi les procureurs américains sont élus directement par les citoyens dans la quasi-totalité des États. Naturellement, seuls des juristes confirmés peuvent se présenter à ces élections. Mais ils le font sur un programme de « politique pénale » (au sens étroit du terme) détaillant leurs priorités d'action. Au terme de leur mandat, ils sont reconduits si les citoyens sont satisfaits, et battus s'ils ne le sont pas. Ce système montre à quel point les Américains ont compris l'importance du procureur pour assurer leur sécurité et leurs libertés. Et il garantit que les procureurs seront toujours en phase avec les attentes des citoyens.

Dans d'autres démocraties, la politique pénale est décidée par le ministre de la Justice, membre d'un gouvernement qui émane du suffrage universel direct. Si les citoyens sont mécontents de la politique pénale menée par le garde des Sceaux, ils peuvent choisir une autre majorité aux élections suivantes. Telle est, en théorie, la situation de la France. La réalité est totalement différente : les gardes des Sceaux n'ont bien souvent qu'une faible influence sur la politique pénale des procureurs. Car les procureurs, contrairement aux préfets, qui peuvent être déplacés du jour au lendemain, disposent d'une certaine indépendance grâce à leur statut de magistrat. Ils peuvent ainsi mener, sans véritable risque, une politique pénale différente de celle impulsée par leur ministre.

L'exemple d'Évry est significatif : on n'imagine pas qu'une politique dénoncée comme « laxiste » par un syndicat de police classé à gauche ait pu être souhaitée et décidée par un gouvernement de droite, a fortiori à quelques mois de l'élection présidentielle.

Or, plus le parquet français est indépendant du garde des Sceaux, moins il est légitime démocratiquement. Inévitablement, il développe ses propres logiques, indépendamment de ce que souhaitent les citoyens. Il devient déconnecté de ce que souhaite la société. Et on aboutit à des décisions absurdes et dangereuses comme celle dénoncée par la préfecture de police de Paris.

Le pire est que ce système inefficace et peu démocratique ne présente même pas l'avantage d'éviter les interférences du politique dans les affaires sensibles (Karachi, Bettencourt, Cahuzac, etc.). Les procureurs mènent la politique pénale qu'ils désirent mais, lorsqu'ils sont confrontés à des affaires individuelles qui intéressent particulièrement le gouvernement, ils peuvent difficilement être insensibles à ce qui pourrait plaire au garde des Sceaux ; ils restent nommés par celui-ci. C'est le pire des systèmes : le procureur est trop indépendant dans la conduite de la politique pénale, et trop dépendant du pouvoir politique dans les affaires individuelles qui intéressent directement les élus.

Pour sortir de cette situation, deux types de solutions sont envisageables. Il est possible de « fonctionnariser » le parquet, pour que le procureur devienne un véritable « préfet judiciaire » qui mène la politique pénale souhaitée par le gouvernement (laquelle, pourquoi pas, aura été définie par le grand ministère de la Sécurité publique évoqué plus haut). Cette solution a le mérite de la clarté et de l'efficacité. Mais pour être viable, elle devrait nécessairement être accompagnée de mécanismes garantissant que les affaires sensibles ne seront pas étouffées par le gouvernement.

L'autre système, moins conforme aux traditions françaises, serait d'élire les procureurs localement, comme aux États-Unis. On peut aussi imaginer l'élection d'un « procureur général de la nation », qui serait le supérieur hiérarchique de l'ensemble des procureurs. L'élection a le double mérite de la clarté démocratique et de la garantie de l'indépendance, dans la mesure où les procureurs ne dépendent plus du gouvernement, mais directement des citoyens.

La France doit faire un choix. Le pire serait celui, souvent évoqué, de rendre le parquet encore plus indépendant de l'exécutif, sans contre-pouvoir. Car cela conduirait à couper encore davantage la politique pénale des aspirations des citoyens.

Résister au gouvernement des juges

En 1998, l'ancien garde des Sceaux du général de Gaulle, le grand juriste Jean Foyer, avait tiré la sonnette d'alarme : « L'une des maladies de notre temps, avait-il écrit, est de laisser des juges nationaux ou internationaux, étatiques ou communautaires, ligoter des gouvernants et des législateurs pourtant déjà bien débiles, comme les Lilliputiens avaient ligoté Gulliver[1]. » C'est peu dire, malheureusement, qu'il n'a pas été entendu.

Au contraire, le « gouvernement des juges », plus que jamais, est devenu une menace pour l'efficacité et la légitimité de la politique pénale. Maxime Tandonnet, un haut fonctionnaire qui incarne l'élite républicaine issue

---

1. Jean Foyer, « Pour la suppression du Conseil constitutionnel », *La Revue administrative*, n° 301, 1998.

de l'ENA, s'en est rendu compte lorsqu'il est devenu conseiller du président de la République. Dans un article intitulé « Le garrot », publié en 2011, il explique qu'il a été confronté à « une prolifération de décisions des juridictions dans les domaines régaliens qui deviennent un obstacle réel à la conduite des politiques ». Pour lui, « l'État de droit semble s'emballer, devenir comme fou, au détriment de l'autorité politique, contre le pouvoir du peuple et celui de ses représentants élus, contre la démocratie ».

Ce diagnostic, je peux en confirmer la justesse, pour avoir essayé pendant toutes ces années de porter, avec l'Institut pour la Justice, la voix des citoyens auprès des élus. J'ai constaté à plusieurs reprises que leur capacité d'action était limitée par les décisions des juges nationaux et européens, tout particulièrement celles du Conseil constitutionnel et de la Cour européenne des droits de l'homme.

Commençons par le Conseil constitutionnel, dont on a vu précédemment qu'il s'était illustré en censurant l'applicabilité immédiate de la « rétention de sûreté ». Une décision qui avait conduit Françoise Scharsch, dont la fille Julie avait été assassinée par le multirécidiviste Pierre Bodein, à faire ce commentaire amer : « S'il n'est pas constitutionnel d'appliquer la rétention de sûreté immédiatement, cela veut dire qu'il est constitutionnel de laisser des criminels extrêmement dangereux en liberté. »

Quelle est la légitimité de ce Conseil constitutionnel, dont la mission est de dire ce qui est conforme à la Constitution et ce qui ne l'est pas ? Ses membres sont nommés par des autorités politiques issues du suffrage universel. Mais une fois nommés, ils n'ont plus le moindre compte à rendre à qui que ce soit. Ils ont tiré parti de cette indépendance, en elle-même souhaitable, pour exercer un contrôle tellement précis des lois qu'il ne s'agit plus vraiment d'examiner leur conformité à la Constitution : il s'agit plutôt d'examiner leur adéquation avec les principes qu'ils estiment fondamentaux.

L'histoire de cette institution est significative. Jusqu'en 1971, le Conseil constitutionnel se bornait à vérifier que les lois votées par le Parlement respectaient le texte littéral de la Constitution, dont la vocation n'était pas d'édicter des grands principes, mais de régir les relations entre les différents pouvoirs de l'État, exécutif et législatif en particulier.

Une véritable rupture a eu lieu en 1971, pour des motifs assez singuliers. Le président du Conseil constitutionnel, Gaston Palewski, devait être élevé à la dignité suprême dans l'ordre de la Légion d'honneur. Mais il a été « oublié » par le président de la République de l'époque, Georges Pompidou. Pour exprimer son mécontentement, Gaston Palewski a chargé ses services de trouver un motif de censure à l'égard de la « loi Marcellin » sur les associations, qui n'était en rien contraire au texte constitutionnel. C'est ainsi qu'a été prise la décision historique du 16 juillet 1971 : depuis cette date, le Conseil constitutionnel vérifie si la loi est conforme non seulement au texte même de la Constitution, mais aussi aux principes de la Déclaration des droits de l'homme et du citoyen de 1789, et à ceux du préambule de la Constitution de 1946.

On voit à quoi tiennent, parfois, les décisions des « Sages » ! Mais ce n'est pas tout. Ils s'octroient également la liberté de « découvrir » des principes qui ne figurent pas dans les textes (les « principes fondamentaux reconnus par les lois de la République ») ! Grâce à ce procédé, ils ont pu censurer une loi sur les mineurs délinquants récidivistes[1] – qui visait à les juger plus rapidement –

---

1. Décision n° 2011-625 DC du 10 mars 2011 sur la LOPPSI.

alors que l'enfance délinquante n'est mentionnée nulle part dans la Constitution ou dans les textes de référence.

Ce qui choque, ce n'est pas l'existence même du Conseil constitutionnel, mais le niveau de détail auquel il descend, bien en deçà des principes fondamentaux. Imagine-t-on réellement que la comparution immédiate de mineurs récidivistes devant un tribunal correctionnel est « contraire aux droits fondamentaux » ? Non, il s'agit d'un choix de politique pénale, qui appartient à la Nation et à ses représentants, et non à des personnalités nommées, si honorables soient-elles.

On objectera peut-être que le peuple a toujours la possibilité de modifier la Constitution, par la voie du référendum ou de ses représentants. Et que le système actuel a un avantage démocratique : il garantit que les principes fondamentaux ne peuvent pas être remis en cause par la majorité simple des députés. Mais ce système vertueux est faussé. D'abord parce que le Conseil ne se contente pas de censurer les atteintes aux principes fondamentaux. Mais aussi parce qu'il s'appuie le plus souvent sur des textes – comme la Déclaration des droits de l'homme et du citoyen – qui ne peuvent pas être modifiés. Ou même sur des « principes fondamentaux » qui ne sont écrits nulle part !

Cela rend les réformes constitutionnelles, par exemple sur la délinquance des mineurs, particulièrement délicates, voire impossibles. Comment insérer, au beau milieu des articles décrivant les pouvoirs du président, du gouvernement et du Parlement, un nouvel article sur ce sujet si précis ? Et que dirait cet article ? Que la comparution immédiate pour les mineurs récidivistes doit être possible ? On voit le ridicule du projet de loi constitutionnelle qui se résumerait à insérer des dispositions si précises dans notre loi fondamentale.

Parce que ses décisions portent de plus en plus sur des arbitrages entre liberté et sécurité qui relèvent du politique, le Conseil constitutionnel peut faire obstacle à une politique pénale démocratique. Mais il représente encore un moindre mal comparé à la jurisprudence de la Cour européenne des droits de l'homme, sur laquelle les citoyens français n'ont pas la moindre influence.

La dérive de la Cour européenne des droits de l'homme

La Cour européenne des droits de l'homme (CEDH) a pour mission de faire respecter, dans les États européens, un texte rédigé en 1950, appelé « Convention européenne de sauvegarde des droits de l'homme et des libertés fondamentales ».

Or, l'interprétation qu'elle fait de ce texte datant de 1950 ne cesse d'évoluer au gré du temps et des circonstances. La peine de mort, pendant des années, n'a pas été contraire à sa jurisprudence. La perpétuité réelle, elle, l'est devenue au début des années 2000. Jusqu'à ce que, dans une décision récente, la Cour semble revenir en arrière en validant un dispositif de perpétuité réelle en Grande-Bretagne[1].

Deuxième problème, de loin le plus important : les décisions de la Cour européenne s'imposent à nous. En France, elles ont juridiquement une valeur supérieure à la loi et, en pratique, une valeur au moins égale à notre Constitution. Les plus hautes juridictions françaises – Conseil d'État et Cour de cassation – censurent

---

1. CEDH, 4ᵉ section, 17 janvier 2010, Vinter et autres c/ Royaume-Uni, et CEDH, 4ᵉ section, 17 janvier 2012, Harkins et Edwards c/ Royaume-Uni.

ainsi régulièrement les lois françaises au motif qu'elles sont contraires à la Convention européenne, du moins à l'interprétation qu'en donne la Cour européenne. Les juges de cette Cour, située à Strasbourg, ont donc un pouvoir colossal : ils peuvent imposer à des États comme la France des réformes fondamentales de leur code pénal ou de leur code de procédure pénale. Que les citoyens français ou leurs élus souhaitent ces réformes ou non importe peu : les décisions de cette Cour s'imposent à eux.

Mais qui sont les juges de la CEDH, au pouvoir si important ? C'est le troisième problème, et pas le moindre. La Cour est composée de quarante-sept juges, un par État membre du Conseil de l'Europe, dont le mode de nomination est le suivant : chaque État propose trois juges, et c'est « l'assemblée parlementaire du Conseil de l'Europe » qui élit le titulaire parmi les trois noms proposés. Or personne, ou presque, ne connaît cette « assemblée parlementaire » au pouvoir de nomination décisif. Qui, par exemple, sait qu'elle était présidée en 2012 par un Français, le député Jean-Claude Mignon ? Elle a beau être constituée de parlementaires nationaux (la délégation française compte 18 membres sur 318), cette assemblée ne dispose manifestement pas d'une légitimité démocratique suffisante.

Pourtant, ces quarante-sept juges nommés dans des conditions discutables ont un pouvoir considérable non seulement juridique, mais aussi médiatique. Car l'opinion publique est par nature encline à faire confiance aux décisions d'une Cour « des droits de l'homme ». Qui oserait contester la légitimité de juges qui défendent les droits de l'homme ? Si les citoyens connaissaient la réalité de ses décisions, ils seraient certainement moins enthousiastes. Un exemple ? Lorsque Maurice Papon, condamné pour crime contre l'humanité, s'est enfui en Suisse, ses avocats ont fait un pourvoi en cassation. La Cour de cassation a rejeté cette demande en tenant un raisonnement de bon sens : un homme qui échappe délibérément à la Justice ne peut pas demander sa protection. La Cour française a donc refusé d'examiner son pourvoi, à moins qu'il ne se constitue prisonnier. Ce dernier a alors saisi la Cour européenne des droits de l'homme, qui lui a donné raison en estimant que les droits fondamentaux de M. Papon avaient été violés par la France ! Les droits de l'homme exigeraient ainsi qu'un criminel en cavale puisse se pourvoir en cassation !

Bien sûr, la Cour européenne – comme d'ailleurs le Conseil constitutionnel – ne prend pas toujours de mauvaises décisions, loin de là. Mais, bonnes ou mauvaises, ces décisions relèvent fondamentalement des choix des citoyens. On ne peut pas, lorsqu'il s'agit de trouver un équilibre entre liberté et sécurité, laisser une petite élite, si éclairée soit-elle, prendre des décisions majeures. Seuls les citoyens sont à même de s'exprimer sur le risque qu'ils souhaitent le moins courir : celui d'être victime d'un abus de pouvoir de l'État, ou celui d'être victime d'une infraction grave.

Pour toute une série de raisons, décrites dans la partie précédente, les membres de ces institutions sont généralement vigilants à l'égard des risques d'abus de l'État, mais peu sensibles à la sécurité des citoyens. Or sur ces sujets, on ne peut pas se passer de l'avis de ceux qui, parce qu'ils n'habitent pas les mêmes quartiers que les honorables personnalités membres de ces institutions, estiment que leurs droits fondamentaux consistent d'abord à pouvoir sortir de leur domicile sans crainte d'être agressés.

Aujourd'hui, chacun sent bien que les gouvernants nationaux ont de moins en moins de prise effective sur l'économie. Mais ils ont encore la capacité d'agir sur la sécurité des citoyens. Leur retirer ce pouvoir en l'enserrant dans des règles décidées par une élite juridique ne peut conduire qu'à la désespérance sociale et démocratique. Il ne faut pas chercher plus loin les causes du terrible constat dressé par le journal Le Monde le 6 décembre 2011 : « La société française se fissure, une partie fait le constat d'un "abandon démocratique". C'est la "France des invisibles", la "France d'à côté", celle qu'on n'entend pas, dont on ne relaie pas les colères et qui se sent de moins en moins représentée. »

La garde à vue : l'exemple d'une réforme imposée par les juges

La réforme de la garde à vue, que l'on y soit favorable ou non, constitue la quintessence de ce qu'il faut absolument éviter à l'avenir. Tout a commencé en 2008 par plusieurs décisions de la Cour européenne des droits de l'homme, qui ont condamné les États dans lesquels les personnes placées en garde à vue n'étaient pas assistées d'un avocat. Première bizarrerie : la garde à vue sans avocat, conforme à la Convention pendant cinquante-huit ans, ne l'est plus, soudainement, sans que l'on sache pourquoi.

Puis le Conseil constitutionnel a décidé en juillet 2010 que la garde à vue à la française était contraire à la Constitution. Nouvelle bizarrerie, lorsque l'on sait que le même Conseil constitutionnel avait jugé, en 1993, sous la présidence de Robert Badinter, que la garde à vue à la française était parfaitement conforme à la Constitution. Mais le Conseil constitutionnel a trouvé un prétexte pour prendre une décision différente : c'est qu'entre-temps le nombre des gardes à vue s'était accru ! Et tant pis si les violences aux personnes et la criminalité organisée avaient aussi beaucoup augmenté.

Le Conseil constitutionnel a alors donné un an au gouvernement et au législateur pour réformer la garde à vue. Autrement dit, neuf personnalités non élues ont imposé à 577 députés, 348 sénateurs, un président élu et son gouvernement de prendre une mesure à caractère politique ! Mais ce n'est pas tout. La Cour de cassation, en avril 2011, est allée encore plus loin : contrairement au Conseil constitutionnel, qui avait laissé du temps au gouvernement pour voter une nouvelle loi, elle a exigé que la réforme s'applique sans délai.

Séquence inouïe ! Le 14 avril, le Parlement venait de voter, au pas de charge et sous la dictée du Conseil constitutionnel et de la Cour européenne, une réforme de la garde à vue qui devait s'appliquer le 1er juin. Mais le lendemain, le 15 avril, les hauts magistrats de la Cour de cassation décidèrent que cette réforme ne s'appliquerait pas au 1er juin, mais immédiatement.

C'était un véritable camouflet infligé par des juges aux représentants élus de la nation. Plus grave encore, cette décision du 15 avril a abouti à annuler rétroactivement de nombreuses gardes à vue décidées dans le passé. Avec pour conséquence dramatique l'annulation des aveux de plusieurs criminels dans des dossiers extrêmement graves. Summum jus, summa injuria : comme l'avaient compris les Romains, on tombe dans la pire des injustices en voulant atteindre le plus haut niveau du droit.

Et ce n'est pas fini. Les juges européens et nationaux s'étaient bien gardés de permettre à l'avocat du gardé à vue de consulter le dossier de son client avant l'interrogatoire de la police. Cela aurait été le meilleur moyen pour le mis en cause d'adapter sa version des faits aux éléments de preuve recueillis par la police.

Mais une autre institution, qui jusqu'à présent se mêlait peu de procédure pénale, est intervenue : il s'agit de la Commission européenne, représentée en l'occurrence par Viviane Reding. Celle-ci a rédigé un projet de directive permettant aux avocats, sous certaines conditions, d'avoir accès au dossier de leur client dès le stade de la garde à vue. La France s'y est opposée, mais, seule, elle ne pouvait rien faire, car la décision est prise à la majorité qualifiée des États membres, et non à l'unanimité. Le conseiller diplomatique du garde des Sceaux d'alors avait résumé la situation en ces termes : « La Commission européenne est persuadée que tout le monde est d'accord sur cette directive à part quelques États réactionnaires comme la France. Elle estime que la société civile y est totalement favorable, puisqu'à Bruxelles, il n'y a que des cabinets d'avocats – qui ont tout à gagner de cette réforme – et des représentants d'ONG comme Amnesty International qui sont également par nature favorables à un tel projet[1]. »

Et c'est ainsi que la directive a été adoptée et que, une fois de plus, mais cette fois-ci pour des raisons différentes, la politique pénale a été orientée au mépris de la souveraineté démocratique.

Il faut le dire tout net : il sera extrêmement difficile d'inverser la tendance. Le gouvernement des juges, par le droit et pour le droit, n'est pas près de baisser les armes et de laisser sa place au gouvernement du peuple, par le peuple et pour le peuple. La situation actuelle sert de nombreux intérêts. Tous ceux qui sont favorables à la

---

1. Entretien personnel avec l'auteur, décembre 2011.

politique défendue par la Cour européenne des droits de l'homme se frottent les mains. Ils peuvent perdre les élections et voir leur politique partisane s'appliquer tout de même grâce aux décisions de la Cour de Strasbourg. Ils n'ont même plus d'argument à présenter dans le débat public : il leur suffit de dire que leur politique favorite est plébiscitée par la « Cour européenne des droits de l'homme ». Ils n'ont plus besoin de montrer que la mesure servira les intérêts des citoyens : il leur suffit de dire que c'est ce qu'exige le droit.

Les élites européennes ont cru conjurer la barbarie nazie en édifiant des dispositifs juridiques toujours plus touffus, contraignants, détaillés. Or ces dispositifs, censés protéger les droits fondamentaux contre tout risque de retour à la barbarie, ne sont que des châteaux de cartes que le premier dictateur venu n'aura aucun mal à balayer. D'une certaine manière, en exaspérant les citoyens, en leur retirant le droit de choisir leur propre politique pénale, ces dispositifs pourraient même faciliter l'arrivée au pouvoir d'un populiste qui promettra d'en finir avec ces constructions antidémocratiques et déconnectées des attentes des citoyens. Les élites ont cru dresser un rempart de plus en plus infranchissable contre l'ennemi ; elles ne cessent en réalité de lui fournir des munitions.

Conclusion

La Justice pénale est un rempart essentiel contre la criminalité. Mais c'est aussi un pilier de la paix sociale, un garant de la cohésion de la société.

Lorsque les victimes d'actes graves se sentent abandonnées par la Justice, le spectre de la vengeance individuelle resurgit. Comme pour cette mère de famille du Nord, dont le petit garçon a été agressé sexuellement par un récidiviste. Lorsque, quelques heures seulement après son arrestation, l'appareil judiciaire a remis en liberté l'agresseur, elle a décidé de se faire justice elle-même et l'a fait passer à tabac.

Pour les citoyens qui vivent l'insécurité au quotidien et qui ont perdu l'espoir d'être protégés par l'État, la tentation de se défendre eux-mêmes est forte. On commence à en observer les prémices. Des habitants de quartiers particulièrement sujets aux cambriolages créent des « comités de vigilance » citoyens. Des commerçants commencent à s'équiper d'armes de poing pour se protéger des braquages et agressions à répétition. Des riverains excédés contre les vols et les cambriolages chassent les Roms d'un campement illégal, sans attendre l'action de la Justice.

Pour ceux qui n'ont pas la possibilité ou la volonté de se défendre, il reste le repli sur soi. Pour éviter les agressions, des personnes âgées demeurent murées à leur domicile. Des adolescentes abandonnent la jupe ou décident de porter le voile. Le repli peut aussi être communautaire. La communauté chinoise de Belleville organise régulièrement des manifestations contre une insécurité grandissante. Des catégories populaires d'origine française et d'immigration ancienne fuient les quartiers sensibles pour rejoindre les territoires périurbains.

Une justice pénale décrédibilisée est une bombe pour la société. Une bombe à fragmentation individualiste et communautariste. Le projet de ce livre est tout sauf de l'affaiblir encore davantage. Dire la vérité sur ses défaillances profondes est au contraire le seul moyen de provoquer un sursaut indispensable.

Car les gardiens du statu quo sont encore dominants dans les milieux judiciaires, politiques et médiatiques. Pour expliquer que les Français, sondages après sondages, placent la Justice parmi les institutions dans lesquelles ils ont le moins confiance, ils ont même une explication toute trouvée : c'est qu'il existe des responsables politiques, des associations ou des citoyens qui, comme l'auteur de ce livre, ont le malheur de présenter cette institution sous un jour défavorable !

Rien n'est épargné à ceux qui refusent de taire la situation de notre Justice. Caricatures, mépris, amalgames : voilà ce à quoi s'exposent, dans le débat public, ceux qui dévoilent les effets délétères du dogmatisme pénal. Il suffit de voir, dans les médias et sur Internet, le traitement accordé à l'Institut pour la Justice, qui rassemble 80 000 membres, des centaines de victimes et familles de victimes, ainsi que des experts de renommée mondiale en droit et en criminologie. Et d'observer, par contraste, les honneurs qui sont réservés aux associations opposées par principe à l'emprisonnement.

Mais il y a, au-delà de ces difficultés, des raisons d'espérer. Les inconditionnels du dogmatisme pénal sont en fait une infime minorité, dont l'influence recule à mesure que les réalités judiciaires et criminologiques se font jour. Après les émeutes d'août 2012, c'était le maire d'Amiens qui reconnaissait publiquement son erreur « d'avoir cru que la répression n'était pas la solution ». Il y a quelques mois, c'est le journal Libération qui s'indignait des peines « dérisoires » prononcées par la cour d'assises du Val-de-Marne à l'encontre d'auteurs de viols collectifs. La réalité est têtue. Elle finit toujours par s'imposer. Mais cela peut prendre du temps. Or le temps est compté. Ce ne sont pas seulement des vies humaines qui sont en jeu. C'est aussi l'équilibre même de notre société. Il faut agir sans tarder.

Table des matières

Préface I
Introduction 11

Première partie
DES RÉALITÉS INSOUPÇONNÉES

CHAPITRE PREMIER : L'impunité est devenue la règle.... 21
CHAPITRE 2 : Des criminels dangereux en liberté......... 41
CHAPITRE 3 : Des victimes laissées pour compte.......... 63

Deuxième partie
TANT D'IDÉES REÇUES

CHAPITRE 4 : Un fatalisme : « Le risque zéro
n'existe pas » 89
CHAPITRE 5 : Un angélisme : « Seuls fonctionnent
la prévention, la réinsertion et les soins »................ 109
CHAPITRE 6 : Un catéchisme :
« La prison est une école du crime »...................... 131

Troisième partie
LES RACINES DU DOGMATISME PÉNAL

CHAPITRE 7 : Un humanisme hémiplégique 157
CHAPITRE 8 : Le droit et l'obscurantisme 180
CHAPITRE 9 : Les logiques professionnelles 200

Quatrième partie
LA JUSTICE À REFAIRE

CHAPITRE 10 : Les trois urgences 223
CHAPITRE 11 : Changer nos juges 244
CHAPITRE 12 : Rendre la Justice aux citoyens 264

Conclusion 289

COLLECTION PLURIEL

ACTUEL

ADLER Alexandre
Le monde est un enfant qui joue
J'ai vu finir le monde ancien
Au fil des jours cruels
L'Odyssée américaine
Rendez-vous avec l'Islam
Sociétés secrètes
Le jour où l'histoire a recommencé
ADLER Laure
Françoise
ASKENAZY Philippe,
COHEN Daniel
27 questions d'économie contemporaine
16 nouvelles questions d'économie contemporaine
ATTALI Jacques
Demain, qui gouvernera le monde ?
Devenir soi
C'était François Mitterrand
ATTIAS Jean-Christophe,
BENBASSA Esther
Les Juifs ont-ils un avenir ?
Encyclopédie des religions
AUNG SAN SUU KYI
Ma Birmanie
BACHMANN Christian,
LE GUENNEC Nicole
Violences urbaines
BAECQUE (de) Antoine
Les Duels politiques
BALLADUR Édouard
Conversations avec François Mitterrand
BARBER Benjamin R.
Djihad versus McWorld
L'Empire de la peur
BARLOW Maude,
CLARKE Tony
L'Or bleu
BAVEREZ Nicolas
Réveillez-vous !
BÉBIN Xavier
Quand la justice crée l'insécurité
BEN-AMI Shlomo
Quel avenir pour Israël ?

BENBASSA Esther
La Souffrance comme identité
BERGOUGNIOUX Alain,
GRUNBERG Gérard
Les Socialistes français et le pouvoir (1905-2007)
BEURET Michel,
MICHEL Serge,
WOODS Paolo
La Chinafrique
BHUTTO Benazir
Autobiographie
BIASSETTE Gilles,
BAUDU Lysiane J.
Travailler plus pour gagner moins
BLAIS Marie-Claude,
GAUCHET Marcel,
OTTAVI Dominique
Conditions de l'éducation
BORIS Jean-Pierre
Le Roman noir des matières premières
BRENNER Emmanuel (dir.)
Les Territoires perdus de la République
BRETON Stéphane
Télévision
BROWN Lester
Le Plan B
BRZEZINSKI Zbigniew
Le Grand Échiquier
CARON Aymeric
Envoyé spécial
CARRERE D'ENCAUSSE Hélène
La Russie entre deux mondes
CHALIAND Gérard
Guérillas
CHARRIN Ève
L'Inde à l'assaut du monde
CHEBEL Malek
Manifeste pour un islam des Lumières
CLERC Denis
La France des travailleurs pauvres
COHEN Daniel
La Mondialisation et ses ennemis

COHEN-TANUGI Laurent
Guerre ou paix
COHN-BENDIT Daniel
Que faire ?
COTTA Michèle
Mitterrand carnets de route
DAVIDENKOFF Emmanuel
Peut-on encore changer l'école ?
DELPECH Thérèse
L'Ensauvagement
DELUMEAU Jean
Un christianisme pour demain
DEROGY Jacques
Les vengeurs arméniens
DOSTALER Gilles
MARIS Bernard
Capitalisme et pulsion de mort
DUFRESNE David
Maintien de l'ordre
Tarnac, magasin général
ÉTIENNE Bruno,
LIOGIER Raphaël
Être bouddhiste en France aujourd'hui
FAUROUX Roger,
SPITZ Bernard
Notre État
FILIU Jean-Pierre
La véritable histoire d'Al-Qaida
FINCHELSTEIN Gilles
La dictature de l'urgence
FRÉGOSI Franck
L'islam dans la laïcité
GIESBERT Franz-Olivier
L'animal est une personne
GLUCKSMANN André
Ouest contre Ouest
Le Discours de la haine
GODARD Bernard,
TAUSSIG Sylvie
Les Musulmans en France
GORE Al
Urgence planète Terre
GREENSPAN Alan
Le Temps des turbulences
GRESH Alain
L'Islam, la République et le monde
Israël-Palestine
GRESH Alain,
VIDAL Dominique
Les 100 Clés du Proche-Orient
GUÉNIF-SOUILAMAS Nacira
Des beurettes

HESSEL Stéphane
Citoyen sans frontières
HIRSCH Martin
Pour en finir avec les conflits d'intérêt
IZRAELEWICZ Erik
L'arrogance chinoise
JADHAV Narendra
Intouchable
JEANNENEY Jean-Noël (dir.)
L'Écho du siècle
KAGAN Robert
La Puissance et la Faiblesse
KERVASDOUÉ (de) Jean
Les Prêcheurs de l'apocalypse
KNIBIEHLER Yvonne
Mémoires d'une féministe iconoclaste
LAÏDI Zaki
Un monde privé de sens
LATOUCHE Serge
Le pari de la décroissance
LAURENS Henry
L'Orient arabe à l'heure américaine
LAVILLE Jean-Louis
L'Économie solidaire
LE MAIRE Bruno
Des hommes d'État
LENGLET François
Qui va payer la crise ?
La fin de la mondialisation
LENOIR Frédéric
Les Métamorphoses de Dieu
LEYMARIE Philippe,
PERRET Thierry
Les 100 Clés de l'Afrique
MALET Jean-Baptiste
En Amazonie
MARIS Bernard
Et si on aimait la France
MARTINOT Bertrand
Pour en finir avec le chômage
MONGIN Olivier
De quoi rions-nous ?
MOREAU Jacques
Les Socialistes français et le mythe révolutionnaire
MORIN Edgar
Mon Paris, ma mémoire
NICOLINO Fabrice,
Biocarburants, la fausse solution
NICOLINO Fabrice,
VEILLERETTE François
Pesticides

NOUZILLE Vincent
Les dossiers de la CIA sur la France 1958-1981
Les dossiers de la CIA sur la France 1981-2010
Pape François
Se mettre au service des autres, voilà le vrai pouvoir
PIGASSE Matthieu
FINCHELSTEIN Gilles
Le Monde d'après
PISANI-FERRY Jean
La crise de l'euro et comment nous en sortir
RAFFY Serge
Le Président, François Hollande, itinéraire secret
RAMBACH Anne,
RAMBACH Marine
Les Intellos précaires
RENAUT Alain
La Libération des enfants
REYNIÉ Dominique
Les nouveaux populismes
ROCARD Michel
Oui à la Turquie
ROY Olivier
Généalogie de l'islamisme
La Laïcité face à l'islam
ROY Olivier,
ABOU ZAHAD Mariam
Réseaux islamiques
SABEG Yazid,
MÉHAIGNERIE Laurence
Les Oubliés de l'égalité des chances
SALAS Denis
La Volonté de punir
SALMON Christian
La cérémonie cannibale
SAPORTA Isabelle
Le livre noir de l'agriculture

SAVIDAN Patrick
Repenser l'égalité des chances
SENNETT Richard
La culture du nouveau capitalisme
SMITH Stephen
Négrologie
SMITH Stephen,
FAES Géraldine
Noir et Français
SMITH Stephen,
GLASER Antoine
Comment la France a perdu l'Afrique
SOROS George
Mes solutions à la crise
STORA Benjamin
La Dernière génération d'octobre
TERNISIEN Xavier
Les Frères musulmans
TINCQ Henri
Les Catholiques
TRAORÉ Aminata
Le Viol de l'imaginaire
L'Afrique humiliée
VÉDRINE Hubert
La France au défi
VÉDRINE Hubert (dir.)
Un partenariat pour l'avenir
VERMEREN Pierre
Maghreb : les origines de la révolution démocratique
VICTOR Paul-Émile,
VICTOR Jean-Christophe
Adieu l'Antarctique
VIROLE Benoît
L'Enchantement Harry Potter
WARSCHAWSKI Michel
Sur la frontière
WIEVIORKA Michel
La Tentation antisémite

SCIENCES

ACHACHE José
Les Sentinelles de la Terre
BARROW John
Les Origines de l'Univers
Une brève histoire de l'infini
CAZENAVE Michel (dir.)
Aux frontières de la science
CHANGEUX Jean-Pierre
L'Homme neuronal

CHARLIER Philippe
Médecin des morts
COHEN-TANNOUDJI Gilles
Les Constantes universelles
DAFFOS Fernand
La Vie avant la vie
DAVIES Paul
L'Esprit de Dieu

DAWKINS Richard
Qu'est-ce que l'Évolution ?
Il était une fois nos ancêtres
FERRIES Timothy
Histoire du Cosmos de l'Antiquité au Big Bang
FISCHER Helen
Histoire naturelle de l'amour
GLASHOW Sheldon
Le Charme de la physique
KANDEL Robert
L'Incertitude des climats
LAMBRICHS Louise L.
La Vérité médicale

LASZLO Pierre
Chemins et savoirs du sel
Qu'est-ce que l'alchimie ?
LEAKEY Richard
L'Origine de l'humanité
SEIFE Charles
Zéro
SINGH Simon
Le Dernier Théorème de Fermat
Le Roman du Big Bang
STEWART John
La Nature et les nombres
VIDAL-MADJAR Alfred
Il pleut des planètes
WAAL Frans (de)
Le singe en nous

PHILOSOPHIE

ARON Raymond
Essai sur les libertés
L'Opium des intellectuels
AZOUVI François
Descartes et la France
BADIOU Alain
Deleuze
La République de Platon
BESNIER Jean-Michel
Demain les posthumains, le futur a-t-il encore besoin de nous ?
BLAIS Marie-Claude,
GAUCHET Marcel,
OTTAVI Dominique
Pour une philosophie politique de l'éducation
BOUDON Raymond
Le Juste et le vrai
BOUVERESSE Jacques
Le Philosophe et le réel
BURKE Edmund
Réflexions sur la Révolution en France
CANTO-SPERBER Monique
Le Libéralisme et la gauche
CASSIN Barbara
La nostalgie
CASSIRER Ernst
Le Problème Jean-Jacques Rousseau

CHÂTELET François
Histoire de la philosophie
t. 1 : La Philosophie païenne (du VIe siècle av. J.-C. au IIIe siècle après J.-C.)
t. 2 : La Philosophie médiévale (du Ier au XVe siècle)
t. 3 : La Philosophie du monde nouveau (XVIe et XVIIe siècles)
t. 4 : Les Lumières (XVIIIe siècle)
t. 5 : La Philosophie et l'histoire (de 1780 à 1880)
t. 6 : La Philosophie du monde scientifique et industriel (de 1860 à 1940)
t. 7 : La Philosophie des sciences sociales (de 1860 à nos jours)
t. 8 : Le XXe siècle
CONSTANT Benjamin
Principes de politique
DESANTI Jean-Toussaint
Le Philosophe et les pouvoirs
Un destin philosophique
DESCHAVANNE Éric,
TAVOILLOT Pierre-Henri
Philosophie des âges de la vie
DETIENNE Marcel
Dionysos à ciel ouvert
FLEURY Cynthia
Pretium doloris
GIRARD René
La Violence et le sacré
Celui par qui le scandale arrive

Mensonge romantique et vérité romanesque
Les Origines de la culture
GLUCKSMANN André
Le Bien et le Mal
Une rage d'enfant
GRUZINSKI Serge
La pensée métisse
HABERMAS Jürgen
Après Marx
Après l'État-nation
L'intégration républicaine
HABIB Claude
Le Consentement amoureux
HAZARD Paul
La Pensée européenne au XVIIIe siècle
JANICAUD Dominique
Heidegger en France (2 vol.)
JANKÉLÉVITCH Sophie, OGILVIE Bertrand
L'Amitié
JARDIN André
Alexis de Tocqueville
JERPHAGNON Lucien
Les dieux ne sont jamais loin
Au bonheur des sages
Histoire de la pensée
Mes leçons d'antan
JOUVENEL (de) Bertrand
Du pouvoir
KAHN Axel, GODIN Christian
L'Homme, le bien, le mal
LA ROCHEFOUCAULD
Maximes, réflexions, lettres
LENOIR Frédéric
Le temps de la responsabilité
LINDENBERG Daniel
Destins marranes
LÖWITH Karl
Nietzsche
MANENT Pierre
Histoire intellectuelle du libéralisme
MARZANO Michela
La Fidélité ou l'amour à vif
La Pornographie ou l'épuisement du désir
Extension du domaine de la manipulation
Éloge de la confiance
MONGIN Olivier
Face au scepticisme

MORIN Edgar
La Voie
Mes philosophes
NEGRI Anthonio
Job, la force de l'esclave
NIETZSCHE Friedrich
Aurore
Humain, trop humain
Le Gai Savoir
Par-delà le bien et le mal
ORY Pascal
Nouvelle Histoire des idées politiques
QUINET Edgar
L'Enseignement du peuple, suivi de *La Révolution religieuse au XIXe siècle*
RICHIR Marc
La Naissance des dieux
RICŒUR Paul
La Critique et la conviction
ROUSSEAU Jean-Jacques
Du contrat social
SAVATER Fernando
Choisir, la liberté
Sur l'art de vivre
Les Dix Commandements au XXIe siècle
SAVIDAN Patrick
Repenser l'égalité des chances
SCHOLEM Gershom
Walter Benjamin
SERRES Michel
Les Cinq Sens
Le Parasite
Rome
SIRINELLI Jean-François
Sartre et Aron
Les Vingt décisives
SLOTERDIJK Peter
Bulles. Sphères I
Globes. Sphères II
Écumes. Sphères III
Colère et temps
Essai d'intoxication volontaire, suivi de *L'Heure du crime et le temps de l'œuvre d'art*
Ni le soleil ni la mort
Les Battements du monde
Le Palais de cristal
La folie de Dieu

Tempéraments philosophiques
Tu dois changer ta vie
SUN TZU
L'Art de la guerre

TODOROV Tzvetan
Les Morales de l'histoire
WOLFF Francis
Philosophie de la corrida

PSYCHANALYSE, PSYCHOLOGIE

BETTELHEIM Bruno
Le Poids d'une vie
BETTELHEIM Bruno,
ROSENFELD Alvin
Dans les chaussures d'un autre
BONNAFÉ Marie
Les Livres, c'est bon pour les bébés
BRUNSCHWIG Hélène
N'ayons pas peur de la psychothérapie
CRAMER Bertrand
Profession bébé
CYRULNIK Boris
Mémoire de singe et paroles d'homme
La Naissance du sens
Sous le signe du lien
CYRULINK Boris,
MATIGNON Karine Lou,
FOUGEA Frédéric
La Fabuleuse Aventure des hommes et des animaux
CZECHOWSKI Nicole,
DANZIGER Claudie
Deuils
DANON-BOILEAU Henri
De la vieillesse à la mort
DUMAS Didier
La Sexualité masculine
Sans père et sans parole
FLEM Lydia
Freud et ses patients
GREEN André
Un psychanalyste engagé
GRIMBERT Philippe
Pas de fumée sans Freud
Psychanalyse de la chanson
HADDAD Antonietta,
HADDAD Gérard
Freud en Italie
HADDAD Gérard
Manger le livre
HEFEZ Serge
Quand la famille s'emmêle

Dans le cœur des hommes
Scènes de la vie conjugale
HEFEZ Serge,
LAUFER Danièle
La Danse du couple
HOFFMANN Christian
Introduction à Freud
JEAMMET Philippe
Anorexie Boulimie
JOUBERT Catherine,
STERN Sarah
Déshabillez-moi
KORFF-SAUSS Simone
Dialogue avec mon psychanalyste
Le Miroir brisé
LAPLANCHE Jean,
PONTALIS Jean-Bernard
Fantasme originaire. Fantasme des origines. Origines du fantasme
LESSANA Marie-Magdeleine
Entre mère et fille : un ravage
MIJOLLA (de) Alain (dir.)
Dictionnaire international de la psychanalyse (2 vol.)
MORO Marie-Rose
Enfants d'ici venus d'ailleurs
PERRIER François
L'Amour
PHILLIPS Adam
Le Pouvoir psy
SIETY Anne
Mathématiques, ma chère terreur
SUTTON Nina
Bruno Bettelheim
TISSERON Serge
Comment Hitchcock m'a guéri
Psychanalyse de l'image
TOMKIEWICZ Stanislas
L'Adolescence volée
VIGOUROUX François
L'Âme des maisons
L'Empire des mères
Le Secret de famille

SOCIOLOGIE, ANTHROPOLOGIE

AMSELLE Jean-Loup
L'Occident décroché
ARNALDEZ Roger
L'Homme selon le Coran
AUGÉ Marc
Un ethnologue dans le métro
BADIE Bertrand,
BIRNBAUM Pierre
Sociologie de l'État
Le peuple et les gros
Le moment antisémite
BAUMAN Zygmunt
Le Coût humain de la mondialisation
La Société assiégée
L'Amour liquide
La Vie en miettes. Expérience moderne et moralité
La vie liquide
BEAUD Stéphane,
PIALOUX Michel
Violences urbaines, violence sociale
BOUDON Raymond
La Logique du social
L'Inégalité des chances
BROMBERGER Christian
Passions ordinaires
CALVET Louis-Jean
Histoire de l'écriture
CASTEL Robert,
HAROCHE Claudine
Propriété privée, propriété sociale, propriété de soi
DIGARD Jean-Pierre
Les Français et leurs animaux
EHRENBERG Alain
Le Culte de la performance
L'Individu incertain
ELIAS Norbert
Norbert Elias par lui-même
Du temps
ELLUL Jacques
Le Bluff technologique
FOURASTIÉ Jean
Les Trente Glorieuses
GARAPON Antoine,
PERDRIOLLE Sylvie
Quelle autorité ?
GIDDENS Anthony
La Transformation de l'intimité
GINESTE Thierry
Victor de l'Aveyron
GUÉRIN Serge
L'Invention des seniors
HIRSCHMAN Albert O.
Bonheur privé, action publique
KAUFMANN Jean-Claude
Casseroles, amour et crises
L'Invention de soi
Ego
Quand Je est un autre
L'étrange histoire de l'amour heureux
LAHIRE Bernard
L'Homme pluriel
LAMBERT Yves
La naissance des religions
LAVILLE Jean-Louis,
SAINSAULIEU Renaud
L'association. Sociologie et économie
LE BRAS Hervé
Marianne et les lapins
LE BRETON David
L'Adolescence à risque
MONOD Jean
Les Barjots
MORIN Edgar
Commune en France. La métamorphose de Plozévet
MUXEL Anne
Individu et mémoire familiale
PONT-HUMBERT Catherine
Dictionnaire des symboles, des rites et des croyances
RAUCH André
Crise de l'identité masculine, 1789-1914
Vacances en France de 1830 à nos jours
ROBIN Corey
La Peur
SAVIER Lucette
Des sœurs, des frères
SENNETT Richard
Respect
La Culture du nouveau capitalisme
SINGLY (de) François
Les Uns avec les autres
Les Adonaissants
L'Injustice ménagère
Comment aider l'enfant à devenir lui-même ?
Séparée

SULLEROT Évelyne
La Crise de la famille
THÉLOT Claude
Tel père, tel fils ?
TIERNEY Patrick
Au nom de la civilisation

URFALINO Philippe
L'Invention de la politique culturelle
WIEVIORKA Michel
La Violence
Neuf leçons de sociologie

HISTOIRE

ADLER Laure
Les Maisons closes
Secrets d'alcôve
AGULHON Maurice
De Gaulle. Histoire, symbole, mythe
La République (de 1880 à nos jours)
t. 1 : L'Élan fondateur et la grande blessure (1880-1932)
t. 2 : Nouveaux drames et nouveaux espoirs (de 1932 à nos jours)
ALEXANDRE-BIDON Danièle
La Mort au Moyen Âge
ALEXANDRE-BIDON Danièle,
LETT Didier
Les Enfants au Moyen Âge
ANATI Emmanuel
La Religion des origines
ANDREU Guillemette
Les Égyptiens au temps des pharaons
ANTOINE Michel
Louis XV
ATTALI Jacques
Diderot ou le bonheur de penser
AUBRAC Raymond,
HELFER-AUBRAC Renaud
Passage de témoin
BALANDIER Georges
Le Royaume de Kongo du XVIᵉ au XVIIIᵉ siècle
BALLET Pascale
La Vie quotidienne à Alexandrie
BANCEL Nicolas,
BLANCHART Pascal,
VERGÈS Françoise
La République coloniale
BARTOV Omer
L'Armée d'Hitler
BASLEZ Marie-Françoise
Saint Paul
BEAUFRE André (Général)
Introduction à la stratégie

BÉAUR Gérard
La Terre et les hommes
BECHTEL Guy
La Chair, le diable et le confesseur
BECKER Annette
Oubliés de la Grande Guerre
BÉDARIDA François
Churchill
BENNASSAR Bartolomé,
VINCENT Bernard
Le Temps de l'Espagne, XVIᵉ-XVIIᵉ siècles
BENNASSAR Bartolomé,
MARIN Richard
Histoire du Brésil
BENNASSAR Bartolomé
L'Inquisition espagnole, XVᵉ-XIXᵉ siècles
BERCÉ Yves-Marie
Fête et révolte
BERNAND André
Alexandrie la grande
BLUCHE François
Le Despotisme éclairé
Louis XIV
Les Français au temps de Louis XVI
BOLOGNE Jean Claude
Histoire de la pudeur
Histoire du mariage en Occident
Histoire du célibat
BORDONOVE Georges
Les Templiers au XIIIᵉ siècle
BOTTÉRO Jean
Babylone et la Bible, Entretiens avec Hélène Monsacré
Au commencement étaient les dieux
BOTTÉRO Jean,
HERRENSCHMIDT Clarisse,
VERNANT Jean-Pierre
L'Orient ancien et nous
BOUCHERON Patrick (dir.)
Histoire du monde au XVᵉ siècle

t. 1 : *Territoires et écritures du monde*
t. 2 : *Temps et devenirs du monde*
BREDIN Jean-Denis
Un tribunal au garde-à-vous
BROSZAT Martin
L'État hitlérien
BROWNING Christopher R.
À l'intérieur d'un camp de travail nazi
BRULÉ Pierre
Les Femmes grecques
CAHEN Claude
L'Islam, des origines au début de l'Empire ottoman
CARCOPINO Jérôme
Rome à l'apogée de l'Empire
CARRÈRE D'ENCAUSSE Hélène
Catherine II
Lénine
Nicolas II
Les Romanov
CHAUNU Pierre
Le Temps des réformes
CHEBEL Malek
L'Esclavage en Terre d'Islam
CHÉLINI Jean
Histoire religieuse de l'Occident médiéval
CHOURAQUI André
Les Hommes de la Bible
CLAVAL Paul
Brève histoire de l'urbanisme
CLOULAS Ivan
Les Borgia
Les Châteaux de la Loire au temps de la Renaissance
CROUZET Denis
La nuit de la Saint-Barthélemy
COLLECTIF
Chevaliers et châteaux-forts
Les Francs-Maçons
Le nazisme en questions
Les plus grands mensonges de l'histoire
Le Japon
L'Iran
Versailles
Amour et sexualité
La Cuisine et la Table
La guerre de Cent Ans
L'Espagne
Les grandes crises dans l'histoire
La Turquie, d'une révolution à l'autre
CONAN Éric,
ROUSSO Henry
Vichy, un passé qui ne passe pas
D'ALMEIDA Fabrice
Ressources inhumaines
DARMON Pierre
Le Médecin parisien en 1900
Vivre à Paris pendant la Grande Guerre
DAVRIL Dom Anselme,
PALAZZO Éric
La Vie des moines au temps des grandes abbayes
DELARUE Jacques
Trafics et crimes sous l'Occupation
DELUMEAU Jean
La Peur en Occident
Rome au xvie siècle
Une histoire du paradis
t. 1 : *Le Jardin des délices*
t. 2 : *Mille ans de bonheur*
t. 3 : *Que reste-t-il du paradis ?*
DESANTI Dominique
Ce que le siècle m'a dit
DESSERT Daniel
Fouquet
DOMENACH Jean-Luc
Mao, sa cour et ses complots
DUBY Georges
Le Chevalier, la femme et le prêtre
Le Moyen Âge (987-1460)
DUCREY Pierre
Guerre et guerriers dans la Grèce antique
DUPUY Roger
Les Chouans
DUROSELLE Jean-Baptiste
L'Europe, histoire de ses peuples
EINAUDI Jean-Luc
Octobre 1961
EISENSTEIN Elizabeth L.
La Révolution de l'imprimé
ENDERLIN Charles
Par le feu et par le sang
ESLIN Jean-Claude,
CORNU Catherine
La Bible, 2 000 ans de lectures
ESPRIT
Écrire contre la guerre d'Algérie (1947-1962)
ÉTIENNE Bruno
Abdelkader

ETIENNE Robert
Pompéi
FAVIER Jean
De l'or et des épices
FERRO Marc
Le Livre noir du colonialisme
Nazisme et communisme
Pétain
FINLEY Moses I.
On a perdu la guerre de Troie
FILIU Jean-Pierre
Histoire de Gaza
FLACELIÈRE Robert
La Grèce au siècle de Périclès
FONTAINE Marion (dir.)
Ainsi nous parle Jean Jaurès
FOSSIER Robert
Le Travail au Moyen Âge
Ces gens du Moyen Âge
FRUGONI Chiara
Saint François d'Assise
FURET François
La Révolution (1770-1880)
t. 1 : *La Révolution française,
de Turgot à Napoléon (1770-1814)*
t. 2 : *Terminer la Révolution,
de Louis XVIII à Jules Ferry
(1814-1880)*
FURET François,
NOLTE Ernst
Fascisme et communisme
FURET François,
RICHET Denis
La Révolution française
GARIN Eugenio
*L'Éducation de l'homme moderne
(1400-1600)*
GERVAIS Danièle
La Ligne de démarcation
GIRARD Louis
Napoléon III
GIRARDET Raoul
*Histoire de l'idée coloniale
en France*
GOUBERT Pierre
Initiation à l'histoire de la France
L'Avènement du Roi-Soleil
Mazarin
*Louis XIV et vingt millions de
Français*
GOUBERT Jean-Pierre
Une histoire de l'hygiène

GRAS Michel,
ROUILLARD Pierre,
TEIXIDOR Xavier
L'Univers phénicien
GUESLIN André
*Une histoire de la pauvreté
dans la France du XXe siècle*
GUICHARD Pierre
Al-Andalus (711-1492)
GUILAINE Jean
La Mer partagée
HEERS Jacques
*Esclaves et domestiques
au Moyen Âge*
La Ville au Moyen Âge en Occident
HOBSBAWM Eric J.
Franc-tireur. Autobiographie
L'Ère des révolutions (1789-1848)
L'Ère du capital (1848-1875)
L'Ère des empires (1875-1914)
Marx et l'histoire
*Les primitifs de la révolte dans
l'Europe moderne*
Aux armes, historiens
HOWARD Dick
*Aux origines de la pensée politique
américaine*
HUSSEIN Mahmoud
Al-Sîra (2 vol.)
INGRAO Christian
Croire et détruire
JAFFRELOT Christophe (dir.)
L'Inde contemporaine
JERPHAGNON Lucien
Histoire de la Rome antique
Les Divins Césars
JOHNSON Hugh
Une histoire mondiale du vin
JOMINI (de) Antoine-Henri
*Les Guerres de la Révolution
(1792-1797)*
JOXE Pierre
L'Édit de Nantes
JUDT Tony
Après-guerre
KAHN Jean-François
L'invention des Français
La tragédie de l'Occident
KNIBIEHLER Yvonne
*Histoire des infirmières en France
au XXe siècle*
KRIEGEL Maurice
*Les Juifs à la fin du Moyen Âge
dans l'Europe méditerranéenne*

LACARRIÈRE Jacques
En cheminant avec Hérodote
LACORNE Denis
L'Invention de la République américaine
LAURIOUX Bruno
Manger au Moyen Âge
LE BRIS Michel
D'or, de rêves et de sang
LEBRUN Jean
Notre Chanel
LE GOFF Jacques
La Bourse et la vie
Un long Moyen Âge
LE GOFF Jacques,
SCHMITT Jean-Claude
Dictionnaire raisonné de l'Occident médiéval
LE NAOUR Jean-Yves
Le Soldat inconnu vivant
LENTZ Thierry
Le Grand Consulat
LE ROY LADURIE Emmanuel
L'État royal (1460-1610)
L'Ancien Régime (1610-1770)
t. 1 : *L'Absolutisme en vraie grandeur (1610-1715)*
t. 2 : *L'Absolutisme bien tempéré (1715-1770)*
Trente-trois questions sur l'histoire du climat
LEVER Maurice et Évelyne
Le chevalier d'Éon
LEVER Évelyne
Louis XVIII
C'était Marie-Antoinette
L'affaire du collier
Louis XVI
LÉVI Jean
(traduction et commentaires)
Les Sept Traités de la guerre
LIAUZU Claude
Histoire de l'anticolonialisme
MALET-ISAAC
Histoire
t. 1 : *Rome et le Moyen Âge (735 av. J.-C.-1492)*
t. 2 : *L'âge classique (1492-1789)*
t. 3 : *Les Révolutions (1789-1848)*
t. 4 : *La Naissance du monde moderne (1848-1914)*
MANDROU Robert
Possession et sorcellerie au XVIIe siècle

MANTRAN Robert
Istanbul au siècle de Soliman le Magnifique
MARGOLIN Jean-Louis
Violences et crimes du Japon en guerre (1937-1945)
MARTIN-FUGIER Anne
La Bourgeoise
MAUSS-COPEAUX Claire
Appelés en Algérie
MILO Daniel
Trahir le temps
MILZA Pierre
Les derniers jours de Mussolini
Histoire de l'Italie
Garibaldi
MIQUEL Pierre
La Grande Guerre au jour le jour
MORICEAU Jean-Marc.
L'homme contre le loup
MOSSE George L.
De la Grande Guerre au totalitarisme
MUCHEMBLED Robert
L'Invention de l'homme moderne
MURRAY KENDALL Paul
Louis XI
NEVEUX Hugues
Les Révoltes paysannes en Europe (XIVe-XVIIe siècles)
NOIRIEL Gérard
Réfugiés et sans-papiers
Immigration, antisémitisme et racisme en France (XIXe-XXe siècles)
PÉAN Pierre
Une jeunesse française, François Mitterrand, 1934-1947
Vies et morts de Jean Moulin
PELIKAN Jaroslav
Jésus au fil de l'histoire
PÉREZ Joseph
L'Espagne de Philippe II
Thérèse d'Avila
PERNOUD Régine,
CLIN Marie-Véronique
Jeanne d'Arc
PETITFILS Jean-Christian
Les communautés utopistes au XIXe siècle
Le Régent
PÉTRÉ-GRENOUILLEAU Olivier
Nantes au temps de la traite des Noirs

PITTE Jean-Robert
Bordeaux Bourgogne
POMEAU René
L'Europe des Lumières
PORTIER-KALTENBACH Clémentine
Histoires d'os et autres illustres abattis
POURCHER Yves
Les Jours de guerre
POZNANSKI Renée
Les Juifs en France pendant la Seconde Guerre mondiale
PRÉPOSIET Jean
Histoire de l'anarchisme
RANCIÈRE Jacques
La Nuit des prolétaires
RAUCH André
Histoire du premier sexe
RAUSCHNING Hermann
Hitler m'a dit
RÉGENT Frédéric
La France et ses esclaves
RÉMOND René
La République souveraine
REVEL Jacques
Fernand Braudel et l'histoire
RICHARD Jean
Histoire des croisades
RICHÉ Pierre
Les Carolingiens
RICHÉ Pierre, VERGER Jacques,
Maître et élèves au Moyen Âge
RIEFFEL Rémy
Les Intellectuels sous la Ve République (3 vol.)
RIOUX Jean-Pierre
De Gaulle
RIOUX Jean-Pierre, SIRINELLI Jean-François
La France d'un siècle à l'autre (2 vol.)
La Culture de masse en France
RIVET Daniel
Le Maghreb à l'épreuve de la colonisation
ROCHE Daniel
Les circulations dans l'Europe moderne
ROTH François
La Guerre de 1870
ROUCHE Michel
Clovis

ROUSSEL Éric
Pierre Brossolette
ROUSSET David
Les Jours de notre mort
L'Univers concentrationnaire
ROUSSO Henry
Un château en Allemagne, Sigmaringen (1944-1945)
ROUX Jean-Paul
Les Explorateurs au Moyen Âge
SEGEV Tom
1967
SIRINELLI Jean-François
Les Baby-boomers
Les Vingt Décisives
SOUSTELLE Jacques
Les Aztèques à la veille de la conquête espagnole
SOUTOU Georges-Henri
La Guerre froide
SPEER Albert
Au cœur du Troisième Reich
STORA Benjamin
Les Trois Exils. Juifs d'Algérie
Messali Hadj
Les Immigrés algériens en France
De Gaulle et la guerre d'Algérie
Mitterrand et la guerre d'Algérie
Les guerres sans fin
STORA Benjamin, HARBI Mohammed
La Guerre d'Algérie
THIBAUDET Albert
La République des Professeurs suivi de *Les Princes lorrains*
TRAVERSO Enzo
La Guerre civile européenne (1914-1945)
TROCMÉ Étienne
L'Enfance du christianisme
TULARD Jean
Napoléon
Les Français sous Napoléon
Napoléon. Les grands moments d'un destin
VALENSI Lucette
Venise et la Sublime Porte
VALLAUD Pierre
Atlas historique du XXe siècle
L'Étau
VERDES-LEROUX Jeannine
Les Français d'Algérie de 1830 à aujourd'hui

VERNANT Jean-Pierre
La Mort dans les yeux
VEYNE Paul
Le Quotidien et l'intéressant
VIDAL-NAQUET Pierre
*L'Histoire est mon combat,
Entretiens avec Dominique Bourel
et Hélène Monsacré*
VILLIERS Patrick
*La France sur mer de Louis XIII
et Napoléon Ier*
VINCENT Bernard
Ainsi nous parle Abraham Lincoln

WEBER Eugen
La fin des terroirs
WEIL Georges
*Histoire de l'idée laïque en France
au XIXe siècle*
WERNER Karl Ferdinand
Naissance de la noblesse
WIEVIORKA Annette
*Déportation et génocide
L'Ère du témoin
Auschwitz*
WINOCK Michel
Madame de Staël

LETTRES ET ARTS

ABÉCASSIS Armand,
ABÉCASSIS Éliette
Le Livre des passeurs
ARNAUD Claude
Qui dit je en nous ?
BADIOU Alain
Beckett
BAECQUE (de) Antoine
*La Cinéphilie
Godard*
BARRÉ Jean-Luc
Mauriac. Biographie intime
BONFAND Alain
Paul Klee
CLARK Kenneth
Le Nu (2 vol.)
DAIX Pierre
*Les Surréalistes
Picasso*
DE DUVE Thierry
Résonances du readymade
DELON Michel
Le Savoir-vivre libertin
FERRIER Jean-Louis
*Brève histoire de l'art
De Picasso à Guernica*
GABLER Neil
Le Royaume de leurs rêves
GIRARD René
*Mensonge romantique, vérité
romanesque*
GOODMAN Nelson
Langages de l'art
GRANET Danièle,
LAMOUR Catherine
*Grands et petits secrets du monde
de l'art*

GRAVES Robert
Les Mythes grecs
GUILBAUT Serge
*Comment New York vola l'idée
d'art moderne*
HASKELL Francis,
PENNY Nicholas
Pour l'amour de l'antique.
HEINICH Nathalie
*L'Art contemporain exposé
aux rejets*
HURÉ Pierre-Antoine,
KNEPPER Claude
Liszt en son temps
KAMINSKI Piotr
Les 1 010 grands opéras
KRISTEVA Julia
Beauvoir présente
LAZARD Madeleine
Rabelais l'humaniste
LE BIHAN Adrien
De Gaulle écrivain
LIÉBERT Georges
L'Art du chef d'orchestre
LOYER Emmanuelle
Paris à New York
MARTIN-FUGIER Anne
*La Vie d'artiste au XIXe siècle
Les Romantiques*
MAUBERT Franck
Le dernier modèle
MERLIN Christian
Au cœur de l'orchestre
MESCHONNIC Henri
De la langue française

MICHAUD Yves
L'Art à l'état gazeux
Critères esthétiques et jugement de goût
L'Artiste et les commissaires
ONFRAY Michel
Avec Jean-Yves Clément
La raison des sortilèges
PACHET Pierre
Les Baromètres de l'âme
POURRIOL Ollivier
Cinéphilo
RANCIÈRE Jacques
La Parole muette
Mallarmé
REWALD John
Le Post-impressionnisme
Histoire de l'impressionnisme

SABATIER Benoît
Culture jeune
SALLES Catherine
La Mythologie grecque et romaine
STEINER George
De la Bible à Kafka
Extraterritorialité
**STEINER George,
LADJALI Cécile**
Éloge de la transmission
TAPIÉ Victor L.
Baroque et classicisme
VALLIER Dora
L'Art abstrait
VIRCONDELET Alain
Albert Camus, fils d'Alger
VON DER WEID Jean-Noël
La Musique du XXe siècle

Photocomposition Nord Compo
Villeneuve-d'Ascq

Fayard s'engage pour l'environnement en réduisant l'empreinte carbone de ses livres. Celle de cet exemplaire est de :
0,700 kg éq. CO$_2$
Rendez-vous sur www.fayard-durable.fr

PAPIER À BASE DE FIBRES CERTIFIÉES

Imprimé en janvier 2016 par
BLACKPRINT CPI
38-9735-0/01

Pour l'éditeur, le principe est d'utiliser des papiers composés de fibres naturelles, renouvelables, recyclables et fabriquées à partir de bois issus de forêts qui adoptent un système d'aménagement durable.
En outre, l'éditeur attend de ses fournisseurs de papier qu'ils s'inscrivent dans une démarche de certification environnementale reconnue.